UN GRAIN DE SAGESSE

DU MÊME AUTEUR

LE MESSAGE DES TIBÉTAINS

ASHRAMS

YOGA ET SPIRITUALITÉ

LES CHEMINS DE LA SAGESSE
(tomes I, II et III)

A LA RECHERCHE DU SOI

LE VEDANTA ET L'INCONSCIENT
A la recherche du Soi II

AU-DELÀ DU MOI
A la recherche du Soi III

TU ES CELA
A la recherche du Soi IV

Sur le même enseignement

DE NAISSANCE EN NAISSANCE

ET

LA MÉMOIRE DES VIES ANTÉRIEURES
par Denise Desjardins

ANTHOLOGIE DE LA NON-DUALITÉ
par Véronique Loiseleur

ARNAUD DESJARDINS

UN GRAIN DE SAGESSE

LA TABLE RONDE
40, rue du Bac, Paris 7e

INTRODUCTION

*Comme les quatre volumes d'*A la recherche du Soi, *cet ouvrage a été composé à partir de causeries enregistrées. Celles-ci ne sont pas publiques et s'adressent à de petits auditoires. Elles ont toujours un caractère familier, intime.*

Des lecteurs m'ont souvent demandé un livre « qu'on puisse faire lire à des jeunes ». Ce souhait a inspiré la sélection des enregistrements. Il s'agit de thèmes simples liés à l'existence quotidienne. J'y fais plusieurs fois allusion à mes propres années de recherche et j'y raconte quelques souvenirs anciens. Je sais que certains auditeurs apprécient peu ces références personnelles mais l'expérience a montré que les « jeunes », au contraire, y trouvaient de l'intérêt.

Tel qu'il est, cet ouvrage est trop incomplet pour qu'on puisse le considérer comme un traité sur la Sagesse orientale. Mais ces causeries peuvent servir d'introduction à un monde ancien et aux certitudes qui en ont survécu jusqu'à nous.

A. D.

1

POURQUOI LISEZ-VOUS CE LIVRE?

Qu'est-ce qui fait que vous lisez aujourd'hui ce livre plutôt qu'un autre? Ce qui paraît évident ne l'est peut-être pas tant. Au nom de quoi ai-je parlé, puis écrit? Au nom de votre demande et de l'espérance qui vous anime de trouver ici une réponse. Vous ne liriez pas ce genre d'ouvrages si vous étiez entièrement satisfaits, si vous ne ressentiez aucun manque nulle part.

Le point de départ, c'est une insatisfaction. Y a-t-il jamais eu un homme qui soit pleinement comblé à chaque instant de sa vie et qui n'ait jamais souhaité autre chose que ce qui lui était donné? C'est l'essence même de la condition humaine : une impression d'incomplétude, d'imperfection, de mécontentement. A partir de cette condition, les hommes ont toujours été poussés à agir pour combler leur frustration et pour satisfaire leurs demandes ou rassurer leurs peurs. C'était vrai autrefois, et ça l'est peut-être encore plus aujourd'hui où — c'est une banalité de le dire — les circonstances mêmes de l'existence sont plus éprouvantes qu'une vie calme, paisible et surtout sans grand changement. Chaque changement nous demande un effort d'adaptation qui nous coûte, physiquement, émotionnellement et intellectuellement.

Voyez les choses de la manière la plus simple possible. Il est parfois bon de redire quelques vérités évidentes et de tirer toutes les conséquences qu'elles comportent. A cette insatisfaction fondamentale, il semble qu'il y ait plusieurs réponses possibles. Si vous êtes jeunes, vous le savez bien; si vous êtes moins jeunes, souvenez-vous de votre jeunesse. Que vous propose-t-on ou que vous a-t-on proposé? L'argent, la réussite, le grand amour, un métier passionnant et quoi encore? Il se peut aussi que vous ressentiez ou ayez ressenti qu'en dehors de ce que la vie vous offrait, il y ait un but à atteindre concernant la qualité même de votre être.

C'est une nostalgie qui ne vient pas de votre manque d'argent, de votre solitude, de votre souffrance devant la misère des autres ou l'injustice du monde, facteurs plus ou moins égoïstes mais toujours extérieurs à vous. Elle naît devant votre propre fonctionnement : je suis mal dans ma peau, je ne me sens jamais en pleine forme, je suis divisé, contradictoire, je suis faible, timide, je suis trop vulnérable, trop emporté — tout ce qui fait qu'au lieu d'être déçus des conditions de votre vie, de ce que la vie vous donne ou ne vous donne pas, vous êtes simplement insatisfaits de vous-mêmes. C'est aussi une motivation pour chercher le bonheur tel que vous l'imaginez ou le concevez.

Il se peut que vos intérêts soient très égoïstes : moi, moi, moi, mon physique, mes amis, mon succès, ma situation, mon appartement. Il se peut aussi que vos intérêts soient, en tout cas apparemment, beaucoup moins égoïstes — je dis apparemment car il arrive que des motivations tout à fait individuelles s'expriment par le désir d'intervenir dans la marche même du monde, que ce soit comme missionnaire pour convertir ou comme révolutionnaire pour changer les structures de la société. Et vous avez su très jeunes qu'il existait d'une part de grandes religions, qui, statistiquement, perdent chaque jour de leur importance et de leur impact sur notre société et d'autre part des engagements politiques possibles. Ceux qu'on dit révolutionnaires affirment que le changement des structures de la société est capital pour transformer le destin personnel des êtres, pour leur apporter moins de souffrance et plus de bonheur.

Et puis vous avez entendu dire qu'il existait aussi un autre type de réponses. On les désigne par des noms divers : ésotérisme, initiation, enseignement initiatique, spiritualité, ou encore : bouddhisme zen, tantrisme tibétain, yoga et vedanta hindou, ésotérisme chrétien. Pour certains, ces Enseignements ne sont jamais qu'une lointaine curiosité mais d'autres ont l'intuition qu'il y a peut-être là ce qu'ils cherchent. Dans ma jeunesse, ces « Voies » étaient moins connues, on en parlait moins dans les journaux ou à la télévision. Aujourd'hui, on en parle davantage mais pas toujours de manière très juste.

Ces Enseignements sont anciens, très anciens et ils ont été transmis de siècles en siècles et parfois même depuis deux mille ans, trois mille ans ou plus. Pour ces Enseignements, l'idée de progrès, sur laquelle reposait jusqu'à ces derniers temps notre monde moderne, ne joue plus aucun rôle. La science progresse sans cesse, y compris les sciences humaines mais on ne peut pas dire qu'il y ait un progrès du Bouddhisme depuis le Bouddha, du Vedanta depuis les Upanishads ou du Christianisme depuis le Christ lui-même. C'est pourquoi on dit que ces Enseignements sont traditionnels, ce mot traditionnel signifiant simplement « transmis »; et l'important n'est pas de les faire progresser, l'important consiste surtout à les empêcher de dégénérer. Si vous me lisez, c'est probablement parce que, d'une manière ou d'une autre, l'idée de ce type d'Enseignements vous a touchés.

Vous savez aussi que ces Enseignements se présentent et se sont toujours présentés sous des formes différentes, des formes parfois contradictoires. Est-ce qu'il n'y a pas là de quoi être déroutés? Pouvez-vous trouver ce qui vous convient à chacun, ce qui sera efficace pour vous et, surtout, ce qui vous donnera des certitudes?

En les étudiant de plus près, on peut constater que ces Enseignements, même s'ils parlent avant tout de la transformation et de l'évolution possible à chaque être humain, ont eu aussi des applications sociales. Le Bouddhisme a organisé la société extrême-orientale pour deux mille cinq cents ans. Ce que nous appelons l'Hindouisme est désigné en sanscrit comme *Sanatana dharma,* c'est-à-dire l'Ordre Éternel — l'Ordre étant l'ensemble des lois que, pour vivre harmonieusement, les hommes ont intérêt à connaître et à ne pas violer.

Il en a été de même pour l'Islam, et pour le Christianisme qui a fait la Chrétienté. Ces Enseignements ne se sont jamais désintéressés des problèmes sociaux, ni de l'organisation de la vie en commun des hommes. Autrefois, toutes les activités humaines, les arts, les techniques, les sciences — la musique, l'architecture, la médecine et ce qui correspondrait aujourd'hui à la psychologie et à la sociologie — se rattachaient directement à une Connaissance unique que nous désignons généralement aujourd'hui sous le nom de connaissance métaphysique ou connaissance des principes.

Est-ce que ces Enseignements anciens — et qui redeviennent à la mode — méritent la célébrité que leur font certains auteurs et surtout sont-ils aussi efficaces qu'ils le promettent, c'est-à-dire leur mise en pratique donne-t-elle vraiment la réponse aux questions existentielles et pas seulement aux questions intellectuelles? Peuvent-ils transformer notre être, nous permettre d'atteindre ce que nous demandons le plus fondamentalement, le plus essentiellement?

Si vous regardez bien en vous-mêmes, vous verrez qu'ésotérisme ou non et même si ces Enseignements n'existaient pas, vous portez non seulement en vous l'insatisfaction qui pousse tous les êtres à agir de façon individualiste ou avec une mentalité plus ouverte aux problèmes collectifs, mais vous voulez aussi échapper au doute et atteindre la certitude. Si je dis : vous en avez assez de souffrir, vous voulez être heureux, vraiment heureux et vous êtes même assez difficiles en ce qui concerne ce bonheur, n'importe quoi ne peut pas vous satisfaire, vous serez d'accord. Mais peut-être n'avez-vous pas encore rendu consciente cette demande qui est en vous de quitter le monde du doute pour découvrir la certitude. Le doute est, en fait, une forme particulière de la souffrance mais c'en est une forme si importante qu'on peut le citer conjointement avec elle.

La différence entre ceux qui sont sensibles à ce genre d'Enseignement et ceux qui ne s'en préoccupent pas réside dans le malaise plus ou moins clairement formulé mais fortement ressenti de n'avoir aucune certitude absolue, ni en ce qui vous concerne, ni en ce qui concerne les actions que vous devez ou pouvez accomplir, ni en ce qui concerne le monde qui vous entoure. Bien sûr, les sciences cherchent avec intensité ces certitudes mais, plus elles progressent, moins les hommes se trouvent établis dans la Certitude.

Le malaise de l'incertitude est aujourd'hui généralisé. Je peux vous assurer qu'il n'est pas si fort dans des sociétés plus arriérées scientifiquement et technologiquement que les nôtres, où le respect des lois naturelles, le sens de l'appartenance à la vie universelle, permettent à l'homme de vivre d'une manière beaucoup plus certaine. Vous avez senti, instinctivement, intuitivement, qu'il y avait peut-être dans ces Enseignements anciens la possiblité d'accéder réellement à la Certitude.

Je sais bien qu'en parlant ainsi, je peux choquer des personnes parfaitement sincères mais imprégnées de la mentalité moderne. « Comment osez-vous parler ainsi, monsieur Desjardins? Vous inversez la vérité. L'humanité vivait dans la croyance aveugle sans preuves ou la superstition, et, depuis quelques siècles, l'esprit logique issu, pour nous Français, de Descartes et de Claude Bernard, les remplace par des certitudes. » Où les voyez-vous, ces certitudes? En politique? En économie? En religion? En pédagogie? En médecine? En diététique? Partout les opinions contradictoires se heurtent.

Autrefois les enfants s'épanouissaient dans un climat de certitude. La société entière était unifiée autour de quelques principes : les Chrétiens autour des Évangiles, les Musulmans autour du Coran, les Hindous autour du *dharma* et les enfants découvraient un monde cohérent. Aujourd'hui les enfants grandissent dans un climat où la division est partout. Comment pourraient-ils ne pas vivre dans le doute quand l'oncle Gilbert affirme une idée en politique et l'oncle Albert dit le contraire et qu'ils discutent jusqu'à deux heures du matin, quand un ami médecin affirme certaines théories mais qu'un autre ami de leurs parents, naturiste, critique violemment l'ordonnance que ce médecin a donnée la veille pour un des membres de la famille — et ainsi de suite.

Je prends des exemples bien simples mais ce qui nous fait

penser qu'il y a peut-être une certitude dans les Enseignements spirituels, *c'est le fait qu'ils ne changent pas avec les modes.* Bergson n'est plus très à la mode, bientôt Sartre ne le sera plus, mais il y a encore des jeunes gens qui, en faisant leur terminale, découvrent Socrate, à travers Platon, avec émerveillement et il y a encore aujourd'hui des hommes passionnés pour des textes écrits au VIe siècle avant J.-C. ou au IIe siècle après J.-C. Le Taoïsme, le Tao te King de Lao-Tseu ne se démodent pas.

Et puis vous avez probablement entendu parler aussi d'un type d'hommes, qui dans ma jeunesse était assez inaccessible parce qu'on voyageait beaucoup moins qu'aujourd'hui, et qu'on appelle les Sages, qu'il s'agisse d'un sage hindou vivant ou d'un sage ancien comme Héraclite, Marc Aurèle, Epictète, Sénèque. Presque chaque être humain porte dans son inconscient l'archétype du Sage et nous nous en faisons tous une certaine idée : au-delà des passions qui nous secouent, non affecté, serein, unifié, maître de lui, plein de compassion.

Et pourtant, sans aucun doute, le sage a beaucoup moins d'importance dans notre société que dans les mondes anciens. Les Musulmans avec qui j'ai vécu, les réfugiés tibétains de l'Himalaya, et même une partie des Japonais modernes, entendent parler du sage depuis leur enfance. Nous avons surtout entendu parler des héros : Alexandre, Napoléon ou les héros des tragédies et des romans. Des personnages qui avaient des vies riches, brillantes, intenses, exaltantes mais qui n'avaient pas approfondi les secrets de leur être et de leur conscience. Qui, parmi nous, n'a pas approché Racine au lycée? Et quand, dans Andromaque, Oreste déclare : « Je me livre en aveugle au destin qui m'entraîne », il prononce la parole la plus contraire qui soit à ce que nous appelons la Sagesse.

Cette Sagesse, dans la frénésie de découverte scientifique et d'accomplissement économique, était passée de mode. Aujourd'hui où la peur est revenue avec la menace de conflit atomique et de destruction des ressources naturelles de la planète, l'idée d'une Sagesse éternelle regagne un peu du terrain perdu. Personne n'aurait pu imaginer, au début du

XXᵉ siècle, au moment du triomphe de l'anticléricalisme en France, qu'en 1950 et en 1980, les collections de Spiritualité prendraient tant d'importance chez les éditeurs et chez les libraires. Peut-être n'est-ce pas surprenant pour vous parce que vous êtes habitués à voir ces collections chaque fois que vous entrez dans une librairie, mais l'histoire de la pensée en France au début du XXᵉ siècle montre qu'on croyait vraiment que c'en était fini avec la superstition religieuse. Il se trouve que les enseignements initiatiques ont été le plus souvent liés aux religions. On désigne souvent en français les religions telles que tout le monde les connaît sous le nom d'exotérisme, enseignement extérieur, et les spiritualités ou les enseignements initiatiques sous le nom d'ésotérisme, enseignement intérieur. Il a existé aussi des enseignements semblables qui se sont développés en dehors des religions connues. Si on les approche à travers les témoignages livresques accessibles ou à travers leurs représentants encore vivants aujourd'hui, on voit que ces Enseignements, tout en n'attaquant pas de front les religions et en ne cherchant pas à les détruire, se sont toujours montrés libres par rapport à tous les dogmatismes et profondément lucides en ce qui concernait les faiblesses de ces religions et les résultats parfois déplorables des pratiques religieuses menées sans une exigence intérieure suffisante.

***

A l'intérieur de ce cadre général, vous pourrez établir beaucoup de distinctions, qui peuvent même vous ramener dans une forme de doute peut-être encore plus décevante que les autres, en opposant par exemple mysticisme et ésotérisme, et en considérant que le mystique chrétien n'a jamais atteint ce qu'on appelle en Inde la Connaissance, *jnana*, (*gnosis* en grec). En l'état actuel du monde et devant cette épidémie de doutes, de souffrances, de désarroi, qui progresse chaque année dans notre société, ces subtilités passent au second plan. Ce qui est commun à tous ces Enseignements, c'est de nous proposer une transformation de nous-mêmes, transformation qui est presque toujours présentée comme la mort à un certain niveau d'être pour vivre à un autre niveau.

Le reproche souvent adressé à ces Enseignements, c'est d'être égoïstes, individualistes. Dans la société moderne occidentale, la seule que nous ayons vraiment connue, même si nous avons lu quelques livres sur le tiers monde souvent écrits d'ailleurs par des Occidentaux, il est certain que, depuis deux ou trois cents ans, depuis que les valeurs anciennes se sont effondrées avec l'Humanisme et la Renaissance, « l'individualisme » a pris de plus en plus d'importance. Cet individualisme est la manifestation de l'égocentrisme. Au XIXe siècle, l'éthique essentielle était une morale individualiste : enrichissez-vous — morale qui a conduit à créer les germes de tous les problèmes inextricables dans lesquels l'humanité se débat aujourd'hui.

En vérité, ces Enseignements anciens ou ces Enseignements ésotériques, quels qu'ils soient, ne sont pas égoïstes. Comment peut-on agir utilement pour les autres tant qu'on n'est pas suffisamment préparé à le faire? Nous voyons bien les ravages de la bonne volonté, nous voyons bien que dans tous les camps, même les plus opposés, des êtres courageux et sincères se heurtent les uns aux autres. Jetez un coup d'œil autour de vous et vous verrez quel mal les hommes peuvent se faire les uns aux autres au nom du bien tel qu'ils le conçoivent. Est-ce qu'un doute ne se lève pas en vous? Pourquoi est-ce que j'aurais nécessairement raison plutôt que ceux de l'autre camp?

N'y a-t-il pas quelque part une erreur fondamentale, une ignorance, un aveuglement pour que, malgré tant de bonne volonté partout — à part quelques sadiques, tyrans et tortionnaires — il y ait encore tant de souffrances et qu'il semble s'en préparer tellement?

Au moment où ce doute naît en vous, la réponse des Enseignements anciens unanimes vous est donnée : l'homme, s'il ne s'est pas transformé, régénéré, c'est-à-dire s'il n'est pas né à nouveau, vit dans l'illusion, l'erreur ou l'aveuglement. D'une manière ou d'une autre, dans un langage ou un autre, arabe, sanscrit, chinois, grec ou latin, tous ces Enseignements sont en accord sur ce point : l'homme est normalement soumis à une espèce de maladie psychique, éventuellement guérissable, qui l'empêche d'être établi dans la Vérité. Vous retrouverez un thème commun : essentiellement, fondamentalement, l'homme porte en lui une grandeur sublime, il est créé à l'image de Dieu, il est identique à l'Absolu, le *Brahman,* la Nature-de-Bouddha mais cette perfection est voilée, limitée, obscurcie par ce que les Chrétiens appellent la chute et le péché originel affectant tout homme venu en ce monde, par ce que les Bouddhistes nomment le sommeil, ce que les Hindous appellent l'illusion ou l'ignorance.

Si vous me lisez, c'est certainement que ces quelques vérités vous concernent déjà. Mais, même si, à tort ou à raison, votre sympathie instinctive va vers ces doctrines, tout ne sera pas clair pour vous tout de suite. Beaucoup de vérités vous paraîtront d'abord incompréhensibles, choquantes peut-être, c'est pourquoi il est avant tout nécessaire d'être fidèle à la demande même de ces Enseignements : *dépasser les opinions personnelles pour avoir l'expérience réelle de ce qui vous est transmis.* C'est aussi un trait commun aux Enseignements dont je parle qu'ils ne font pas appel à la croyance mais à la vérification et à la « réalisation ». Je pense d'ailleurs que, pour le jeune homme ou la jeune femme éduqués dans le Christianisme, c'est une révélation, en découvrant l'Hindouisme et le Bouddhisme, de voir sans cesse répété ce mot de « réalisation » qui traduit l'anglais *realization* : vous pouvez avoir l'expérience de Dieu et savoir par vous-mêmes « ce qu'il en est » et les Enseignements spirituels sont proposés à votre vérification.

Voilà, bien sûr, qui satisfait notre mentalité moderne. On nous propose, dans le domaine spirituel, une expérimentation? On nous permet de vérifier ce qu'on nous affirme? Oui. C'est un point capital. Seulement, dans la mesure où ces Enseignements deviennent à la mode, et de plus en plus à la mode, une nouvelle confusion s'établit. Ces Enseignements, en se répandant trop rapidement, en se mêlant à des éléments tout à fait antispirituels de la mentalité moderne, dévient, se dégradent ou dégénèrent, sans que les hommes qui vivent encore dans le sommeil ou l'ignorance en question en soient conscients. Et, pour employer un mot en vogue, cette possibilité d'accéder à une vérité vécue est presque toujours récupérée par l'ancienne façon de voir, ce que le Christianisme appelle « le vieil homme », ce que les traductions des textes hindous ou bouddhistes appellent « le mental », un fonctionnement vicié de la pensée et de l'émotion. Il vous est donc demandé une réelle vigilance à cet égard.

***

Le point commun de tous ces Enseignements, c'est de vous proposer une approche dynamique et non statique de la réalité et de vous-mêmes, une vision non pas figée mais en mouvement, *un passage, un passage conscient.*

Il y a toujours changement. Ce que nous prenons pour l'être n'est que le devenir. Ce changement, ce devenir s'accomplit mécaniquement [1], à travers le jeu implacable de chaînes de causes et d'effets. Mais il s'agit, pour ces Enseignements, d'un changement *conscient,* par lequel, avec l'appui de certaines méthodes, de certaines connaissances bien prouvées et avec l'aide de ceux qui ont déjà suivi ces Chemins, des hommes peuvent mener à bien une transformation qui ne se produira jamais toute seule. La nature se charge de votre puberté, sauf exception pathologique, mais elle ne se chargera pas de faire de vous des sages.

Certes, l'idée de changement est une idée actuelle et, de tous côtés, on entend dire qu'il faut « changer la vie », changer les conditions de vie, changer presque tout ce à quoi nous sommes habitués, mais c'est d'un autre changement que ces doctrines nous parlent. Elles ne nous proposent pas de changer révolutionnairement les conditions de notre existence, mais, au contraire, d'éviter que celles-ci ne dégénèrent peu à peu. Maintenant, elles ont dégénéré et notre monde moderne, notre société actuelle ne méritent plus que des hommes

1. Sur la « mécanicité » de l'homme, cf. « Fragments d'un enseignement inconnu » (Stock).

luttent, se battent et meurent pour les préserver. Quand j'ai connu ce qu'il reste de l'Inde réelle, j'ai compris ce qui m'était jusque-là inaccessible : que des hommes puissent donner leur vie pour un pays.

Ma génération a grandi au milieu d'adultes qui avaient vécu 14-18 et, enfants, nous entendions très souvent cette idée : donner sa vie pour la patrie. Je vous avoue que je ne comprenais pas très bien au nom de quoi je devais donner ma vie pour ma patrie. Par contre, je vous le dis parce que c'est vrai, quand j'ai vu ce que l'Inde, une certaine Inde en tout cas, avait maintenu vivant jusqu'à aujourd'hui comme valeurs précieuses et par lesquelles je me sentais si intimement concerné bien que je ne sois pas Indien, j'ai senti que je serais prêt à donner ma vie pour sauver ces valeurs. Et quand j'ai connu l'Islam, notamment en Afghanistan à partir de 1959, j'ai compris que j'aurais très bien pu donner ma vie avec l'espoir de préserver pour mes enfants ce monde musulman que j'ai tant aimé et tant respecté.

Aujourd'hui, si nous reconnaissons la véracité de ces Enseignements anciens, aucune solution politique ou économique classique ne peut nous satisfaire complètement. Nous sommes dans une période de crise et la véritable transformation, la véritable mutation n'est pas encore prête. Mais c'est dans des crises aussi graves que ces transformations peuvent se préparer. Et, comme le dit fort bien un militant politique qui a découvert les Enseignements traditionnels, le philosophe Roger Garaudy : « La révolution telle qu'on nous la présente est déjà dépassée; la vraie révolution serait, à l'échelle d'une société entière, ce qu'est la conversion pour un individu, un bouleversement non pas seulement des moyens mais des fins mêmes de la vie. » Tant que nous aurons pour seul but la production et la consommation, que nous nous demanderons si nous sommes d'accord avec telle méthode de production et telle méthode de distribution, nous ne dépasserons et ne résoudrons jamais les problèmes actuels. *C'est le sens même, la finalité même, de la vie humaine sur la terre qui est en cause.*

Il est étonnant de voir qu'après avoir tant cru au progrès,

dans le désarroi actuel tant d'hommes se tournent vers les certitudes spirituelles qui avaient fait leurs preuves pendant des siècles et qui nous ont donné des textes admirables, des sages nombreux à chaque génération, des œuvres d'art et une architecture que les bombardements et les incendies n'ont pas entièrement détruites et qui sont encore sous nos yeux si nous voulons bien les regarder. Et il est révélateur qu'un homme comme Roger Garaudy, qui a consacré sa vie à militer dans le Parti Communiste Français, dont il a été membre du Comité Central et du Bureau Politique, ait été amené, en allant jusqu'au bout de son idéal révolutionnaire, à redécouvrir, et de façon magistrale, le Taoïsme, le Bouddhisme, le Christianisme des origines, le Vedanta hindou. Le texte le plus parfait que j'aie lu concernant l'art sacré chinois sur des thèmes non religieux, provient de la plume de ce Français consacré à la rencontre des civilisations.

Je parle au nom d'idées qui sont vieilles de trois ou quatre mille ans mais dont j'affirme qu'elles sont encore vraies aujourd'hui et qu'elles peuvent transformer vos existences et vous conduire d'un niveau d'être à un autre, d'un monde dans un autre, tout en restant à votre place dans notre société et sans quitter celle-ci pour un ermitage ou un monastère lointain.

Mais comprenez bien que, quelle que soit votre bonne volonté à l'égard de ces Enseignements, vous les abordez inévitablement à travers votre mentalité actuelle, ces certitudes, ou ces fausses certitudes qui ne vous ont pas conduits à la paix et au bonheur mais dont vous ne vous débarrasserez pas facilement. Vous risquez de mal entendre ce qui vous est dit ou ce que vous lisez et de le déformer, plus même, de le changer, sans vous en rendre compte, en son contraire et par conséquent de ne jamais approcher les résultats que vous espérez. Il faut aussi le courage de voir ceci en face. Dans la mesure où l'individualisme et l'égocentrisme ou encore l'ignorance, l'aveuglement et le sommeil s'emparent de ces Enseignements, ces derniers nourrissent les aspects de nous-mêmes dont nous voudrions nous affranchir, et on s'aperçoit avec étonnement qu'en proclamant tous, par exemple, l'amour et la compassion, ces enseignements, dans la mesure où ils ont une audience, conduisent leurs adhérents à se jalouser et à se critiquer les uns les autres.

Nous voyons partout les scissions, depuis celle de l'Internationale ou les divisions et les subdivisions des Partis jusqu'aux scissions à l'intérieur de mouvements qui se réclament tous de l'Unité. Et, comme l'a dit le Bouddha, une doctrine qui ne conduit pas à la sérénité, à la paix de l'esprit, à la liberté, à la compréhension, mais qui conduit à attiser les passions, qui conduit à la violence, ne peut pas être La Doctrine. Chacun pense avoir raison et que les autres se trompent. Quand ces Enseignements sont lointains, on veut bien les honorer, mais dès qu'ils deviennent vivants parmi nous, on commence à critiquer. Regardez. Nous sommes bien loin de ce passage du doute à la certitude dont je parlais tout à l'heure. Est-ce une raison pour vous décourager, est-ce une raison pour désespérer? Non. Mais c'est une raison pour mesurer l'importance de l'enjeu et des forces qui vous maintiennent dans la division.

Cette division parmi les hommes est la projection à l'échelon collectif de la division à l'intérieur de vous-mêmes. Donc, ce qui vous est vraiment nécessaire, c'est de vous réunifier. Qu'il soit communiste, socialiste ou conservateur, qu'il soit athée ou religieux, qui ne souhaiterait dépasser ses propres conflits et divisions pour pouvoir se trouver enfin réunifié? Le désordre social, la foire d'empoigne, sont la projection, à l'échelon collectif, du désordre intérieur et de la foire d'empoigne qui existent en nous, de la lutte, dont nous sommes le champ ou le lieu, entre nos tendances, nos peurs, nos désirs, nos refus, tout ce qu'étudie la psychologie moderne.

En prononçant le mot de psychologie moderne, je suis amené à reconnaître l'importance des découvertes que nous lui devons mais je suis amené aussi à préciser que ces Enseignements anciens sont scientifiques à leur façon. Je comprends que, pour le psychologue moderne, la religion ne soit pas scientifique; elle peut être objet de science et un ethnologue ou anthropologue peut étudier le phénomène religieux dans telle société mais l'homme moderne, même sincère, non seulement ne considère pas la religion comme scientifique mais il la considère même comme antiscientifique. Or, les Enseignements ésotériques ou initiatiques sont fondés sur la recherche de la Vérité ou de la Réalité, sur la vérification, la confirmation, en utilisant non pas l'appareillage de plus en plus élaboré que nous avons mis au point mais le perfectionnement des instruments que la nature a mis à notre disposition : notre sensation, nos émotions, notre pensée et même notre énergie sexuelle. Et ce perfectionnement peut être poussé, avec l'entraînement, jusqu'à un niveau que l'homme moderne ne soupçonne même pas et, plus encore, qu'il nie lorsqu'on lui en parle.

***

Maintenant, revenez à vous-mêmes, pourquoi vous intéressez-vous au Bost [1] plutôt qu'aux monastères zen, aux sages tibétains, aux yogis hindous ou simplement aux monastères chrétiens où vous pourriez approfondir la pratique de notre religion occidentale sans chercher quoi que ce soit d'exotique? Sommes-nous bien d'accord d'une part sur ce que vous venez chercher et de l'autre sur ce qui peut vous être donné ici? Tant de points devront être vérifiés, éclairés, confirmés. Nous avons un travail à accomplir ensemble et les questions que vous vous posez ayant un lien direct ou indirect avec ces Enseignements doivent trouver leur réponse jusqu'au jour où la certitude sera devenue un état d'être, où vous serez « établis dans la certitude » et où vous n'aurez plus de questions à poser. La Libération n'est pas un état dans lequel toutes les questions auront reçu une réponse, c'est un état dans lequel les questions ne se poseront plus. Vous ignorerez encore beaucoup de vérités relatives, de vérités dans le monde phénoménal, mais ce que vous aviez besoin de connaître en toute certitude, vous le connaîtrez, par conséquent vous serez en paix.

1. « Le Bost » est le lieu où ont été données ces causeries.

D'abord, avez-vous seulement l'idée qu'il y a peut-être quelque chose de vrai dans ce type d'Enseignement ou est-ce déjà devenu pour vous une conviction et une certitude? Et cette « certitude » est-elle juste, c'est-à-dire indestructible, ou simplement une projection de vos demandes inconscientes? Est-ce qu'un jour, dans cinq ans, dans dix ans, vous vous réveillerez déçus, blessés : j'ai perdu dix ans de ma vie à croire à des sornettes? Au moins, ce qui est rassurant avec ce genre d'Enseignements, c'est qu'ils ne nous demandent pas de croire. Ils nous demandent d'écouter honnêtement, de réfléchir de notre mieux et ensuite de mettre en pratique.

L'ésotérisme a pris des formes diverses et ceux qui les étudient du dehors voient dans la diversité de ces formes des contradictions et des incohérences qui permettent de prouver aisément que ces disciplines ne conduisent pas plus que d'autres à la vérité puisqu'elles divergent. Si vous avez la possibilité d'approcher ces Enseignements sous une forme vivante et surtout d'approcher des êtres transformés par ces Enseignements, c'est-à-dire des sages, vous verrez, au contraire, que ce qui apparaît d'abord comme contradictions et divergences est en fait une richesse devant laquelle je me suis moi-même bien souvent émerveillé. Quelques principes simples, une même expérience qui est l'effacement de l'égocentrisme et de l'individualisme pour avoir accès à la Conscience universelle infinie, ont pris parmi les hommes tant de formes différentes.

Oui, quelle richesse! De quoi l'homme n'est-il pas capable, même en restant strictement fidèle à la vérité et à la possibilité d'accomplir ses potentialités! Quels mondes complets en eux-mêmes et si variés que celui de l'Islam, de l'Hindouisme, du Bouddhisme tibétain, du Bouddhisme zen, du Christianisme médiéval, sans parler d'Enseignements moins connus et qui n'ont pas de caractère manifestement religieux. Dans des contextes multiples, en s'appuyant sur des symboles, des mythes divers, avec des techniques variées, des hommes atteignent le même résultat. La conviction de mon existence, après vingt-cinq ans de recherches dont quinze de voyages en Asie, c'est l'identité de la réalisation des sages arrivés au bout du Chemin, que le sage soit un Tibétain, un Soufi, un Hindou, un Japonais. C'est au niveau des disciples que demeurent les divergences.

Cette identité a plus que tout contribué à m'établir dans la certitude, une certitude qui me permet non pas de crier plus fort que les autres dans les discussions, mais de vivre dans un climat de sécurité parfaite. L'absence de crainte ne peut venir que de la perfection de cette certitude. Ce que nous appelons « le Bost » n'est qu'une goutte d'eau dans cet océan. Je vous en conjure, ne l'oubliez jamais, soyez ouverts, tolérants, humbles, et même si vous avez trouvé au Bost ce qui vous convient, ne pensez pas qu'il y a au Bost une supériorité sur d'autres Voies qui vous conviennent moins. On jugera l'arbre à ses fruits et vous jugerez intérieurement le Bost à la transformation qui s'opérera en vous. C'est le seul critère réel.

Ici ne vous sera certainement pas offert et proposé tout ce qui peut être proposé à la surface de cette terre aux hommes qui veulent transformer leur être même et « s'éveiller ». Des techniques proprement musulmanes, proprement tibétaines, n'ont pas leur place ici, simplement parce qu'elles ne sont pas nécessaires toujours, partout, pour tous. Un Soufi n'a pas besoin de méditer sur des divinités tantriques et un Tibétain n'a pas besoin de pratiquer des *dhikrs* soufis, ces étonnants exercices qui associent la respiration, la répétition d'une prière, des mouvements très rapides du corps et la concentration sur des centres particuliers dans l'organisme. Si vous me demandiez ce que vous devez considérer comme important, en oubliant ce que vous avez lu, vu et entendu concernant d'autres Chemins, je vous répondrais : l'essentiel, c'est que vous ne perdiez jamais de vue cette approche dynamique et non pas statique de l'existence.

Nous sommes là pour un passage. Si vous êtes malades et que vous avez le souvenir d'avoir été en bonne santé, vous avez une idée assez claire de ce que peut être le passage de la maladie à la santé par ce qu'on appelle le processus de guérison. Ce mot processus traduit bien un mot courant dans l'anglais des communautés hindoues, *the process,* l'idée d'un mouvement. Trop souvent, je l'ai remarqué, nous, Occidentaux modernes, dans notre approche personnelle de l'existence, oublions cet aspect dynamique. Nous avons une idée de la santé, nous avons une idée de la maladie et nous les opposons : « Je suis malade, je voudrais être en bonne santé. » Mais, si nous ne sommes pas médecins, nous oublions le troisième terme essentiel : le processus de guérison, cette transformation qui nous fait passer de l'état de malade à l'état d'homme en bonne santé. Cette comparaison avec la maladie, la santé et la guérison est traditionnelle aussi. On a appelé le Bouddha le grand médecin et beaucoup d'images le représentant un bol à la main nous montrent non pas un bol de mendiant mais un récipient contenant symboliquement des herbes médicinales.

C'est ce passage qui est l'essentiel. C'est une manière de ressentir qui doit devenir la respiration même de votre être. Je suis en voyage. J'ai pris le départ, en fonction d'un certain but, et je suis en voyage. L'idée du voyage n'est pas nouvelle, elle a été manifestée par les pèlerinages et les mots Voie ou Chemin, si couramment employés, l'indiquent bien. Vous vous êtes mis en route. Vous avez quitté un niveau d'être, vous êtes en route vers un autre niveau et une grande partie du langage applicable concrètement à un voyage un peu long et difficile s'applique à cette transformation consciente de vous-mêmes qui vous attire et qui est peut-être sur le point de devenir le centre de vos existences. Mais il faut que cette certitude d'être en mouvement et non pas fixes, cette certitude d'aller, de progresser, soit concrète pour vous. Si vous considérez que vous voulez aller « du sommeil à l'éveil », ces mots ont-ils pour vous un sens suffisamment éloquent? Si vous voulez aller « de l'ignorance à la connaissance », ces mots ont-ils pour vous un sens suffisamment vivant ou est-ce que ce sont uniquement des mots creux? Et nous pouvons poser cette question à propos de toute la terminologie habituelle à ce genre de textes, y compris en utilisant quelques mots sanscrits puisque, sans renier le Christianisme, nous nous réclamons ici du Vedanta hindou. Ces mots, vous les trouvez dans beaucoup de livres, vous finissez par y être habitués, mais ce qui est important, ce sont les mots que vous allez choisir pour exprimer votre propre expérience, les réalités que vous avez découvertes en vous.

Même si j'ai vécu auprès de Soufis, de maîtres zen, de maîtres tibétains, de différents yogis hindous, le gourou dont je peux me considérer comme l'élève se rattachait à la voie dite *adhyatma yoga.* Le vocabulaire technique auquel je suis le plus habitué est un vocabulaire védantique et certains mots sanscrits ont un tel contenu, enrichi par des millénaires d'expérience, que je ne les traduis pas toujours et ils font partie de notre vocabulaire comme des mots français. Après tout, nous avons adopté en français assez de mots anglo-saxons pour pouvoir adopter aussi quelques mots sanscrits.

***

A titre d'indication, je vais évoquer pour vous un certain nombre d'aspects de ce mouvement : passer d'un état à un autre. Beaucoup des points que je vais mentionner maintenant pourraient être longuement approfondis. Certains seront peut-être chargés de sens pour vous, d'autres paraîtront moins clairs mais il se peut aussi que certains de ces points qui vous touchent *aient un contenu beaucoup plus important, plus riche, plus profond que vous ne le croirez en lisant des mots auxquels vous êtes trop habitués.* Ce sont quelques idées que j'avais réunies un jour à l'ashram de mon propre « gourou ». Celui-ci, Swâmi Prajnanpâd, nous proposait d'atteindre la plénitude de l'état humain, la perfection possible à l'homme. Par rapport à ce but, la plupart des hommes sont incomplets, imparfaits, inachevés, affirmation qui n'était pas propre à Swâmi Prajnanpâd, et vous savez combien souvent a été utilisée l'image de la chenille dont le destin est de devenir un jour papillon ou du gland dont le destin est de devenir chêne.

Peu à peu, auprès de Swâmiji, bien des aspects de l'existence me sont apparus sous la forme de ce passage possible. Par exemple, j'ai découvert que je pouvais fonctionner de deux manières différentes : avec un corps tendu ou un corps détendu mais entre le corps tendu et le corps détendu, il y a aussi un processus. Si, pour nous, il y a soit un corps tendu, soit un corps détendu ou relâché, nous manquons l'essentiel. Comment se fera le passage d'un mode d'être où, pratiquement, votre corps n'est jamais relâché à un mode d'être où votre corps sera aussi relâché qu'il est possible, compte tenu des contractions indispensables pour agir. Il existe un passage graduel d'un mode de vie physique (mouvements et sensations) insatisfaisant, à un mode de mouvement et de sensation beaucoup plus juste. Mais, entendez-moi bien, il n'y a pas là deux réalités à juxtaposer, il y a un flux, une transformation. De même, en ce qui concerne le cœur, il y a évolution d'un mode d'être dominé par les émotions à un mode d'être dominé par la stabilité du cœur, « l'intelligence du cœur », c'est-à-dire le sentiment. En ce qui concerne le fonctionnement intellectuel, il y a aussi mutation graduelle d'un niveau appelé le mental subjectif à un niveau appelé *buddhi*, la véritable intelligence, ou encore d'un niveau que nous appelons « penser », c'est-à-dire interpréter la réalité, à un niveau appelé « voir ».

Mais ce qui est important quand j'oppose deux mots, c'est d'abord que vous compreniez de mieux en mieux ce que ces mots peuvent signifier ici — peut-être que les mêmes mots français ont un sens différent ailleurs — et surtout, que vous compreniez ce sur quoi j'insiste : comment vais-je passer de l'un à l'autre? S'il n'y a pas passage de l'un à l'autre, il n'y a pas de Chemin. Dans ce même ordre d'idées, deux expressions de Swâmiji m'avaient frappé : « Vous ne vivez pas dans *le* monde, vous vivez dans *votre* monde. » Comment puis-je passer de ce monde erroné, fait de toutes mes projections, au monde réel? Transition aussi. Et j'ai découvert auprès de Swâmiji une clé précieuse de compréhension : tout en me croyant adulte, je suis demeuré infantile. Comment faire grandir l'enfant qui demeure tout-puissant en moi, comment passer de l'enfant à l'adulte? Ne croyez pas qu'en étant complètement infantiles, un beau jour, par la grâce du gourou, vous vous découvrirez brusquement devenus adultes. C'est une illusion. Et tout ce que vous avez pu lire ou entendre dire sur les « voies abruptes » ou « l'Illumination subite » ne peut pas contredire ce que j'affirme là. Un fruit tombe en un instant quand il est mûr mais quel long processus de maturation! Un adulte infantile ne deviendra pas brusquement un adulte parfait parce que l'Illumination lui sera tombée du ciel. C'est aussi la progression d'une vie dominée par « moi » à une vie dominée par « les autres ». Quelle belle illustration nous en est donnée dans cette parole de Swâmiji : « Moi seulement, moi et les autres, les autres et moi, les autres seulement. »

Une manière aussi de s'exprimer, c'est de concevoir un passage d'un monde dominé par l'avoir au monde de l'être. Avoir, pas seulement avoir des biens matériels, avoir. Et être, être vraiment, c'est être libre d'avoir. Sur ce thème, nous pouvons prévoir de nombreux échanges entre nous et vérifier avec chacun en particulier quelle forme d'avoir le domine, par quelle forme d'avoir il est attaché. Pour certains, c'est un avoir purement matériel, pour d'autres c'est un avoir idéologique et on les écorche vifs si on met en cause leurs opinions et leurs conceptions.

Swâmiji disait : « C'est le passage de " l'individu ", mené par son individualisme, à " la personne " (les mots sont les mêmes en anglais). Ce mot " personne " désigne l'homme qui a dépassé son égocentrisme et qui est capable d'assumer en adulte ses relations : relation de père avec son fils, d'époux avec sa femme, d'employé avec son employeur, d'employeur avec ses employés. Mais ne croyez pas qu'il soit possible d'atteindre une quelconque Sagesse ou Illumination en tournant le dos à ces idées que je partage avec vous aujourd'hui. Un individu, enfermé dans son égocentrisme, ne pourra jamais atteindre la Sagesse, même s'il s'acharne à pratiquer des exercices respiratoires de yoga ou des concentrations mentales diverses. Et nous abordons une autre idée, dynamique également, le changement progressif du sens que nous donnons au verbe aimer. Au départ du Chemin, soyons honnêtes, aimer veut dire désirer. Le langage le dit bien : j'aime les voitures décapotables ou j'aime les tapis persans. Et, quand nous croyons employer le mot aimer dans un sens supérieur, à notre insu nous exprimons encore une forme d'égoïsme ou d'infantilisme. Tant qu'aimer désignera des désirs divers ou des possibilités de nous rassurer au cœur de toutes nos peurs, nous n'avons pas encore découvert le chemin du véritable amour. Il y a donc une croissance progressive de l'amour fait de désir à l'amour réel qui ne demande pas, qui est simplement l'expression d'un état d'être. Comme on dit " Dieu est amour ", on a le droit de dire : le Sage est amour. C'est sa nature.

Voyez que ce sont des mots auxquels vous êtes déjà habitués, qui sont relativement simples, dont vous pouvez approfondir le sens et qui rendent le Chemin beaucoup plus concret pour vous que s'il est question d'idées métaphysiques un peu extraordinaires et, qui plus est, exprimées en japonais, en chinois ou en sanscrit. En fait, il y a quelques mots sanscrits avec lesquels vous pouvez vous familiariser, ne serait-ce que pour avoir un point de repère dans d'autres lectures. L'individu se dit en sanscrit *ahamkar,* « je suis moi », et il existe un autre mot, *aham,* qui signifie simplement « je », mais pas « je moi », « je » au sens suprême d'Être, de Réalité ou de Conscience. Si nous voulions utiliser le sanscrit, nous dirions : le Chemin est l'évolution de la conscience désignée par ce mot bien connu *ahamkar,* ego, à *aham,* pur je suis.

Ou encore, pour employer deux autres termes sanscrits qui faisaient partie du vocabulaire de Swâmiji, le passage de *paratantra,* qui signifie dépendre des autres ou dépendre d'un autre, à *svatantra,* qui signifie dépendre de soi-même. Il suffit de traduire ces deux mots pour que vous puissiez vous situer par rapport à eux. Est-ce que je sens que je trouve en moi ma force, mon point d'appui, que je les trouve en une conscience qui ne dépend pas des conditions et des circonstances? Si vous avez trouvé Dieu en vous, c'est une réalisation mystique dépassant les vicissitudes et les tribulations du monde. Ou bien est-ce que je me sens encore terriblement dépendant des autres, y compris même dépendant de celui que je considère comme mon gourou, quand ça n'est pas dépendant de tous ceux qui me rappellent plus ou moins le père ou la mère que j'ai eus ou que j'ai souhaité avoir? Que d'hommes « adultes », que de femmes « adultes » ne cherchent pas la non-dépendance et l'autonomie mais cherchent des dépendances réussies : je dépends du curé de ma paroisse, je dépends de l'association à laquelle j'appartiens, que ce soit un parti politique, une loge maçonnique ou un ashram. Comment allez-vous passer progressivement de cette dépendance de l'autre à l'autonomie ou à la non-dépendance?

Puis, nous pouvons encore, en regardant de quoi sont faites nos vies, comprendre d'autres aspects de nos existences, où cette transition va être possible. Nous avons pris l'habitude de vivre dans le refus ou la négation de tout ce qui nous déplaît. Les psychiatres considèrent que la plupart des maladies mentales viennent d'une forme ou d'une autre du « déni de réalité ». Comment passer du déni au oui à ce qui est? Ce thème aussi pourrait être approfondi : le miracle du oui, du amen. Du déni de tout ce qui ne nous convient pas au oui à ce qui est, simplement parce que cela est. Vous trouverez bien, dans ces différentes facettes du Chemin, un aspect qui vous touche plus qu'un autre, des mots qui ont pour vous plus de sens que d'autres. En fait, c'est une unique transformation décrite comme morcelée à travers un prisme; la lumière blanche peut être décomposée dans les couleurs du spectre et c'est ce que nous faisons en cherchant un vocabulaire qui nous convienne et puisse devenir le nôtre peu à peu. Nous pourrions dire aussi : c'est le passage de « ça devrait être », « ça ne devrait pas être » au C'EST. Et, entre parenthèses, le mot C'EST est la parole la plus scientifique qui puisse être prononcée.

Cette adhésion à la réalité est aussi le mouvement de la surface vers la profondeur, d'une vie superficielle à une vie qui englobe la profondeur. Plus nous avons accès à notre propre profondeur, plus nous découvrons la profondeur des autres et celle du monde qui nous entoure. Surface et profondeur, ou encore apparence et essence. Je ne veux plus vivre seulement dans le monde de l'apparence ou des apparences, je veux avoir accès à l'essence. Que signifie essence? Comprenez-le d'abord dans un sens simple : l'essence d'une montre, c'est de vous indiquer l'heure exacte; l'apparence d'une montre, c'est d'indiquer l'heure avec des aiguilles ou d'indiquer l'heure en chiffres, c'est d'avoir un boîtier en acier ou un boîtier en or, c'est d'être ronde, carrée ou ovale. Mais il est plus intéressant de découvrir que nous nous laissons arrêter par l'apparence des autres. Et peu à peu, partant d'une vie qui se contente de la surface ou de l'apparence, vous accéderez à une vie qui conduit à la profondeur ou à l'essence. A cet égard, deux expressions sont célèbres en Inde : réel et irréel ou encore illusion et vérité — en anglais, on dit même *delusion,* le fait de se tromper. C'est un passage aussi : je veux voir la réalité telle qu'elle est, je ne veux plus vivre dans ce qu'on a appelé l'illusion. Et avant de dépasser l'Illusion cosmique et de découvrir le Un au-delà du multiple ou l'Éternel au-delà du changeant, je veux dépasser les illusions psychologiques qui sont les miennes pour accéder à la vérité relative. Le Chemin est donc une mutation de l'illusion à la vérité.

A mesure que vous passez de l'illusion à la vérité, vous passez aussi du doute à la certitude. Vous vivez fondamentalement dans le doute, un doute qui est peut-être fait de milliers de petits doutes mais qui vous maintient dans l'insatisfaction et la souffrance. Ce passage concerne la façon dont vous vous ressentez vous-mêmes. Vous sentez-vous bien dans votre peau? Vous sentez-vous à l'aise ou non? Est-ce que mentalement, physiquement, émotionnellement, vous pouvez dire : « je me sens en parfaite santé, je fonctionne très bien » ou au contraire : « je ne suis pas à l'aise, rien n'est aisé pour moi; si j'étais plus unifié, plus sûr, plus détendu, plus serein, je vivrais content, même dans des conditions difficiles; mais tel que je suis, même dans des conditions normales, je ne suis pas à l'aise ». C'est un vocabulaire simple qui prend tout de suite son sens pour vous. N'en avez-vous pas assez d'être mal dans votre peau, de souffrir, ne voudriez-vous pas, une fois pour toutes, vous sentir bien, en toutes circonstances? C'est aussi ce que vous offre le Chemin et ce vers quoi vous êtes en marche. A chaque dualité de termes que je vous propose aujourd'hui s'associe cette vérité du mouvement.

C'est un passage aussi en ce qui concerne le monde immense de vos actions. Tant que vous n'êtes pas suffisamment transformés, vos actions sont mécaniques. Elles répondent à des lois que les sciences humaines étudient, à des conditionnements et à des déterminismes biologiques, historiques, culturels et, à cet égard, l'inconscient joue un rôle fondamental. Nos actions, pour employer le langage de Swâmiji, ne sont que des réactions. La Voie est aussi une évolution du monde de la réaction au monde de l'action, l'action digne de ce nom.

Cela correspond à deux modes d'être, et d'abord un mode d'être dans lequel vous êtes identifiés aux situations que vous vivez et emportés, emportés par une peur, emportés par un désir, emportés par une impulsion ou une pulsion. Une personne agit d'une manière qui fait lever en vous une émotion et vous voilà condamnés à réagir d'une certaine manière. C'est donc le passage de l'état de marionnette à l'état d'agissant, celui qui est capable d'agir vraiment, délibérément, calmement et non pas emporté par l'émotion. Calmement ne signifiant pas « avec froideur » puisque cette action consciente d'un homme unifié, capable d'être vraiment l'auteur de ses actes, s'accompagne d'un sentiment chaleureux. C'est encore un passage, passage de la réaction à l'action digne de ce nom et de l'action digne de ce nom à l'action impersonnelle que nous pouvons appeler la réponse à la nécessité des situations.

Et, à mesure que s'accomplit ce changement en vous, de ce niveau où tout est : « je veux ça, il faut que j'agisse en fonction de ce que je veux », quitte à porter ensuite les lourdes conséquences de vos actes, jusqu'à l'action juste, c'est aussi l'abandon progressif d'un monde dominé par les demandes, les désirs. Il faut toujours plus. Et quand je suis satisfait dans un domaine, c'en est un autre qui m'attire. Toujours plus, toujours plus, plus, plus. C'est vraiment paradoxal de voir à quel point les êtres humains peuvent être frustrés dans une société dite société de consommation. Les statistiques d'absorption des tranquillisants sont éloquentes. Passage progressif de la frustration à ce que nous pouvons appeler l'accomplissement ou la plénitude. A mesure que la progression se fait de cette émotion : « je n'ai pas eu, je n'ai pas reçu », à ce sentiment : « j'ai reçu, je me sens comblé », il vous devient possible de vivre moins dans les rêves et beaucoup plus dans ce qu'on a appelé le « ici et maintenant ». Vous pouvez donc aussi considérer le Chemin comme le passage d'une vie dominée par : « je n'ai pas eu, j'aurai, j'ai peur de ne pas avoir, qu'est-ce qui va se passer et qu'est-ce qui s'est passé, pourquoi ai-je vécu ça, et tant souffert », d'une vie dominée par le passé qu'on ressasse et le futur qu'on imagine, à une vie vécue dans le ici et maintenant.

Puis, peu à peu, vous verrez que ce passage peut s'exprimer dans des termes plus ésotériques, plus métaphysiques : le passage du limité à l'Illimité, du fini à l'Infini, de la petitesse (dans tous les domaines) à l'Immensité. Là, vous retrouvez le langage des mystiques, ou les expressions modernes : expansion de la conscience, conscience cosmique. Tout ce qui est contraction est souffrance, tout ce qui est expansion est joie. Mais il y a une autre expansion que l'expansion économique. Et nous pourrions dire aussi : l'évolution depuis la confusion de votre conscience d'être avec les circonstances de votre vie — avec les autres quand vous leur parlez, avec vos états d'âme quand vous êtes emportés, absorbés par ceux-ci — vers ce qu'on a appelé l'unité ou la non-dualité. « Être un avec » une réalité, c'est tout à fait différent d' « être emporté par » cette réalité. Passage aussi de « être emporté par » à « être un avec ».

En français, on pourrait employer les deux mots identification et identité. Aujourd'hui, la conscience d'être est identifiée : vous vous identifiez à votre corps physique, vous vous identifiez à votre beauté ou votre laideur, vous vous identifiez à votre santé et votre maladie, vous vous identifiez à toutes sortes de formes et de revêtements du Soi originel alors que votre identité est « l'Identité suprême », c'est-à-dire que la réalité essentielle de votre être n'est pas autre chose que l'Absolu. Les Hindous disent : « l'*atman,* le Soi supra-personnel, est le *brahman,* la Réalité suprême ». Passage de l'identification avec ce que vous n'êtes pas réellement à l'identité, c'est-à-dire la découverte de ce que vous êtes réellement, la Conscience indestructible que le Bouddha a nommée le Non-né. Il s'agit là de termes plus métaphysiques sur lesquels nous pourrons aussi nous expliquer longuement.

J'ajouterai encore deux termes à ceux que je vous propose : le passage de la répétition à la nouveauté. Malgré toutes les possibilités que nous avons aujourd'hui de mener une vie intéressante, les existences se déroulent dans la monotonie. Comme nous ne changeons pas vraiment, le niveau de nos expériences ne change pas et peu à peu tout se répète. Il faut toujours du nouveau, des stimulations nouvelles, des émotions nouvelles, des sensations nouvelles, des excitations nouvelles, pour donner un peu de sel et de piment à nos vies. Cette transformation, ce passage sur l'autre rive, disait le Bouddha, est donc aussi le passage d'une vie de répétition à une vie de nouveauté où, à chaque instant, tout est toujours original, inconnu, vierge. C'est plus difficile à comprendre. Si cette expérience n'est pas encore la vôtre, vous pouvez seulement entendre des mots.

Dans tout ce que j'ai dit aujourd'hui, il y a peut-être des termes qui vous touchent plus que d'autres, mais il suffit que quelques-uns de ces termes vous atteignent pour que ce livre vous concerne. Par contre, vous pouvez être déçus aussi : « Arnaud nous donne une vue d'ensemble de ce Chemin, mais il ne nous parle pas de la maîtrise du souffle, du *pranayama,* il ne nous parle pas de concentration et de méditation comme dans le yoga, ni d'éveil de l'Énergie latente. » Il est exact que j'en parle seulement si c'est nécessaire pour tel ou tel de ceux qui m'approchent. Il se trouve que j'ai pratiqué, pendant vingt ans, et parfois avec acharnement, beaucoup de ces techniques d'ascèse que les livres vous font découvrir. J'ai été très proche de plusieurs maîtres tibétains, j'ai vécu dans des ashrams hindous pendant des mois qui, additionnés, feraient des années et j'ai étudié aussi auprès de maîtres soufis au cours de différents séjours en Afghanistan avant la révolution. L'expérience m'a montré que le Chemin que me proposait un gourou védantique, Swâmi Prâjnanpâd, était un Chemin efficace qui n'avait rien à envier à d'autres plus impressionnants vus du dehors ou plus étonnants pour nous, un Chemin qui pouvait faire de la totalité de mon existence la Voie et par lequel mon existence entière se trouvait concernée.

Dans la mesure où ce dont je vous ai parlé aujourd'hui n'est pas mystérieux, vous êtes peut-être moins stimulés mais cela vous implique davantage. Vous constatez qu'une démarche très concrète vous est proposée parce que, si vous envisagez n'importe laquelle de ces données, vous voyez tout de suite comment vous vous situez. Il se trouve que si vous suivez vraiment ce Chemin, vous serez amenés à faire beaucoup de découvertes sur vous-mêmes dont je ne veux pas parler aujourd'hui et dont certaines sont, en effet, ce qu'il est convenu d'appeler ésotériques. Mais je voudrais que vous sentiez combien la Voie qui vous est décrite est réaliste. Je ne vois pas au nom de quelle foi, croyance ou idéologie on pourrait la récuser : qui ne souhaiterait devenir un adulte véritable au lieu de demeurer un adulte infantile?

Mes livres, sans aucun doute, se réclament d'Enseignements anciens, d'Enseignements traditionnels et pas de la découverte moderne d'un psychiatre américain ou viennois mais en même temps, ils s'adressent à vous, hommes modernes, vous tels que vous êtes. Ils ne vous demandent pas d'être des Tibétains du XIIe siècle ou des brahmanes de Bénarès et ils vous proposent une transformation complète de votre être, de tout ce qui fait votre vie, sur tous les plans, à tous les niveaux. Si une partie, une partie seulement de ce que je vous ai dit aujourd'hui vous concerne, alors vous pouvez continuer à lire les livres d'Arnaud Desjardins. Il n'y a pas de malentendu entre nous.

2

VOICI L'HOMME

Un aspect de l'enseignement de mon gourou, Swâmi Prâjnanpâd, m'a beaucoup touché personnellement : c'est la manière dont Swâmiji parlait de l'homme, de l'être humain. Il m'avait un jour cité cette parole extraite du Mahabharata : « Et maintenant, je vais te dire le secret des secrets : dans tout cet univers, il n'y a rien de plus grand que l'Homme. » Peu à peu, grâce à Swâmiji, j'avais été imprégné d'un sentiment difficile à exprimer parce qu'il peut être très mal compris : celui de ma propre grandeur.

Si je le dis ainsi, voilà qui peut paraître surprenant, telle l'affirmation pathologique d'un ego spécialement paranoïaque ou mégalomaniaque comme celui de certains hommes politiques ou certains tyrans de l'histoire, convaincus de leur sublime importance. Mais ce n'est pas, vous le sentez bien, de cette déviation qu'il était question auprès de Swâmiji, ni de la grandeur d'un ego, d'un mental ou d'une ambition. Il s'agissait de la grandeur inhérente à chaque être humain et, par conséquent, en effet, de la mienne comme de celle des autres. Par nature, en essence, tout être humain est créé à l'image de Dieu, il est une expression du « Soi », même s'il ne réalise pas cette potentialité divine qu'il porte en lui. Que celle-ci soit rarement accomplie, c'est vrai mais tout gland a la possibilité de devenir un chêne, bien que, dans la nature, très peu de glands le deviennent effectivement.

Qui d'entre vous, en dehors des états émotionnels d'exaltation, est convaincu de sa propre grandeur et de la grandeur de l'homme? Vous êtes en désaccord avec vous-mêmes, pleins de malaises, de culpabilité, de honte parfois, vous n'avez pas d'amour pour vous-mêmes parce que vous vous êtes trop déçus en n'étant pas ce que les adultes attendaient de vous quand vous étiez enfants. Tant et si bien que vous ne vous aimez pas vraiment, même si vous êtes obsédés par votre petite personne, et vous ne pouvez pas aimer les autres.

Vous n'avez nullement une haute opinion de ce qu'est l'Homme, pas plus vous que les autres. Et il faut bien reconnaître que notre civilisation, notre milieu culturel ne font rien pour donner cette haute idée de l'homme. On peut nous faire admirer les exploits de champions sportifs ou de cosmonautes, on peut donner le prix Nobel à une sainte comme Mère Thérésa qui a consacré sa vie au service du prochain par amour pour le Christ, mais où les mass media nous montrent-elles cette grandeur et cette dignité intrinsèque de tout homme? Nulle part. Je vous dis bien : on peut nous faire admirer les exploits d'un homme, la façon dont il a mené une carrière brillante, dont il a fait des découvertes scientifiques, mais c'est tout autre chose que cette simple question d'*être*. Voilà la différence fondamentale entre le monde moderne — celui dans lequel nous avons grandi et qui est en fait le seul que nous connaissions jusqu'à ce que nous ayons beaucoup étudié et beaucoup voyagé — et ce qui subsiste encore aujourd'hui des mondes anciens que nous pouvons redécouvrir à travers les témoignages qu'ils nous ont laissés.

A l'époque où je travaillais à la Télévision et où j'avais la possibilité de faire des émissions importantes, j'étais très préoccupé par la responsabilité des artistes, des écrivains, des journalistes, des auteurs, des scénaristes, des réalisateurs de films et de tous ceux qui donnent à leurs contemporains des nourritures intellectuelles, spirituelles ou artistiques. J'en avais parlé plusieurs fois à Swâmiji. Je comprenais bien qu'on ne puisse pas demander à tous les auteurs, créateurs et artistes de sculpter uniquement des Bouddhas ou de filmer exclusivement des sages hindous ou tibétains comme je le faisais.

J'avais demandé à Swâmiji : « Comment peut-on apprécier la valeur de la nourriture qu'on offre soi-même ou que proposent les autres au public? » Swâmiji m'avait donné une très brève réponse, qui m'a fortement impressionné. Je n'ai plus rien dit, je me suis contenté de cette réponse. Le critère se résumait à : *To give a high opinion of what man is* « donner une haute opinion de ce qu'est l'homme ». Dans le contexte de l'ashram, avec la compréhension, la sensibilité plus fine que je développais au bout de quelques semaines auprès de Swâmiji et me rappelant ce qu'était notre vie à la Télévision, cette parole si simple m'avait laissé silencieux. J'ai été bouleversé, au vrai sens du terme, remué de fond en comble, en comprenant à quel point je n'avais pas une haute idée de ce qu'est l'homme. J'avais une haute idée de Mâ Anandamayî, de Kangyur Rimpoché ou de Ramana Maharshi, mais il me semblait qu'eux mis à part, la plupart des hommes vivaient dans les émotions, la peur, la névrose, qu'ils étaient esclaves de leurs désirs et de leurs refus, qu'ils erraient dans « les ténèbres de l'erreur », dans le sommeil, l'ignorance, le péché originel.

Cette réponse de Swâmiji m'a bouleversé parce que j'ai senti que cela me concernait. Au-delà de toute question de vanité, d'orgueil, de prétention, au-delà des humiliations ou des flatteries de l'ego, je découvrais un sentiment de dignité et de responsabilité. Swâmiji employait ces mots : *it is below my dignity.* « C'est au-dessous de ma dignité » de me comporter de certaines manières, d'accomplir certaines actions. Ce n'est pas une question de morale, ce n'est même pas une question de dharma, c'est au-dessous de ma dignité.

Et puis j'ai ressenti, à cette époque, alors que je travaillais encore à la Télévision : c'est impossible à transmettre. Nous vivons dans un monde qui n'est plus spirituel, qui n'a plus le sens du sacré ni celui d'une vraie religion, pas d'une religion opium du peuple. Si l'on excepte, ici ou là, certains chrétiens que leur Christianisme éveille au lieu de les endormir, il nous faut bien prendre conscience que la religion est dégénérée en Occident — et de plus en plus dégénérée dans le reste du monde. Notre monde moderne méconnaît complètement cette donnée si importante. Ce jour-là se sont cristallisés en moi toutes sortes d'impressions, de sensations, de sentiments que j'avais éprouvés à partir de 1959, année de mon premier voyage en Asie, parmi les soufis d'Afghanistan avant la tragédie actuelle, en Inde dans différents ashrams, au Japon dans les monastères zen, auprès des rimpochés tibétains. Je sentais de plus en plus et de mieux en mieux la différence de climat général, que je souhaitais pouvoir exprimer, entre l'Occident — que je n'ai jamais renié même si j'ai tant reçu de l'Asie — et l'Orient traditionnel.

Comme je l'ai dit dans le livre *Monde moderne et sagesse ancienne,* deux mots pointaient vers ce que je sentais si fort sans totalement le comprendre, les deux verbes « être » et « avoir ». J'avais été d'ailleurs fort surpris en découvrant — chose inattendue pour un européen — que dans les langues modernes de l'Inde, il n'existe pas de verbe avoir. Puisque le langage forme notre façon de penser dès que nous commençons à parler, la différence est grande entre notre monde et une société dans laquelle on ne connaît pas le verbe avoir et où on utilise des périphrases fondées sur le verbe être. Au lieu de : « j'ai deux enfants », on dit : « deux enfants sont auprès de moi ». La distinction des deux domaines de l'avoir et de l'être apporte beaucoup à la compréhension et plus vous approfondirez votre propre expérience, surtout si vous avez l'occasion de rencontrer des gens d'une tout autre civilisation, plus vous verrez combien c'est important et vrai. Il existe une voie de développement qui est celle de l'avoir dans tous les domaines et une voie de développement qui est celle de l'être, mais cela va infiniment plus loin qu'on ne peut le pressentir tout de suite. Ce n'est pas seulement avec l'intellect que vous pourrez le sentir, mais surtout avec le cœur et le sentiment. Certaines vérités ne peuvent être perçues et appréciées qu'à travers le cœur, à condition qu'il soit libre et purifié des émotions, et le cœur, autant que la tête — plus même pour la grande Connaissance — est un instrument de connaissance, bien négligé aujourd'hui.

Cette immense dignité de l'Homme créé à l'image de Dieu, cette possibilité d'accomplir pleinement notre potentialité, il n'en est guère question aujourd'hui. Tout le monde cherche à s'accomplir ou à se réaliser, mais voilà un petit accomplissement et une bien petite réalisation. Je ne dis pas que c'est inutile mais cela passe à côté de l'essentiel. La réussite comme artiste, comme sportif, comme amoureux, comme homme d'affaires, comme aventurier, montagnard ou navigateur, est préférable à la frustration, mais ce n'est pas l'accomplissement de cette potentialité divine, je dis bien « divine » parce que, dans notre langue, c'est le mot le plus chargé de sens, même si pour certains d'entre vous il fait d'abord lever un refus.

Ce que le monde actuel nous propose, c'est toujours l'avoir ou, si vous préférez, la consommation. Et il n'y a pas de programme révolutionnaire ayant droit de cité, à part chez certaines minorités cherchant encore leur voie autour des prises de position écologiques, qui nous propose autre chose que l'avoir et la consommation. On peut modifier les méthodes de production, on peut changer les modes de distribution mais, par rapport à la vérité que j'évoque, ce qui rapproche le communisme russe du capitalisme américain est beaucoup plus important que ce qui les sépare. Un programme représentant l'équivalent pour la société entière de ce qu'est la conversion pour un être humain, un changement de compréhension non pas des méthodes ou des moyens mais du sens même de la vie, voilà qui serait vraiment révolutionnaire. Seule la spiritualité peut donner un sens à la vie humaine et seule une révolution spirituelle répondra à notre attente.

***

Swâmiji disait aussi : *Man as man,* « l'homme en tant qu'homme ». Cela avait éclairé pour moi une parole de l'Évangile à laquelle, à tort ou à raison, j'ai donné un sens nouveau, le célèbre *Ecce Homo,* « Voici l'Homme ». C'est le moment où le Christ, lors de la Passion, est le plus bafoué, méprisé, abandonné. Il vient d'être flagellé, il est couronné d'épines, il est vêtu d'un manteau de dérision et Pilate prononce alors ces mots : *Ecce Homo,* « Voici l'Homme ». J'avais toujours pensé que cela signifiait « Voici l'homme en question, voici l'homme que le sanhédrin vient de condamner », et brusquement, en face de Swâmiji, j'ai entendu : « Voici l'Homme », ce mot « Homme » auquel Swâmiji avait donné une telle dignité. Voici « l'Homme ». C'est peut-être l'image la plus impressionnante, plus forte encore que les images rayonnantes du Bouddha, l'image de l'homme à la fois humilié, blessé, saignant, méprisé, abandonné par les siens et, en même temps, prêt pour une Résurrection qui inspirera l'humanité pendant deux mille ans.

L'homme est à la fois partie intégrante de la nature — autant que les minéraux, les végétaux, les animaux — et capable de retrouver en lui sa conscience d'origine, sa conscience divine, d'avant ce que la Genèse nomme la chute, et le Christ a été un exemple particulièrement lumineux de cette harmonisation dans l'homme de ce qui est nature et de ce qui est « sur-nature », du physique et du métaphysique, de l'humain et du divin. Swâmiji n'utilisait pas un langage religieux, il ne se réclamait pas de ce qu'on appelle en Inde la *bhakti* (qui est d'ailleurs une forme bien plus récente de l'Hindouisme que les Upanishads), c'est-à-dire la dévotion. Il parlait comme un homme de science et pourtant l'atmosphère auprès de lui, dans son ashram, était imprégnée de sacré. De la nature elle-même émanaient une grande simplicité et une grande beauté. Aucune route goudronnée, pas d'électricité, pas de téléphone et c'est à peine si une jeep pouvait rejoindre les huttes en terre à toits de chaume de l'ashram, au bord d'une petite rivière. On se serait cru 200 ans ou 2 000 ans en arrière. Ce qui donnait à l'ashram de Swâmiji une atmosphère d'une telle intensité religieuse et sacrée, ce qui était surnaturel auprès de lui, c'était ce sens de la grandeur divine de l'homme.

Swâmiji considérait que « l'Homme », c'était l'homme accompli, l'homme unifié, l'homme libéré des émotions, libéré du mental, libéré de l'égoïsme et non pas l'homme encore tâtonnant, encore prisonnier de ses peurs, de ses désirs, de ses lâchetés, de ses passions et de son isolement parmi les autres, conflictuel, rancunier, douloureux, emporté, incapable de s'aimer et d'aimer les autres, coupé de l'infini. Celui-ci n'est qu'un germe d'homme, une potentialité d'homme. Mais ce germe et cette potentialité sont en tout homme.

Cette compréhension a d'abord eu un effet heureux — un effet qui m'a rendu plus heureux — c'est de m'amener à aimer, respecter, estimer tous les hommes, tous, et à ne plus considérer qu'il y a les gens bien et les médiocres, les gens intéressants et les gens sans intérêt, les intelligents et les imbéciles. Chaque homme, sans exception, est d'abord l'Homme. Certes, un homme peut être inaccompli et bien des hommes sont malades de l'ego, de l'égocentrisme et ne sont pas encore guéris.

A une époque où mes propres émotions, même un peu plus purifiées qu'autrefois et un peu moins égoïstes, se mêlaient encore à ma compréhension, où je faisais encore de mon existence une affaire personnelle, les mots de Swâmiji m'ont troublé, déchiré même. Ce que j'avais compris me semblait intransmissible et cela me faisait souffrir. Je retournais en Asie, je rentrais en France, je repartais pour l'Orient, je sentais bien que j'avais été mis en face de ce qu'au fond tout le monde cherche, parce que chacun le porte en soi. Je sentais aussi que cette France où j'avais eu beaucoup de satisfactions — je n'ai pas renié une Télévision qui m'a permis de « m'exprimer » et dans de très bonnes conditions — avait complètement oublié cette vérité. Dans ce que nous appelons l'épanouissement d'un homme, dans ce que nous nommons humanisme, l'essentiel manque. Mais que pouvais-je faire en quelques émissions de Télévision?

Au moins puis-je aujourd'hui vous faire sentir ce que Swâmiji a réussi à me faire sentir : la grandeur, l'immensité de ce que vous êtes tous, même si, de nos jours et jusqu'à ce qu'une nouvelle époque succède à cette « fin de cycle », comme disent les Hindous, le reste de nos contemporains ne l'admet pas encore. Aucun raisonnement, aucun langage, si puissant soit-il intellectuellement, comme celui des Upanishads, ne peut vous en convaincre. Si les émotions égoïstes diminuent, si vous êtes un peu moins encombrés de peurs et de désirs immédiats, d'opinions et de tout ce que les mille et une influences modernes ont déposé en vous, de l'éducation aux mass media qui pensent trop souvent à votre place, vous pourrez sentir, parce que c'est vrai et que vous le portez en vous, votre propre dignité, votre propre grandeur, votre propre importance dans l'univers.

Beaucoup d'images ou de comparaisons connues, en Inde ou ailleurs, prendront un sens pour vous. Nous disons, dans l'Europe chrétienne, « héritiers du Royaume », et en Inde, on compare l'homme à un fils de roi qui aurait été perdu autrefois et qui mendierait, en haillons, dans le Royaume, alors qu'il est destiné à monter sur le trône. Il y a une vision lucide qui serait insupportable tant qu'on est encore esclave des émotions — mais, tant qu'on demeure soumis aux émotions, des mécanismes de sommeil font que les chocs trop forts sont immédiatement atténués — une vision insupportable parce que trop intense, trop cruelle. C'est le contraste entre ce qu'est chaque homme, en essence, et de quoi sont faites, pratiquement, les vies humaines, de quelle peur, quelle faiblesse, quelle compensation à la faiblesse, quelle petitesse, quelle mesquinerie des intérêts, même pour ceux qui ont « réussi ».

Le sens des affaires, l'efficacité, la capacité aux études, seront toujours très inégalement distribués, mais cette grandeur essentielle est la même chez chacun de vous. Qu'au moins ceux qui s'intéressent à ce genre d'Enseignement puissent entendre ce langage avec leur cœur et rester muets, comme on l'est devant une révélation grandiose, muets devant leur propre dignité, leur propre majesté : « Comment, moi, tel que je me suis connu jusqu'à aujourd'hui, je suis l'Homme avec un H majuscule! » C'est, vous le sentez bien, tout à fait au-delà de l'orgueil et de l'humiliation. L'ego n'est plus impliqué. Ce n'est plus une affaire entre vos admirateurs ou vos détracteurs et vous, mais entre vous et vous-même, entre vous et l'Atman, entre vous et Dieu.

La seule vraie question, la seule tragédie aussi, c'est l'oubli de cette dimension ou plutôt de cette immensité, propre à chacun de nous. Si ce que je dis n'est pas vrai, que signifient les Chemins, que signifient les Yogas, que signifient les Voies? Une parole, répétée à tort et à travers affirme : « Il faut croire en l'homme. » C'est vrai. De même qu'il est dit : « Tu ne prendras pas le nom de Dieu en vain », vous pouvez entendre aussi : « Tu ne prendras pas le nom d'Homme en vain. » Le mot homme, être humain, dans les langues anciennes, en sanscrit par exemple, a un sens sacré. Mais ce mot, nous lui faisons subir tous les sorts, dans les considérations psychologiques, dans les discours politiques, partout, à travers nos conceptions, nos préférences, nos refus. Le mot Homme est aussi grand que le mot Dieu et, si nous ne devons pas prendre le nom de Dieu en vain, c'est-à-dire le prononcer mécaniquement et sans conscience, nous ne devons pas non plus galvauder le mot Homme. Or, c'est bien ce que fait le monde dans lequel nous vivons.

Vous ne pouvez pas croire en Dieu sans croire en l'Homme et, si vous avez un doute sur l'existence d'un Dieu quelconque, vous n'avez certainement pas de doutes sur votre propre existence. Vous pouvez au moins croire en vous. Ce que vous êtes et ce que vous êtes appelés à être se révèle plus important que ce que vous ferez ou ne ferez pas, ce que vous aurez ou n'aurez pas. Ce que vous aurez ou non ne dépend de vous qu'en partie. Ce que vous ferez ou ne ferez pas dépend de votre destin propre, ce qu'on appelle en Inde votre *svadharma,* ce à quoi vous êtes destinés — un prunier est destiné à produire des prunes, il ne pourra jamais produire des oranges. Mais ce qui dépend de vous, c'est d'accomplir cette potentialité que chacun porte en soi. Voilà qui n'est pas un rêve.

C'est peut-être un rêve pour des milliers de figurants et de starlettes de vouloir devenir la nouvelle Catherine Deneuve ou le nouvel Alain Delon, ou pour des milliers de jeunes ingénieurs de vouloir devenir ministre de l'Industrie ou président-directeur général de Rhône-Poulenc. Mais décider d'atteindre réellement sa dimension d'homme est une attitude réaliste. Serait-ce normal pour un gland de renoncer d'emblée à devenir un chêne? Est-ce normal pour un homme de renoncer à être un homme, un homme véritable? « Et maintenant je vais te dire le secret des secrets, dans tout cet univers, il n'y a rien de plus grand que l'Homme. » Dieu sait si

Swâmiji pouvait être exigeant, ferme et s'il mettait en lumière nos faiblesses, nos mensonges, notre hypocrisie. Il n'y avait pas de compromission avec lui, pas de sentimentalité banale. Mais il y avait ce sens de la grandeur de l'homme, donc, même pour un homme égaré comme moi, habitué à se juger, à ne pas s'aimer, à se condamner, le sens de ma propre grandeur, aussi incohérent que j'aie pu l'être assis en face de Swâmiji.

Si vous admettez cette grandeur en vous, vous la reconnaîtrez en tous les autres et le monde qui vous entoure, au lieu d'être peuplé de méchants et d'idiots, ne le sera plus que d'êtres tous respectables, simplement par le fait d'avoir obtenu ce que les Tibétains appellent le précieux corps humain ou la précieuse naissance humaine. Reste à savoir ce qu'on en fait ensuite.

***

Le mot homme est aussi dangereux à employer que le mot Dieu parce que nous pouvons très bien prendre l'homme inaccompli, inachevé, pour l'homme intégral, l'Homme universel, comme disent les soufis. On cite souvent dans notre humanisme occidental la parole célèbre de Protagoras —: « L'Homme est la mesure de toutes choses. » Oui, mais quel homme? L'homme limité, l'homme effrayé, l'homme soumis à l'ego, à la peur, au désir, emporté par son aveuglement et ses émotions ou bien l'homme qui a trouvé en lui-même la paix, la liberté, le non-égoïsme, la certitude, la communion avec l'univers entier? Quel homme est la mesure de toutes choses? L'homme-gland ou l'homme-chêne? L'homme-chenille ou l'homme-papillon?

Nous sommes habitués à considérer que la Renaissance a représenté dans tous les domaines un progrès par rapport aux mille ans d'obscurantisme médiéval ou, si l'on veut être méprisant, « moyenâgeux ». Et cette Renaissance, nous l'avons tous appris en classe, a été centrée sur un mot, un mot clé, un mot qui a fait fortune, le mot humanisme. Mais quel humanisme? Face au témoignage des spiritualités encore vivantes, cet humanisme a été une déchéance parce que c'est l'homme non transformé spirituellement, l'homme encore prisonnier de ces mécanismes ordinaires, qui a été pris comme mesure et comme modèle. En quelque cinquante ans, sauf exception ici et là, l'ensemble d'une culture a oublié la dimension réellement spirituelle de l'homme, celle qui est commune au Soufisme, au vrai Christianisme, au Bouddhisme, au Taoïsme, à toutes les traditions. Même le Christianisme a été progressivement contaminé par cet humanisme et il est devenu incohérent à force de porter en lui-même la contradiction entre deux visions du monde incompatibles, celle qui prend l'homme non éveillé, non transformé, comme mesure de toutes choses et celle qui considère que le plus important, « l'unique nécessaire », dont tout dépend, c'est de montrer au plus grand nombre d'hommes possible la Voie pour atteindre cette dimension qu'ils portent en eux dès la naissance.

Que savons-nous de l'homme aujourd'hui? Que nous disent les journaux, que nous racontent les livres, que nous montrent les films? Quel monde vous ont fait découvrir les petits magazines illustrés pour enfants? Quelle image la Télévision quotidienne vous donne-t-elle de l'homme? La publicité, les exploits sportifs qui ne glorifient que quelques individus car tout être humain ne peut pas devenir un champion célèbre, et puis la haine, la violence, la trahison, la destruction, l'égoïsme individuel, l'égoïsme collectif, l'impérialisme, la loi du plus fort. Les nourritures intellectuelles, culturelles, spirituelles dont vous êtes abreuvés ne sont-elles pas exactement l'opposé de cette extraordinaire parole de Swâmiji : « Donner une haute opinion de ce qu'est l'homme? » Qu'est-ce qui vous donne aujourd'hui une haute idée de vous et de ce qu'on appelle si justement votre prochain? Il est plus facile de prendre fait et cause pour ceux qui sont oppressés par un régime stalinien ou un régime militaire que de s'intéresser à ceux que nous croisons sur notre route mais que nous ne considérons pas avec le respect qu'ils méritent.

Swâmiji m'a expliqué que, lors de l'initiation, le gourou fait le *prânam* (prosternation) devant le disciple. Il reconnaît par là que, si prisonnier que le disciple soit encore de ses propres mécanismes et de son propre inconscient, il est cet Homme avec un H majuscule. C'est ce qui explique le sentiment surprenant, nouveau, merveilleux, que j'ai toujours ressenti en face de Swâmi Ramdas, de Kangyur Rimpoché, Khalifa Sahib-e-Charikar et tant d'autres sages : se sentir reconnu dans cette dignité. Jusqu'à ce que je rencontre Mâ Anandamayî et Ramdas (avec qui j'ai été plus proche, plus familier, qu'on ne peut l'être avec Mâ Anandamayî) puis un maître tibétain comme Kangyur Rimpoché qui a beaucoup compté pour moi, j'avais toujours été jugé par des êtres qui n'avaient ni une haute opinion d'eux-mêmes ni une haute opinion de moi et qui ne croyaient pas vraiment, même s'ils se disaient chrétiens, à cette grandeur divine de l'homme. Donc, je n'avais jamais été à ce point considéré, reconnu, respecté et aimé pour le simple fait que j'étais un homme.

Les psychologues nous disent que, trop souvent, nous ne nous sentons être que par le regard d'autrui et que l'enfant se sent être seulement par le regard de papa et maman. C'est parfaitement vrai, mais il s'agissait là d'une expérience tout à fait nouvelle. Je me sentais être par le regard de Swâmi Ramdas, mais ce n'était plus un regard qui attendait de moi autre chose que mon propre épanouissement et mon propre bonheur; ce n'était plus un regard qui jugeait la surface, mais un regard qui allait jusqu'à l'essence, jusqu'à la profondeur, et qui me situait moi-même, au moins momentanément, dans cette essence et dans cette profondeur.

Quand j'ai rencontré Mâ Anandamayî, en 1959, j'étais incohérent, compensant mes échecs par une mise en valeur réactionnelle de mes quelques réussites, emporté par les émotions, au sommet de l'optimisme un jour, dans le gouffre de la dépression le lendemain. J'avais encore beaucoup de chemin à faire — oh oui — mais, en face de Mâ, j'ai pris confiance, j'ai compris que *j'étais* et que j'avais le droit d'être, j'ai découvert ce fond qui est notre seule réalité. En Mâ Anandamayi, j'ai vu qu'un être apparemment humain, avec deux yeux, un nez, une bouche, pouvait dépasser de toutes parts les limites humaines habituelles. J'ai vraiment, comme des milliers — peut-être des millions — d'admirateurs, ressenti que Mâ Anandamayî était surhumaine, divine. Même si elle avait été le seul Sage vivant à la surface de la planète, la vie n'était plus absurde. Et en face de Swâmi Ramdas, avec qui nous étions plus proches, plus familiers, j'ai fait cette découverte que je pouvais croire en moi, tel que j'étais, perdu comme je l'étais. En moi, oui.

Je reprends donc à mon compte cette parole trop souvent répétée : il faut croire en l'homme. Si vous croyez vraiment en l'homme, vous finirez par découvrir Dieu, dans la mesure où ce mot désigne une Réalité et non pas une projection inconsciente. J'avais été frappé quand j'étais jeune par une tradition concernant Œdipe et le Sphinx. Vous savez que le Sphinx posait aux passants une énigme et que tous ceux qui étaient incapables de répondre étaient dévorés. « Quel est l'animal qui marche avec quatre pattes au début de sa vie, deux pattes au milieu de sa vie et trois pattes à la fin de sa vie? » Personne ne trouvait. Seul Œdipe, affrontant le Sphinx, répondit : « C'est l'homme qui marche avec quatre pattes quand il est un petit enfant, à deux pattes quand il est adulte et à trois pattes, un bâton en plus de ses jambes, quand il est vieux. » C'est le type de devinette qu'on peut poser à un enfant de six ans et on ne voit pas très bien comment un des plus grands mythes de l'Antiquité aurait pu se former autour de cette petite énigme. Mais, quand on a demandé à Œdipe vainqueur du Sphinx : « Comment as-tu deviné? » Œdipe a répondu : « Je n'ai pas deviné. J'avais décidé, quelle que soit la question, de répondre " l'Homme " parce que " l'Homme ", c'est la réponse à toutes les questions. »

J'ai compris, auprès de Swâmiji, qu'un être réellement spirituel n'est pas un être qui croit en Dieu, mais un être qui croit en l'Homme. Cependant, vous ne croyez plus en l'homme aujourd'hui parce que vous êtes trop déçus et désabusés. Vous n'entendez parler que de bourreaux et de tortionnaires. Vous mettez votre espérance dans le socialisme et vous apprenez les dizaines de millions de morts du fait de Mao Tse Toung et des camps de déportation en Russie, les tragédies de Prague et de l'Afghanistan. Vous renoncez au socialisme, vous vous tournez vers les sociétés libérales et vous voyez partout la concurrence, le cynisme, le mépris envers les anciens peuples coloniaux exploités d'une autre manière, même quand ils croient avoir obtenu l'indépendance. Que ce soit à l'échelle planétaire ou au niveau individuel, vous n'avez que des déceptions.

« Je vous en conjure, pour l'amour de vous-mêmes », comme disait le Bouddha, échappez à ces influences qui vous ont marqués et continuent à vous marquer et retrouvez cette conviction qu'aujourd'hui encore, quel que soit l'état de l'humanité, l'Homme est ce qu'il y a de plus sublime dans tout cet univers. Mais il faut le croire simplement et concrètement, sinon cela se transformera encore en belles paroles, en mots creux dont on se berce. Découvrez ce sentiment nouveau, le plus précieux que vous puissiez jamais éprouver, plus précieux même que ce qu'il y a de plus grand dans l'amour, l'amour d'un homme pour une femme ou l'amour d'une mère pour son bébé, ce sentiment de votre essence, comme disait Swâmiji. Non seulement vous ne connaissez que l'apparence du monde, l'apparence de la réalité, mais vous ne connaissez d'abord que votre propre apparence, votre propre surface, vos pensées, vos émotions, vos peurs, vos désirs, vos regrets, vos angoisses, vos colères et vous ne connaissez pas votre Essence intime. Puissiez-vous sentir s'éveiller au fond de vous cette conviction : « Tel que je suis, je suis cet Homme. »

« Voici l'Homme. » Le secret d'un sage, c'est qu'il voit l'Homme en chaque être humain, au lieu de s'arrêter à une surface de peurs, de désirs, de limitations — ou, si vous préférez, c'est qu'il voit le papillon en chaque chenille et le chêne en chaque gland. Même si vous en avez assez de souffrir, même si vous avez envie de changer, je ne crois pas que vous puissiez vraiment progresser si vous n'avez pas découvert en vous cette dignité immense dont je parle aujourd'hui. C'est elle qui vous conduira, c'est elle qui vous fera sentir la nécessité impérative d'être fidèles à votre vraie nature et à votre destin. Voici la seule ambition qui puisse être vraiment réalisée : « Je veux être fidèle à ma nature d'homme, je ne peux pas ne pas accomplir ce que je porte en moi, je ne peux pas rester une ébauche, une caricature d'homme, un homme informe, je veux atteindre la plénitude de l'Homme », ce qu'on appelle en Inde Purusha, l'Homme accompli, l'Homme universel.

Si cette certitude se lève en vous, dans votre cœur, alors vous savez, du plus profond de vous-mêmes, vers quoi vous allez et pourquoi vous suivez une Voie d'Éveil. Il se peut que vous soyez d'abord engagés sur un Chemin pour des raisons superficielles, des désirs ou des intérêts d'un ordre limité. Ce sont encore certaines structures de votre mental, certains types de pensée et d'émotions qui vous animent et le vrai Chemin n'est pas encore commencé. Il débute quand vous êtes convaincus de votre propre noblesse. Alors, tous les aspects de votre existence, tous les incidents de votre vie, prennent un sens nouveau. C'est important que je sois reçu à cet examen, c'est important que ma candidature à ce poste soit retenue, c'est important que mon enfant guérisse, oui, mais il y a aussi une autre importance, dans chaque circonstance grande ou petite et dans chaque instant : il est essentiel que je demeure fidèle à ma dignité, fidèle à ce pour quoi j'existe en tant qu'homme.

Une expression de Gurdjieff me touchait beaucoup. On a dit que Gurdjieff était brutal, violent, qu'il méprisait ses disciples mais, bien que je ne l'aie jamais approché, j'ai découvert ici ou là, chez lui, à travers des témoignages dignes de confiance, une délicatesse, une tendresse, qui font que je ne renierai jamais que j'ai d'abord découvert à travers lui l'existence des Enseignements ésotériques. Gurdjieff disait : « Cet homme en qui Dieu avait mis toute son espérance. » Si Dieu a vraiment mis toute son espérance en l'Homme, couronnement de sa création, pourquoi, pourquoi ne seriez-vous pas un homme, une femme qui justifient cette espérance de Dieu? Ce langage de Gurdjieff n'exprime pas autre chose que ce que je dis aujourd'hui et que proclament les Upanishads en affirmant l'identité du Soi personnel, l'Atman, et de l'Absolu, Brahman. *Ayam atma brahman,* « Cet Atman, ce Soi est Brahman ». Peut-on proclamer plus haut la grandeur de l'homme? Un passage célèbre de la Chandogya Upanishad affirme — c'est un père qui parle à son fils Svetaketu : *Tat*

Twam asi, « Cela, tu l'es », l'Infini, l'Illimité, ce qui n'est jamais né, qui ne mourra jamais, le Un qui sous-tend toute la multiplicité, l'Éternel qui sous-tend tout le monde du devenir : Toi aussi, tu es Cela.

***

Vous voyez, noblesse oblige, vous êtes héritiers du Royaume, vous êtes créés à l'image de Dieu. Un gland ne peut pas faire grand-chose pour devenir un chêne. Il faut qu'un jardinier vienne à son secours et, s'il tombe sur le roc ou s'il est dévoré par un sanglier, il ne donnera pas un arbre. Vous, vous pouvez faire beaucoup pour accomplir ce que vous êtes destinés à accomplir. Mais ce n'est pas une petite affaire et c'est peut-être cette difficulté qui rend notre aventure, en tant qu'homme, intéressante. Nous voulons tous des vies intéressantes. Pour un bon skieur, quel intérêt y a-t-il à descendre une toute petite pente? Il faut que la pente soit raide. Pour un alpiniste, il est sans intérêt de monter en espadrilles au sommet du Puy de Dôme par la route goudronnée : il faut faire de la varappe, il faut faire du rocher, il faut faire une face nord. Pour un bon joueur d'échecs, est-ce amusant de jouer uniquement avec son fils de huit ans?

Tout le monde veut avoir une vie intéressante : AH SI... si j'étais explorateur, si j'étais archéologue au lieu de travailler dans un bureau, si je... tout le monde voudrait vivre une aventure qui sorte de l'ordinaire, qui sorte de ce « métro-boulot-dodo », expression aussi célèbre que cruelle. Mais, en fait, vous êtes tous déjà engagés dans cette aventure passionnante, plus grande que toutes, du simple fait que vous êtes nés comme êtres humains à la surface de cette planète. Quelle vie plus intéressante pouvez-vous espérer que la vôtre qui vous permet de faire de toute votre existence la grande aventure de la Réalisation ou de la Libération? Cela, rien ne peut vous en empêcher. Certaines chaînes de causes et d'effets peuvent vous interdire d'obtenir le poste que vous convoitez ou de doubler votre chiffre d'affaires, mais, si vous le voulez, rien ne peut vous empêcher de transformer toute votre existence en cette aventure la plus exaltante et la plus passionnante de toutes du fait même de ses difficultés. Parce que ce n'est pas une mince entreprise.

Quand vous serez certains que votre Libération est la seule chose vraiment importante, « l'unique nécessaire », vous ne pourrez pas faire autrement que progresser sur la Voie. C'est du fond de votre être que montera la demande. Et, si cette conviction est réelle, vous aurez la détermination et la force de mettre en œuvre ce qui doit l'être, ce qui peut être appliqué d'un Enseignement et d'affronter de la bonne façon les vicissitudes de vos existences. Ce n'est pas une question de dons, c'est une question de conviction. Si vous sentez du plus profond de vous-mêmes : « Je ne peux pas manquer à cette vocation, je ne peux pas trahir ma vraie nature d'homme », — c'est un sentiment, le plus intime et personnel qui soit — tout le reste vous sera donné par surcroît, soyez-en sûrs.

S'il y a une injustice à cet égard, c'est uniquement dans le fait que certains portent en eux cette demande et que d'autres ne la portent pas. Mais, si vous vous éveillez à votre propre grandeur, si vous comprenez le secret des secrets : « dans tout cet univers, il n'y a rien de plus grand que l'homme, je suis l'homme et je peux dire de moi : Voici l'Homme », tout ce qui vous est nécessaire vous adviendra. Ne vous inquiétez pas : « Je suis faible, je suis limité physiquement et intellectuellement, je suis submergé d'émotions. » Ne vous inquiétez que de savoir si vous avez senti, à un niveau suffisamment profond, l'enjeu d'une existence humaine ou, si ce qui domine encore pour vous, ce sont les préoccupations habituelles, qu'elles soient « de gauche » ou « de droite », avoir des émotions heureuses, avoir des sensations nouvelles, avoir du succès, avoir, avoir à l'infini.

Deux données permanentes ont sous-tendu toutes mes années auprès de Swâmi Prajnanpâd et tous mes entretiens avec lui. La première, c'était cette grandeur de l'Homme, *man,* et l'autre ce sentiment personnel de nécessité : « Est-ce que je peux faire autrement que progresser sur le Chemin, ou est-ce que je ne peux pas faire autrement? » Une mère qui a perdu son enfant, que ce soit dans une grande forêt pendant un pique-nique ou dans la foule d'un 14 juillet, ne peut que le rechercher; une mère dont l'enfant a été enlevé et pour lequel on demande une rançon, sera d'accord pour vendre en un jour sa maison de campagne, même si c'est une propriété de famille à laquelle elle demeure très attachée.

Ressentez-vous ou non ce sentiment de nécessité? Tout vient de là et cela seul est important. Ne vous troublez pas sur ce que vous prenez pour vos faiblesses, vos limites, vos incapacités. Je vous promets que toutes les faiblesses se changeront en force. Et ce sentiment de nécessité, il ne vient pas seulement du refus de souffrir, de la lassitude de tourner en rond dans les mêmes situations pénibles, du dégoût de soi, de la honte. Il ne peut être complet que si cette part de refus — je ne veux plus de tout cela — s'associe à cette conviction totalement positive, ce sentiment sacré, divin, de votre propre importance et de votre propre grandeur. Alors vous serez prêts pour cette aventure suprême. Si elle s'impose à vous comme une évidence, comme vitale, vous la vivrez victorieusement. Si votre demande est incomplète et partielle, la Voie sera très difficile, car je serais malhonnête de vous dire qu'elle est aisée. La Vérité est simple, mais le mental est complexe et compliqué.

Sachez vous prendre en main, vous secouer, faire des efforts. Un jour le plan de l'effort sera certainement dépassé et vous découvrirez la spontanéité. Au début du Chemin on est emporté, pendant le Chemin on porte, au bout du Chemin on est porté. Un jour, c'est vrai, vous serez établis au-delà de l'effort, aptes à ce type d'action parfaitement libre qui est toujours une réponse et jamais une réaction. Mais, d'abord, tant que vous êtes soumis à la conscience individualisée de l'ego, tant que, selon votre expérience immédiate, c'est vous qui portez le poids de vos existences, c'est vous qui « faites » et c'est vous qui recueillez les fruits de vos actions, eh bien, il faut vous donner du mal.

***

La capacité unique à se donner tant de mal est aussi ce qu'il y a d'extraordinaire dans l'être humain. Un animal ne se donne du mal que dans la mesure où un homme l'y oblige pour le dresser, mais l'homme, lui, est capable de faire volontairement des efforts parfois héroïques. Regardez ce monde moderne autour de vous : de quels efforts un homme n'est-il pas capable pour obtenir le prestige, la gloire, le succès, l'honneur ou l'argent? Des gens qui travaillent tard le soir pour passer des concours, il y en a à tous les niveaux, depuis l'employé qui voudrait passer chef de bureau, jusqu'à l'étudiant qui est en « taupe » après avoir fait « hypotaupe » et qui veut entrer à Polytechnique. Si vous regardez, vous verrez des quantités d'hommes et de femmes qui se donnent beaucoup de mal et nous savons que, dans les grandes situations, il y a encore plus d'êtres qu'on ne le croyait qui peuvent se surpasser : que de petits « Français moyens » ont accompli, pendant la Résistance, des exploits tout à fait étonnants.

Dites-vous bien que vous êtes beaucoup, beaucoup plus capables d'efforts et d'exploits que vous ne l'imaginez. Mais vous ne vous mettez pas en route, vous ne vous prenez pas en charge et, dès que vous imaginez que ça sera un peu difficile, vous prenez peur. Quand un homme se trouve au cœur de la difficulté, il fait face. Il est dit dans le Coran — c'est une parole connue, mais qui devrait l'être encore davantage pour qu'on se méprenne un peu moins sur l'Islam : « Allez chercher la Sagesse jusqu'en Chine. » S'il faut aller en Chine, allez en Chine, s'il faut aller en Inde, allez en Inde. Mais, certainement, se donner beaucoup de peine fait aussi partie de votre dignité d'homme.

Bouleversez les routines motrices, physiques, mentales, dont vous êtes prisonniers. C'est la première étape. Là, il y a un effort à faire, comme on se secoue tout d'un coup pour briser ses chaînes. Vous êtes tellement imprégnés de cette mentalité moderne — comme je l'étais moi et je me solidarise complètement avec les Occidentaux — qu'elle finit par penser à votre place, par vous proposer une vision du monde qui n'est certes pas la seule possible et qui, en tout cas, est en contradiction complète avec le Chemin. Cette inertie des habitudes est la première porte de notre prison et si, par lui-même, un animal ne peut pas briser ses habitudes, un homme le peut.

Vous avez une possibilité d'échapper à cette loi de mécanicité, de répétition, de mêmes causes produisant les mêmes effets. Mais il faut que vous compreniez que ce n'est pas seulement, au moins au début, par un effort intérieur tel que la vigilance, l'adhésion à ce qui est, la présence à soi-même. C'est aussi par des décisions audacieuses qu'il faut oser prendre, prendre des risques, des risques de santé, des risques financiers. Des hommes savent prendre de nombreux risques pour traverser l'océan sur un petit voilier. Pourquoi n'en feriez-vous pas autant pour votre libération? Ayez une ambition à la mesure de ce à quoi vous êtes appelés en tant qu'Hommes. Vous ne pouvez pas ressentir cette dignité de l'Homme, par conséquent la vôtre, et avoir ensuite une toute petite ambition, médiocre, indigne. « Be bold », disait Swâmiji, soyez audacieux. Ne cherchez pas toujours le confort, les petites solutions et surtout, essayez de forcer la première barrière de vos conditionnements, même par des décisions qui vous engagent et qui vous coûtent.

Je ne dis pas que tous doivent partir en Inde en voiture comme je l'ai fait à cinq reprises entre 1959 et 1973 et passer en Asie plusieurs années de leur vie. Je ne dis pas que tous doivent prendre un jour la route pour un Orient qui n'est d'ailleurs plus ce qu'il était il y a vingt ans. Mais soyez audacieux et osez. Cela fait aussi partie de votre dignité d'homme. Mis au pied du mur, vous feriez face : sachez vous mettre au pied du mur. Les hommes modernes ont trop perdu ce sens de la grande aventure à propos de la spiritualité. Alexandra David-Neel le décrit magnifiquement à propos des Tibétains : « Ce sont les plus grands sportifs que j'ai connus, dit-elle, et ils se lancent dans la spiritualité comme on se lance à l'assaut. » Et c'était vrai aussi auprès de Swâmiji.

Man as man, l'homme en tant qu'homme, est constitué pour accomplir des exploits, pour se dépasser lui-même, pour conquérir la nature — soit aller dans la lune, soit conquérir la nature en lui, c'est-à-dire se libérer des lois ordinaires. Vous ne serez pas fidèles à votre grandeur d'homme si vous êtes pleutres, « *cowards* », comme disait Swâmiji : « *The way is not for the coward.* » La Voie n'est pas pour le peureux ni le lâche. Ne soyez pas pleutres, osez. C'est dans le risque, dans l'audace, dans l'aventure, mais pas n'importe quelle aventure stupide, qu'on se sent enfin conforme à sa dignité intérieure. Certains n'en connaissent qu'une caricature : se battre entre bandes de jeunes à coups de chaînes de vélos. D'autres en connaissent des formes déjà plus élevées, mais la plus grande aventure c'est l'aventure spirituelle. Et celle-ci ne se limite pas à l'aventure purement intérieure face à ses peurs, ses angoisses et ses doutes. Elle prend aussi des formes extérieures : dépenser de l'argent s'il le faut et pour cela, en gagner; veiller, peiner, donner pour recevoir. « Les alouettes, dit un proverbe, ne vous tomberont pas toutes rôties dans la bouche. » La Libération et la Sagesse non plus.

Swâmiji attendait beaucoup de nous et nous donnait beaucoup. Il me semblait toujours qu'il me demandait trop et pourtant, je ne suis pas mort en route. Vous pouvez bien plus que vous ne le croyez. Alors, au moins vous qui lisez ce livre, puissiez-vous prendre conscience de vous-mêmes sans vous sentir trop dérisoires par rapport à cette grandeur et à ces possibilités dont je parle aujourd'hui. Certainement, à quelque niveau que vous soyez, le Chemin vous demandera de vous engager, toujours plus. Vous en êtes capables, pourvu que vous soyez animés par cette conviction : « Je peux, moi, oui moi » — tels que vous êtes, contradictoires, incohérents, mal dans votre peau. Tous les points de départ sont bons, je vous le promets. Ce qui est grave, c'est si vous n'êtes pas convaincus qu'il faut vous donner du mal, tout le mal que vous êtes capables de vous donner, au niveau où vous vous trouvez.

Vous attirerez ce qui vous sera nécessaire au jour le jour. Voilà le message de l'Inde vivante et de Swâmi Prajnanpâd, représentant de la grande Tradition : « Je vais te dire le secret des secrets, dans cet univers, il n'y a pas de plus grande merveille que l'Homme. » « Toi aussi, tu es Cela » et dans ce mot « Cela », *tat* en sanscrit, les Hindous mettent tout ce que vous pouvez imaginer et concevoir de plus grand, et même encore au-delà que vous ne pouvez pas concevoir.

3

PAS D'EXCUSES

Je voudrais faire le point aujourd'hui avec vous sur certaines vérités qui me sont devenues claires peu à peu, à travers l'expérience du Bost. Je serai amené à faire allusion à mon propre cheminement, à mes années de tâtonnement et de recherche, non pas pour « raconter ma vie » (parce que cette vie-là est maintenant du passé comme un rêve dont on s'est réveillé) mais parce que le Chemin sur lequel j'essaie de vous guider est celui que j'ai concrètement suivi et dont je peux parler en toute certitude et non pas un Chemin idéal que j'aurais simplement connu par des livres.

Ce que je tiens à dire, c'est que j'ai rencontré beaucoup de difficultés qui tenaient à ce que j'étais. Puisse cette remarque encourager, réellement encourager, ceux qui ont l'impression que c'est difficile et qu'ils n'y arriveront jamais, qu'il leur faudrait tellement changer ou que le But est si loin que même le courage leur manque de se mettre en route.

Je peux vous dire sobrement que j'ai eu autrefois de grosses difficultés affectives et sexuelles et que mes années de 18 à 25 ans ont été vécues dans le malaise et la souffrance en face de la femme et de la réalité sexuelle. Professionnellement je me suis beaucoup débattu, accumulant les échecs. Chaque fois qu'on croyait qu'Arnaud allait enfin se sortir d'affaire, on apprenait six mois après qu'il était de nouveau chômeur pour une raison ou pour une autre. Pourtant j'ai toujours été bon élève, appliqué, faisant de mon mieux et non du genre « mauvais sujet » susceptible de se faire renvoyer. Malgré cette bonne volonté, j'échouais toujours. J'ai été collé trois fois au permis de conduire; je ne l'ai eu que la quatrième fois et j'entendais comme genre d'encouragement : « Souhaitons qu'il ne l'ait jamais, c'est le meilleur service qu'on puisse lui rendre; s'il conduit il aura un accident ou il écrasera quelqu'un! » Tout ce qu'il fallait pour m'épanouir et me donner confiance en moi. De même que j'ai entendu dire pendant des années : « Arnaud ne sera jamais capable de gagner un centime. » Juste les petits métiers, les petites situations. Or, il y a eu certaines époques de ma vie où j'ai réussi à gagner très convenablement de l'argent, quitte à me remettre librement en difficulté pour aller passer trois mois d'affilée chez Swâmiji au lieu de travailler.

Bien. J'arrête ici cette évocation. Mais je voudrais redire une fois de plus que ma plus grande conviction, ma foi la plus grande, c'est la possibilité de changer, de changer complètement, de devenir méconnaissable par rapport à ce qu'on était.

Je ne parle pas comme celui à qui tout a été facile, qui a tout de suite réussi, qui était comblé de dons, et qui accable ensuite ceux qui ne sont pas capables de faire ce qu'il a fait ou de réussir ce qu'il a réussi. Il est normal que je vous guide sur un Chemin que j'ai moi-même suivi et je sais ce qui est inutile sur ce Chemin-là et ce qui est, au contraire, indispensable.

Vous pouvez vous passer de pratiquer les exercices respiratoires complexes du Hatha-Yoga, vous pouvez vous passer de chanter des hymnes comme dans un monastère zen. Par contre, un Chemin fait un tout et certaines nécessités sont inévitables. Si vous croyez être plus malin que la Vérité et pouvoir éviter ces nécessités, vous ne sortirez jamais de vos difficultés.

Un point notamment est devenu de plus en plus clair pour moi, c'est que vous ne voyez pas suffisamment combien votre vie en général et ce que nous appelons « Chemin » se confondent.

Vous ne progresserez pas sur le Chemin spirituel si vous ne progressez pas dans votre existence. Vous ne pouvez pas faire deux parts : une existence dans laquelle vous accepteriez de rester du matin au soir, l'esclave du mental et de l'inconscient et une marche vers la Sagesse, vers la Libération. Les qualités que vous mettez en œuvre dans la vie sont celles qui vous aident à progresser sur le Chemin et les défauts ou les limites qui vous handicapent dans la vie sont ceux qui vous handicapent sur le Chemin. Il y a là une vérité que je tiens à dire fermement et qui peut sembler cruelle à entendre.

C'est pour cela que j'ai commencé cette réunion en vous disant brièvement : j'ai été faible tant et plus et dans bien des domaines. Je me souviens même qu'un des principaux responsables de l'Enseignement Gurdjieff avec qui j'étais assez étroitement en rapport, m'a dit autrefois : « Arnaud, il faut voir la vérité en face. Que vous le vouliez ou non, vous n'avez aucune force réelle, vous n'avez pas une vraie force intellectuelle » (en effet, j'ai fait Sciences Po mais je n'ai pas fait l'ENA; après trois ans de Droit je n'ai poursuivi ni l'agrégation ni le doctorat). « Physiquement, vous ne dégagez aucune puissance. Professionnellement, vous ne savez pas vous imposer. Monsieur Gurdjieff donnait avant tout une impression de force. Vous, vous êtes sincère, consciencieux, plein de bonne volonté mais vous donnez une impression de faiblesse et pour aller loin sur la Voie, il faut pouvoir s'appuyer sur une très grande force. » En vérité, ce qui me manquait surtout alors était une force émotionnelle (j'étais vite perdu, malheureux, infantile). Et il est écrit dans le livre « Fragments d'un Enseignement inconnu » une phrase qui me troublait beaucoup : « L'expérience a prouvé que ceux qui sont faibles dans la vie sont également faibles dans le Travail » (le « Travail » est le nom qu'on donnait à l'Enseignement dans les groupes Gurdjieff).

Ce que je peux dire, c'est qu'avec de la persévérance et une certaine habileté, on peut arriver à faire grandir cette force et, peu à peu, à changer profondément, à condition de le vouloir avec persévérance. La seule force que j'avais à mon actif au départ, c'était la capacité à « m'accrocher », à me relever si je tombais et à reprendre le Chemin.

Je dois vous parler nettement de cette question. Sans cela,

nous finirons par fonder la voie sur le mensonge. Quand on se sent faible, frustré, déçu, qu'on a été trop comparé aux autres par ses parents et qu'on se compare soi-même à ceux qui réussissent mieux que nous, une espérance semble s'ouvrir du côté du yoga ou de la méditation et nous tombons facilement dans la mentalité religieuse ordinaire qui déforme la vérité : la vie spirituelle est la consolation des malheureux.

Je suis nul professionnellement, nul financièrement, nul amoureusement et sexuellement; je suis un petit personnage, je ne réussis pas grand-chose, et je mesure mes limites dans tous les domaines mais la vie spirituelle va être la consolation de mes souffrances. Il est très aisé d'interpréter dans ce sens les paroles chrétiennes. « Si on me frappe sur une joue, je tends l'autre. » « Heureux les pauvres en esprit, heureux les humbles, heureux les doux. » « La réussite est réservée à ceux qui triomphent dans le monde matériel mais le Christ a dit : " Mon Royaume n'est pas de ce monde ", et moi je vais triompher dans le royaume spirituel. »

Cela fait mal, ça m'a fait très mal de réfléchir à ce que je vous dis. « Alors, en plus, il faut que j'admette que je vais être faible sur ce Chemin dont j'aurais bien voulu faire la compensation à toutes mes insatisfactions et à toutes mes souffrances? » Si vous voulez progresser sur la Voie, c'est toute votre existence que vous devez reprendre en main et transformer peu à peu. Cela ne peut pas être autrement. Vous pouvez écouter des causeries, vous pouvez mettre au jour votre inconscient, vous pouvez lire des livres tant que vous voudrez, cela ne vous sortira pas vraiment d'affaire. Il faut persévérer, vous acharner dans tous les domaines. Et ceux qui ne mettent pas habilement en œuvre cet Enseignement, ce sont ceux qui s'y prennent mal dans leur existence.

***

Il n'y a pas de différence réelle entre le Chemin d'une part et la vie de l'autre. Ces mêmes méthodes doivent être appliquées pour les deux. Si vous êtes adroits dans la vie, vous serez adroits sur le Chemin et si vous êtes adroits sur le

Chemin vous serez adroits dans la vie. Mais si vous vous y prenez mal dans la vie, vous vous y prendrez mal sur le Chemin et si vous vous pardonnez toutes vos faiblesses dans la vie, vous vous pardonnerez toutes vos faiblesses sur le Chemin. Même les Évangiles emploient le mot « phronimos » qu'on traduit par sage, sensé, avisé et qui signifie aussi « habile ».

Ne vous découragez pas, je vous affirme qu'on peut changer. Encore faut-il s'attacher à ce changement et le mener à bien, en quelques mois si vous le pouvez mais plus probablement en plusieurs années. Certains et certaines d'entre vous, qui depuis des années ne progressent pas suffisamment, doivent faire aussi porter leur effort sur une transformation de leur existence et de la façon dont ils la mènent. Les mêmes défauts, les mêmes faiblesses qui jouent dans la mise en pratique de l'Enseignement jouent dans la totalité de votre vie. Trop souvent vous êtes complaisants, faibles, vous tolérez de grandes insuffisances de caractère en pensant que le Chemin va faire un miracle. A ce sujet j'ai noté quelques points d'importance inégale d'ailleurs.

Tout d'abord, l'extérieur est l'image de l'intérieur et l'intérieur est l'image de l'extérieur. Celui qui est matériellement désordonné l'est aussi mentalement et n'arrive pas à mettre de l'ordre dans ses idées. Réfléchissez aux différents sens qu'on peut donner à ce mot « ordre » : ordre de priorité, ordre de grandeur. « Ordre » est une traduction du mot « *dharma* ». C'est un terme très riche, avec ses nuances et ses sens dépendant plus ou moins les uns des autres.

Il faut que vous ayez le sens de l'ordre; c'est impératif. Il ne s'agit pas seulement de savoir dans quel dossier vous avez mis tel papier et dans quel tiroir vous avez mis le dossier en question mais d'un ordre mental. Quel est l'ordre de priorité? Quel est l'ordre de grandeur? De cette manière-là seulement, vous pourrez arriver à progresser. Mais cela concerne aussi l'ordre au sens le plus concret et le plus matériel du mot et une discipline indispensable doit vous guider. Mon gourou était intransigeant à cet égard.

Si le mental pense que, d'un Chemin que vous suivez, vous

pouvez prendre ce qui vous convient et laisser ce qui ne vous convient pas, il aura toujours gain de cause. Vous ne savez pas ce qui est important et ce qui ne l'est pas, vous ne le saurez que plus tard. C'est exactement comme un malade qui, voyant de toutes petites gélules, dirait : « Ces pilules sont si petites qu'elles ne doivent pas être très efficaces. » Comment peut-il savoir si ces pilules minuscules ne sont pas justement un des éléments essentiels de son traitement?

Cet ordre comprend d'abord le fait d'avoir une vue d'ensemble de la Voie et de comprendre, à l'intérieur de cette vue d'ensemble, quelles sont les données importantes, moins importantes, encore moins importantes et ainsi de suite. Je pourrais comparer cela aux cartes de géographie. Si vous voulez faire un voyage — le voyage Paris-Inde que j'ai pris si souvent en exemple —, il vous faut une carte complète sur laquelle vous voyez Paris, tous les pays à traverser et l'Inde (c'est-à-dire l'Europe et la moitié de l'Asie); puis il vous faut des cartes dans lesquelles figurent seulement la France, seulement la Suisse, seulement l'Italie, pour arriver à bien choisir par quelle route vous allez passer; et enfin vous utilisez des cartes qui vous montrent uniquement une petite région ou le plan d'une ville pour voir quels sont les boulevards périphériques qui vous facilitent la circulation dans cette ville. Vous ne mettez pas sur le même niveau le plan d'Istanbul d'une part et une carte comprenant la Turquie, l'Iran, l'Afghanistan et l'Inde de l'autre. Il y a une question d'échelle en matière de cartes et il y a une question d'échelle en matière de vue d'ensemble et de vue de détail des situations concrètes. C'est vrai en ce qui concerne le Chemin. Mais c'est aussi vrai en ce qui concerne l'existence, chaque détail et chaque tâche de l'existence.

Vue d'ensemble du Chemin : Quel est mon point de départ, qu'est-ce que je suis aujourd'hui? Quel est mon point d'arrivée, comment est-ce que je me représente moi-même libre, établi dans la Sagesse? Vous revenez à cette vue d'ensemble. Et vous faites ce qu'on appelle, dans les voyages, le point. Où en suis-je exactement en longitude et en latitude, quel chemin me reste à accomplir et quelle direction dois-je prendre? Deux choses sont importantes, l'une c'est de progresser c'est-à-dire de mettre un pied devant l'autre et non pas de rester assis à la terrasse d'un bistrot et la seconde, c'est de progresser dans la bonne direction, d'être « orienté ».

Le Chemin se suit pas à pas, dans les circonstances précises où vous vous trouvez, juste ici et juste maintenant, mais à condition qu'intérieurement vous soyez orientés, c'est-à-dire que vous sachiez vers où vous allez. Pendant que je vous parle, où commence, maintenant, tout de suite, le chemin qui me sépare de la salle à manger du Bost? Ici, sur cette plate-forme où je suis assis et nulle part ailleurs.

Je prends appui où je suis pour me lever. Cela se passe ici, et non à la porte que j'ai sous les yeux. Mais il faut que je sois orienté. Si je suis ici mais mal orienté, je vais me retrouver dans ma chambre mais pas à la salle à manger. Vous devez toujours savoir — toujours — faire le point. Prenez de temps en temps une récréation qui équivaudrait à pêcher à la ligne pour un navigateur. Mais, si vous pilotez un avion d'aéro-club, vous ne pouvez pas vous permettre de lâcher complètement les commandes. Vous avez un certain cap, maintenu instant après instant.

Trop souvent, je constate que vous n'avez pas une idée claire de votre But, du Chemin que vous suivez, du point où vous vous trouvez, de la façon dont vous devez être intérieurement orientés, pour vivre de façon juste le « ici et maintenant ». Il ne suffit pas de dire ça se passe ici et maintenant — ce qui est parfaitement vrai. Ça se passe ici et maintenant mais je suis tourné vers l'Ouest, je suis tourné vers le Nord, je suis tourné vers le Sud, je suis tourné vers l'Est. C'est vrai toujours pour tout, pour la conduite d'une existence entière et pour la mise en œuvre d'une tâche limitée, une tâche qui s'échelonne sur quelques jours, ou même sur quelques heures.

Ne croyez pas que vous pourrez avoir ce sens de la vue d'ensemble et de la vue de détail en ce qui concerne le Chemin de la Sagesse si vous ne cherchez pas à l'avoir en ce qui concerne la vie. Et vous ne pouvez progresser qu'en vous exerçant à n'importe quelle tâche que vous vous êtes fixée ou que le destin vous impose et que vous acceptez d'accomplir. Vous ne mesurez pas à quel point ces activités de l'existence sont importantes et formatrices. Et ce que vous aurez compris en réparant une chaise, vous l'appliquerez ensuite au Chemin. C'est cela qui fera grandir votre qualité de disciple.

Donc, la première nécessité, c'est d'avoir une vue d'ensemble et une vue des détails à l'intérieur de cet ensemble, à toutes les échelles, depuis la totalité de votre vie jusqu'à une activité s'étendant sur quelques heures. C'est le premier aspect de cette notion si importante de l'ordre. « Mettez de l'ordre dans vos idées. » Et vous ne pouvez pas mettre de l'ordre dans vos idées si vous ne sentez pas la nécessité impérieuse de l'ordre. Si, avec Swâmiji, il avait été prévu que, sur la petite table à côté de lui, on rangeait d'abord le crayon et cinq centimètres plus loin les lunettes et qu'un jour on range les lunettes plus près et plus loin le crayon, Swâmiji m'a dit que c'était « pire que de couper la tête de Swâmiji » *(« worst than taking off the head of Swâmidji »).* Je me suis même posé la question de savoir s'il n'était pas simplement un maniaque de l'ordre et non un sage!

Swâmiji, comme chaque fois d'ailleurs, m'a convaincu que, si le mental a la moindre possibilité d'interprétation, il en profite tout de suite. S'il peut glisser un coin, comme on glisse un coin dans une porte pour que celle-ci s'ouvre de plus en plus jusqu'à ce qu'on puisse passer, si le mental garde une marge d'interprétation, où cela s'arrête-t-il? Le jour où le feu prend, plus personne ne sait où se trouvent les extincteurs d'incendie — peut-être au grenier, peut-être à la cave, peut-être à l'entrée de l'escalier. Quand on cherche un médicament, il a disparu, quand on cherche le numéro de téléphone urgent d'un service de secours, on ne le trouve plus. Si le mental garde une petite marge pour penser : « Oh, l'ordre, oui, mais enfin il ne faut pas exagérer non plus » — c'est fini. Chaque chose doit avoir sa place.

De même, Swâmiji insistait beaucoup aussi sur l'ordre dans le temps. Dans quel ordre allons-nous faire les choses? Qu'est-ce que je fais d'abord? Qu'est-ce que je fais en me levant? Qu'est-ce que je fais cinq minutes plus tard? Plus vous pouvez mettre de régularité dans vos vies, plus vous serez aidés. Bien sûr, vous pourrez moins régler vos existences que si vous étiez moines dans un monastère zen ou une abbaye de Trappistes où la vie se déroule à peu près identique à elle-même, jour après jour, de minute en minute — horaire d'hiver, horaire d'été. Mais vous n'imaginez pas l'énergie que vous économiserez peu à peu en vous soumettant à l'ordre.

J'ai connu tant de gens qui allaient en Inde tous les ans ou qui assistaient à trois réunions par semaine dans les groupes Gurdjieff. Mais ces efforts étaient coupés du reste de leur vie. Et maintenant, avec un recul de trente ans, je vois bien qu'ils sont passés à côté du grand But et qu'ils sont encore prisonniers de leurs anxiétés, leurs troubles, leurs problèmes. Ils ne sont pas sortis d'affaire parce qu'ils ont gaspillé trop d'énergie. L'économie de l'énergie est impérativement nécessaire afin que cette énergie puisse être raffinée et utilisée pour offrir peu à peu en vous des instruments nouveaux à la Conscience, beaucoup plus fins que la sensation, l'émotion et la pensée habituelles.

Voyez-vous, les exemples s'accumulent maintenant depuis six ans qui me montrent combien cet aspect de l'Enseignement reste théorique pour vous, combien vous en êtes peu convaincus, et combien, en parlant simplement de tâches sur lesquelles je puisse avoir un œil — c'est-à-dire qui concernent de près ou de loin la vie au Bost, ou le service du Bost à l'extérieur —, vous acceptez facilement le désordre, la faiblesse et l'échec. Et là, je voudrais aller un peu plus profondément dans le détail, même si je dois être ferme et même si, par moments, vous avez l'impression que je veux « vous accabler de ma supériorité en vous montrant combien moi j'étais admirable et combien comparés à moi vous êtes lamentables ». C'est le risque que je prends et c'est pour cela que j'ai bien dit en commençant : mon existence a été longtemps laborieuse et difficile.

***

J'ai peu à peu rendu claire pour moi une vérité essentielle. Il existe deux catégories d'êtres humains, surtout dans notre monde moderne — nous ne sommes pas au Tibet à l'époque de Milarepa — : ceux qui acceptent vis-à-vis d'eux-mêmes d'être justifiés par les excuses et ceux qui n'acceptent pas d'être justifiés par des excuses. Et ici laissez-moi partager une expérience avec vous car elle est essentielle.

Déjà, très jeune, je rêvais d'être metteur en scène de cinéma, ce qui s'est appelé depuis réalisateur de films. Je lisais à peu près tout ce qui paraissait en français d'un peu sérieux sur le cinéma, y compris des livres traduits de l'américain et dont l'un s'appelait, je m'en souviens encore : « Comment nous faisons les films » par vingt artistes et techniciens d'Hollywood : la script-girl, l'architecte-décorateur, l'ingénieur du son, le metteur en scène, le scénariste, le monteur, etc. Il y avait un chapitre sur « l'assistant », métier peu connu dont le public ne se fait aucune idée. Et ce chapitre commençait par une toute petite phrase en épigraphe : « On ne photographie pas des excuses », devise du Syndicat des assistants-metteurs en scène d'Hollywood.

Effectivement, mon métier de cinéaste m'a au moins appris une chose, c'est qu'on ne met pas des excuses devant la caméra. Je comprends qu'à cet égard, ce métier m'a immensément aidé. J'ai très vite senti que les excuses n'avaient aucune valeur malgré une civilisation où, du moment qu'on a une excuse, on se sent justifié. Dans toutes les faiblesses que mon guide des groupes Gurdjieff me montrait, ce qu'il n'avait peut-être pas vu et qui m'a sauvé, c'est cette idée qui a grandi peu à peu : « On ne photographie pas des excuses. »

Dans mon identification avec l'idéal d'être premier assistant de cinéma, ce que j'ai fini par être d'ailleurs pour des films produits par la Télévision, cette devise m'avait pénétré au cœur comme un « *samskara* ». Et je me rends compte que la plupart d'entre vous ont à regarder en face sérieusement ce que je dis là s'ils veulent progresser sur le Chemin. C'est indispensable.

Vous vivez tous et toutes — sauf rares exceptions mais si nous commençons à donner trop de place aux exceptions, chacun dira : c'est moi l'exception — vous vivez tous prisonniers de cette tragique maladie : du moment que j'ai une excuse, ça va. Vous avez cette mentalité dans l'existence, vous avez cette mentalité sur le Chemin et vous ne vous en rendez pas compte. C'est une mentalité infantile. Je ne suis pas responsable. Il suffit que je puisse me justifier. Vous êtes entièrement responsables et c'est vous qui terminerez votre vie au Ciel ou en Enfer. Tout le reste est mensonge. Dieu est toujours présent au cœur de vous-même mais Il ne viendra jamais à votre secours si vous continuez ainsi.

Aujourd'hui, il suffit d'apporter un certificat médical pour être justifié. Il suffit de pouvoir dire « c'est le courant qui a été interrompu, c'est le métro qui est arrivé en retard, c'est la machine à photocopier qui s'est enrayée, c'est... » pour être justifié. C'est très bien pour une existence dans le sommeil. C'est radicalement exclu sur le Chemin de la Sagesse.

Quand j'ai commencé comme stagiaire puis second assistant à la Télévision, je savais que c'est seulement si j'étais un très bon second que je deviendrais premier et si j'étais très bon premier, que je ferais des émissions intéressantes, représentant des semaines de tournage en intérieurs, et en extérieurs, avec des acteurs, des figurants, des costumes, des accessoires et, pour nous, assistants, des « Plans de travail », des plannings divers, beaucoup de responsabilités. Je voulais réussir dans ce métier de premier assistant et je savais aussi que seul le premier assistant qui sortait du rang avait une chance de passer réalisateur. J'espérais devenir réalisateur. Il y a trente ans, nous étions assistants au cachet, payés à l'émission. Et — je parle des grands réalisateurs de l'époque — si Lorenzi avait été déçu d'Arnaud, c'était fini avec Lorenzi; si Bluwal avait été déçu d'Arnaud, c'était fini avec Bluwal.

Aucune excuse ne pouvait jouer. Le réalisateur entendait que tous les figurants soient prêts à temps, que tous les décors soient terminés, que tous les accessoires soient en place, que tous les costumes correspondent à ce qui était prévu, que les robinets qui « jouent » dans l'action coulent, que les fenêtres supposées s'ouvrir s'ouvrent — que son émission soit réussie, et que sa carrière progresse. Expliquer : « la fenêtre n'ouvre pas parce qu'ils se sont trompés à la décoration », ce n'était pas admis; « le robinet ne coule pas parce que l'accessoiriste est malade », ce n'était pas admis. Aucune défaillance n'était admise. Un Premier Assistant digne de ce nom, à la Télévision ou dans le Cinéma, est à lui tout seul responsable de toutes les fautes, toutes les erreurs, tous les oublis, toutes les omissions de qui que ce soit, depuis un technicien jusqu'à un bureaucrate, et à l'imprimeur qui édite la brochure des textes mis entre les mains des comédiens. Si un comédien qui devait avoir son texte avant le premier jour de tournage ne l'a pas reçu à temps, c'est l'assistant qui est responsable, ce n'est jamais la grève des Postes.

Je m'en suis rendu compte un jour : voilà ce qui m'a sauvé. Parce que j'ai vécu dans cette mentalité où je savais que, pour moi, c'était à prendre ou à laisser. Si la Poste avait été en grève, j'aurais passé deux jours sur une bicyclette (parce que je n'ai eu de voiture que plus tard) à distribuer les textes aux comédiens. Le nombre de repas que j'ai sacrifiés! L'argent que j'ai dépensé de ma poche quand j'en gagnais très peu et qu'il était impossible de se le faire rembourser, la dépense n'étant pas passée par la filière d'une Administration comme la Télévision française! Ni le service décoration, ni le service accessoire, ni le service maquillage, ni le service costumes ne pouvaient être fautifs. Personne ne pouvait être fautif sauf moi. « On ne met pas des excuses devant la caméra. »

***

Comme Réalisateur, j'ai entrepris mes longues expéditions en Asie, partant seul avec des contrats de la Télévision mais sans équipe. Le premier voyage, je l'ai fait à mon compte, c'est-à-dire pratiquement sans argent. Je n'avais même pas de quoi acheter un magnétophone; j'ai tourné en muet et j'ai sonorisé à Paris. C'était à prendre ou à laisser. Ou bien je ramenais des bobines de films, elles passaient à l'antenne et je sortais d'un échec professionnel qui devenait de plus en plus tragique parce que j'avais déjà un enfant, ou bien je ne ramenais rien et c'était fini. Et je n'aurais pas pu ramener des excuses à Paris.

Jusqu'à vingt-huit ans, j'ai vécu dans les excuses. Il y avait toujours une bonne justification qui était vraie et qui me suffisait pour rester là, accablé, malheureux; « j'ai fait ce que j'ai pu, ça n'a pas marché ». Ensuite, peu à peu, je me suis fait une certaine place à la Télévision.

Je partais et je ne pouvais pas dire : « Si mes films sont ratés, c'est la faute du caméraman. Moi j'ai fait mon boulot de réalisateur. Si l'image est entièrement noire, c'est le caméraman qui est fautif. » Et le caméraman, lui, rétorquerait : « Si l'image est noire, c'est que la caméra a été mal réglée au service technique de Joinville. » Je n'avais pas droit à ce genre de justifications. La caméra était à moi, les lampes étaient à moi, les films étaient dans ma voiture, je partais seul. Si je rapportais des films qui étaient bons, j'étais payé et j'avais une chance de continuer dans cette voie. Si je ne rapportais pas des films réussis, non seulement je ne touchais pas un centime des cachets prévus mais je devais rembourser à la Télévision tout l'argent de la première mise de fonds, celui avec lequel j'avais acheté la Land Rover, et le montant de la pellicule. C'était à prendre ou à laisser.

Par conséquent, aucune excuse ne tenait : « Je n'ai pas pu tourner parce que j'avais 40° de fièvre. » Mon épouse pourrait vous dire que j'ai tourné avec 40° de fièvre; je toussais tellement que je ne pouvais plus respirer — et la respiration, quand on tient la caméra à la main est très importante pour ne pas trembler. J'ai réussi à me procurer une bouteille de sirop pour la toux — ça se passait à Rewalsar, pour le film *Le Lac des Yogis,* le rite tantrique effectué par Dudjom Rimpoché — et j'ai bu toute la bouteille. « Cette *puja* a lieu une fois, elle n'aura plus jamais lieu, Dudjom Rimpoché est d'accord pour me laisser tourner, je ne tousserai pas. » Et je n'ai pas toussé.

La chaleur est insupportable, je titube; ça n'a pas d'importance. Le Service de l'électricité indienne me promet de tirer une ligne, 220 volts garantis (le voltage est important pour les lampes des films en couleurs, il modifie ce qu'on appelle la température de couleur). Mesurons le voltage avec 500 mètres de fil en bout de ligne pour amener l'électricité dans un monastère qui ne l'a pas : 160 volts! Ça ne marchera jamais. Il n'y a qu'une chose à faire, c'est de convaincre Dudjom Rimpoché lui-même de faire un décor supposé être l'intérieur d'un temple tibétain, mais à l'extérieur, à l'angle de deux murs. Et je reconstitue ainsi un temple tibétain éclairé par la lumière du jour. Cela a été fait.

Si j'avais dit : « C'est pas de ma faute, c'est l'électricité indienne qui a fourni 160 volts au lieu de 220 », j'étais perdu. « C'est le Gouvernement indien qui m'a refusé les permis. » Le Gouvernement indien m'a refusé le permis du Bhoutan? J'ai fini par l'obtenir. Il fallait rapporter des films, il n'y avait que cela de vrai, et de la pellicule sans défauts. Je ne pouvais pas dire : « Elle est voilée, c'est la faute de la mauvaise route qui a causé des secousses à la voiture, les secousses ont décollé les lentilles de mon objectif de 25 mm et tous les plans tournés au 25 mm sont flous. » Ah! Je suis justifié! Puisque les routes d'Afghanistan ne sont pas goudronnées, il y a eu des secousses, je n'y peux rien! Les secousses ont secoué la caisse contenant la caméra, je n'y peux rien! La secousse a décollé les lentilles de mon objectif de 25 mm, je n'y peux rien! Tous les plans tournés au 25 mm sont flous, je n'y peux rien! » C'est parfait comme justification. Seulement ça ne marchait pas. J'ai pris l'habitude de vivre sans jamais accepter une excuse ou une justification, aussi bien comme premier assistant à la Télévision pendant trois ans que comme cinéaste-explorateur.

J'ai cherché à comprendre s'il pouvait y avoir une différence entre tous ceux qui viennent au Bost et celui que j'avais été. Pas plus intelligent que les autres, je n'étais pas du tout fait pour « rouler des épaules », et je n'avais rien d'intimidant. Un directeur de la Télévision m'a même dit un jour : « La Télévision est une jungle, je regarde les réalisateurs se dévorer entre eux; mon pauvre Desjardins comme bête fauve vous repasserez ». Je n'étais pas spécialement doué. Ceux qui m'ont connu il y a vingt-cinq ans vous diront : « Arnaud était bien gentil mais sorti de là... » Mais à partir de l'âge de vingt-huit ans, j'ai vécu sur cette base : il n'y a pas d'excuse dans la vie (je vais parler du Chemin dans un instant). Or, je vis depuis six ans au Bost entouré de gens qui ont toujours une excuse, moyennant quoi ils sont justifiés. Et là, entendez-moi, il faut que vous changiez complètement cette approche.

C'est à dessein que je parle aujourd'hui d'Arnaud Desjardins ou que je parle de mon passé, comme vous voudrez, même si se lève chez certains une réaction : il se vante, il veut nous accabler. Vous n'avez une chance sur le Chemin que si vous gravez une fois pour toutes cette devise au fond du cœur : « A partir d'aujourd'hui, je n'accepte plus une excuse en ce qui me concerne. » Acceptez-les en ce qui concerne les autres; vous n'êtes pas responsables de leur faiblesse. Arrachez de vous cette mentalité moderne : du moment qu'on a une excuse, on est justifié.

Si on me demandait maintenant : mais qu'est-ce qui fait vraiment le disciple? je répondrais : c'est un homme qui a définitivement rayé de sa vie l'idée qu'il puisse être excusé. « Rien ne me servira d'excuse, jamais; il n'y a que le résultat qui compte. Si ça ne marche pas d'une façon, je m'y prendrai d'une autre. »

Or ceux qui ont la mentalité de l'excuse dans la vie ont la mentalité de l'excuse sur le Chemin. J'ai remarqué que c'était lié. « Je ne peux pas, je suis trop fatigué; je ne peux pas, je suis emporté par mon angoisse; je ne peux pas, je dors trop mal la nuit et ça m'use; je ne peux pas, je n'ai pas eu un séjour assez long; je ne peux pas, mes enfants m'épuisent... » Tout devient une excuse pour ne pas mettre l'Enseignement en pratique ou pour ne pas progresser. Tant pis pour vous! Si quoi que ce soit vous sert d'excuse à vos propres yeux pour ne pas progresser sur ce Chemin, tant pis pour vous! « Ah, j'aurais bien fait des efforts mais je devais effectuer un séjour au Bost et puis j'ai dû renoncer » — donc ça me sert d'excuse pour rester dans mon mental, dans mes émotions, dans ma mécanicité. Tant pis pour vous!

Je le dis avec gravité : le Chemin spirituel est un Chemin sur lequel les excuses ne sont pas acceptées. Et Dieu n'accepte ni les excuses, ni les justifications, ni les bonnes raisons. Il est écrit dans les Évangiles : « Dieu dit : ne savais-tu pas que Je suis un Maître injuste, qui récolte là où Il n'a pas semé. » Eh bien considérez que Dieu est un Maître injuste; Dieu n'accepte pas les excuses. Vous êtes semés sur terre avec un certain nombre de *samskâras* et de *vâsanâs* et Dieu récolte là où Il n'a pas semé, c'est-à-dire qu'ayant semé sur terre un homme incomplet, soumis à l'ego et au mental, Il entend récolter un homme épanoui, réunifié, éveillé et libéré, un homme « nouveau ».

***

Un point important est lié à celui que je viens de développer. C'est, vis-à-vis de soi-même encore plus que vis-à-vis des autres, se convaincre qu'il n'est plus possible de se mentir. C'est vrai en ce qui concerne l'existence et c'est vrai en ce qui concerne le Chemin. L'existence consiste à se mentir pour se consoler, pour s'encourager, pour se justifier, pour nier ce qui nous paraît menaçant, triste ou douloureux. L'existence est fondée sur le mensonge. C'est normal pour ceux qui ne veulent pas de la vérité et qui réussiront toujours à s'illusionner. C'est irrémédiable sur le Chemin.

Le plus vite possible, prenez le goût de la vérité. Vous voulez vous mentir à vous-même, vous utilisez tout pour essayer de vivre mieux dans ce mensonge et vous me suppliez de vous mentir moi aussi, si vous vous trompez de vous dire que vous avez raison, si c'est vous qui avez tort de vous dire que c'est votre femme ou votre mari qui se trompe, si vous échouez, de vous dire que c'est malgré votre intelligence et à cause de l'injustice du monde au lieu de vous montrer fermement la vérité. Le mental, c'est le mensonge. L'ego ne peut survivre que dans le mensonge.

La tricherie, maintenant, est partout. Vous vivez dans un monde de malhonnêteté et de mensonge. Je croyais qu'il y avait au moins un domaine exempt du mensonge, celui de la science, qui se vante d'éliminer les opinions. Et un chercheur important m'a affirmé que la science même était de plus en plus contaminée par le mensonge. Un laboratoire n'a de crédits que s'il produit des résultats. Moralité : on publie dans des revues scientifiques des résultats non vérifiés, à peine des hypothèses. Et mon informateur m'a prêté un article paru en anglais dans une revue internationale qui signalait tous les mensonges publiés depuis quelques années par les plus grands Centres mondiaux de recherche scientifique. Même les scientifiques n'ont plus la morale de l'honnêteté; ils ont la morale de leur propre carrière.

Vous vivez dans une Société fondée sur le mensonge — le mensonge au fisc, le mensonge dans les journaux et à la Télévision. L'information ment, je suis placé pour le dire. Et vous êtes tous contaminés par cette impitoyable maladie : tant que je réussirai à me mentir, tout ira bien. Cela ne peut vous mener nulle part. Il faut que vous vous réveilliez : « Plus aucun mensonge ne peut m'intéresser; coûte que coûte et à n'importe quel prix, je veux la vérité. Je ne veux plus me mentir en ce qui concerne le Chemin et je ne veux plus me mentir en ce qui concerne l'existence ». C'est lié au thème des excuses, parce que les excuses vous servent à mieux vous mentir. « Ce n'est pas de ma faute, ce n'est pas de ma faute. »

Je vous assure qu'autrefois on osait moins mentir, sauf les mensonges délibérés des escrocs et des voleurs. Cette espèce de mensonge permanent, qui n'est même plus clair pour le menteur, existait moins parce qu'il y avait une trop grande conviction, que ce soit pour un Hindou, pour un Musulman ou pour un Chrétien, que le mensonge lui ferait d'abord du tort à lui, qu'en mentant il irait en Enfer ou qu'il se réincarnerait comme un chien à qui on lancerait des pierres toute sa vie, ou qu'il n'irait jamais au Paradis — sans parler des certitudes spirituelles plus affinées.

Peut-être un jour vos yeux s'ouvriront-ils et vous verrez à quel point le monde n'est qu'un immense mensonge et que vous êtes entièrement compromis et impliqués dans ce mensonge, aussi bien dans la vie que sur le Chemin. Il est impossible d'avoir une mentalité de menteur dans la vie et une mentalité véridique sur le Chemin. Très jeune, vers 1950 je suis entré comme monteur stagiaire (j'en aurai passé des années de ma vie à être stagiaire-quelque chose!) à Pathé-Journal, à l'époque où les salles de cinéma projetaient encore les « Actualités » comme on disait. C'était la grande folie du lundi où l'on commençait le journal filmé qui sortait dans les salles le mercredi et qui avait deux jours pour être monté, commenté, sonorisé et envoyé à toute la province. Il fallait ce jour-là monter un défilé de déportés, en pyjamas rayés, dans les rues de Bruxelles, pour protester contre la libération de certains « rexistes », c'est-à-dire collaborateurs belges. Cela m'a tant frappé que je m'en souviens encore.

Le monteur en chef du journal téléphone de Joinville à Paris et demande : « Dites donc, s'il vous plaît, quelles sont les instructions? Le défilé a été un succès ou un échec? ». Je tends l'oreille. « Quelles sont les instructions? Le défilé a été un succès ou un échec? ». Il y a une astuce toute simple qui consiste à filmer deux heures avant que le défilé ne commence les barrières où se place le public. Il n'y a alors que très peu de monde, les barrières sont clairsemées, les gens ont un air distrait et ne regardent pas spécialement. Vous montez dix secondes de pyjamas rayés qui défilent dans les rues, quatre secondes d'un plan de barrières où vous avez deux pelés et un tondu qui regardent en l'air, cinq secondes de défilé — et il est entendu pour l'esprit de tous les spectateurs, avec ces quelques images, que le défilé a été un échec, sans même avoir besoin de le dire. Ou, au contraire, vous choisissez les endroits où les barrières sont spécialement garnies — il y en a toujours un — et vous mettez trois plans de barrières très denses de gens qui regardent. Et il est entendu que le défilé a été un succès.

Un des monteurs était foncièrement anti-militariste. Il avait demandé à un caméraman : « Pour le défilé du 14 juillet, tu me fais une dizaine de plans de paras avec des gueules de brutes, tu choisis les plus moches. » Et il avait monté des gros plans de paras qui avaient des têtes d'anthropoïdes en liberté, mêlés à des vues d'ensemble du bataillon. Alors le commentateur pouvait toujours dire : « Le public français regarde passer l'armée et les héros qui défendent notre empire colonial menacé, ces hommes courageux prêts à donner leur vie pour la patrie... », tous les spectateurs savent (ça s'est gravé dans leur inconscient) : « C'est bien vrai que les paras sont des brutes qui pourraient aussi bien se transformer en violeurs et en étrangleurs », — simplement parce que sur 350 parachutistes, on insère, en dehors des plans lointains du défilé, cinq gros plans où ils ont les gueules les plus patibulaires.

J'étais tout jeune et j'ai compris : voilà le monde. Le mensonge n'a aucune importance.

Autrefois, on prenait Dieu trop au sérieux pour mentir aussi impunément. Sans compter tous ceux qui avaient réellement une dignité spirituelle et qui, sans peur de l'Enfer, ne se seraient pas permis de trahir ainsi la vérité.

Ce que je dis aujourd'hui est grave. C'est aussi important et peut-être encore plus que de parler de l'Atman ou du Brahman ou que de parler de la différence entre *« manas »*, *« chitta »*, *« buddhi »* et *« ahamkar »*, ce qui vous donne l'impression d'être au cœur de l'ésotérisme des Upanishads. J'affirme de toute la force de ma conviction que des transformations que vous n'imaginez pas peuvent se produire en vous. Dans notre monde, on ne croit plus au changement possible de l'être humain. On étudie les conditionnements, les déterminismes; on considère que les déterminismes physiologiques et génétiques sont implacables; on ne croit même pas que les psychothérapies puissent radicalement modifier l'influence de l'histoire personnelle et de l'éducation.

Un être humain peut se transformer presque du tout au tout. Cette conviction est fondée sur mon propre changement depuis l'âge de vingt-cinq ans. Mais si vous voulez ce changement, qui est rare, il faut quand même vous dire qu'il ne se fera pas tout seul. Vous avez une chance d'y arriver. Ne vous découragez pas. C'est possible. C'est vraiment « miraculeux », quand on voit combien il est difficile de changer, combien peu les êtres changent, qu'à certaines conditions ce soit possible. Mais ne croyez pas quand même que vous pourrez évoluer avec un petit peu d'effort et un petit peu de courage et, le reste du temps, des excuses et des justifications : je n'y peux rien, ce n'est pas ma faute!

Et je dois aussi dire que vous n'êtes pas assez exigeants. Quand par hasard vous avez mis l'Enseignement en pratique, vous vous reposez sur vos lauriers pendant trois mois. Comme si j'avais pensé : « J'ai réussi la séquence du Dalaï-Lama donnant l'initiation aux moines. Ma tâche est accomplie. » Mais il fallait en réussir cinquante, des séquences de ce niveau-là, pour tourner onze films en quelques années! « J'ai réussi à passer la route, alors qu'il y avait des inondations et un pont emporté. » Mais c'était mon pain quotidien de passer en Inde dans la mousson avec des ponts emportés et des routes coupées et des camions arrêtés : demi-tour, j'essaierai par une autre route.

Il ne faut pas relâcher votre effort, il ne faut pas vous contenter d'un effort une fois, dont ensuite vous vous louez et vous vous félicitez. Il faut aller jusqu'au bout, avec persévérance, avec acharnement. La seule vérité importante, c'est d'atteindre ce But. Un jour où je parlais de ces voyages avec Swâmiji, celui-ci m'a dit : *« It saved you »;* « cela vous a sauvé ». Et c'est finalement depuis ma retraite au Bost que je comprends en effet de quelle manière ces voyages m'ont sauvé. Aucune incapacité d'un garagiste iranien, turc, afghan, pakistanais ou indien ne pouvait être pour moi une excuse ou une justification à tomber en panne. C'était mon voyage qui s'arrêtait.

***

Il n'y a pas d'issue sur le Chemin si toute votre vie n'est pas imprégnée de cette nouvelle mentalité. Sinon, vous aurez toujours des excuses pour ne pas progresser. « C'est mon angoisse, c'est ma fatigue, c'est ma tristesse, c'est mon hérédité, c'est mon mari, c'est ma femme, c'est le surmenage, c'est... » Et ne croyez pas non plus que vous puissiez dire : « Je n'accepte plus les excuses en ce qui concerne le Chemin mais je continue à me sentir justifié du moment que je peux me donner à moi-même ou donner aux autres une excuse en ce qui concerne l'existence. »

Et maintenant parlons crûment : depuis six ans que le Bost

existe, cette mentalité d'excuse y prévaut. Quand il est demandé quelque chose, que ce soit une tâche ou un service, s'il n'y a pas de difficulté, c'est accompli. S'il y a une difficulté, on trouve une excuse.

Je vais donner un exemple d'attitude juste. Il s'agit de quelqu'un pour qui ça a été une découverte parce qu'il a certainement autant de mal à changer que j'en ai eu moi. C'est Jean-Paul.

Jean-Paul a décidé un jour : « J'emporterai le magnétophone à cassettes à Clermont, je le rapporterai réparé et rien ne me servira d'excuse. » Si Jean-Paul avait admis une seule excuse valable, il fallait au moins trois semaines pour que le magnétophone soit réparé. Le réparateur lui dit : « Maintenant, je vais déjeuner. » « Ah, pense Jean-Paul, il va déjeuner. Et s'il revient à quatre heures de l'après-midi? » Et il lui propose : « Je vous invite à déjeuner. » L'autre surpris a dit « oui » et, du coup, il a bien été obligé de se consacrer à la réparation de ce magnétophone. Puis Jean-Paul est allé lui-même chercher une pièce en zone industrielle — et d'autres initiatives. Je vous dis : si Jean-Paul avait admis une excuse parfaitement valable — « Il est parti déjeuner et à quatre heures de l'après-midi il n'était toujours pas revenu, il était allé en zone industrielle... » Jean-Paul revenait les mains vides.

Maintenant, je vais encore vous donner un exemple, au sujet de l'ordre. Pour mon expédition 1964/65, dans laquelle ont été tournés « Le Message des Tibétains », première et deuxième parties, et un autre film appelé « Djommah du Nouristan », je devais vivre à peu près un an dans une voiture Land Rover. Nous emmenions une fille de six ans et un bébé de trois mois qui a donc eu à son actif dix mille kilomètres de routes non goudronnées en arrivant en Inde. Il fallait des vêtements chauds pour l'Himalaya l'hiver ou pour certaines régions d'Afghanistan, des vêtements légers pour l'Inde des plaines; il fallait les lampes pour filmer, la batterie pour les lampes, mes deux caméras, les films en attendant ceux que la Télé enverrait à Delhi par la valise diplomatique, le magnétophone, les bandes magnétiques — plus des provisions de lait

Guigoz et d'eau d'Evian pour le bébé. Il y avait donc dans cette voiture, — outre un étudiant afghan avec qui nous avions rendez-vous à Ankara — un père, une mère, un bébé de trois mois, une fille de six ans, les vêtements des passagers, ce qui était nécessaire pour faire du thé un soir ou un déjeuner si l'on s'arrêtait au bord de la route, tout ce qui concernait la paperasserie du film parce que pour la Télévision et le « contrôle financier », il fallait rapporter des comptes bien tenus, plus tout ce qui concernait la prise de son, plus tout ce qui concernait l'éclairage, plus tout ce qui concernait les films.

Croyez-vous que je pouvais mettre trois heures dans le « bordel » d'une voiture, entre du linge sale, un biberon, une boîte de lait Guigoz, et des vêtements, pour retrouver une bobine de film, un fusible de rechange ou une des lampes à quartz qui devaient être manœuvrées si soigneusement? Et il ne s'agissait pas, à chaque étape et à chaque escale, d'oublier quelque chose : au bout de huit jours il n'y a plus de passeports — on ne sait pas où ils sont passés; au bout de quinze jours, il n'y a plus de carnets jaunes de vaccination, un autre jour c'est carrément une bobine impressionnée qui a disparu et c'est toute la séquence qui n'est plus montable.

J'avais calculé la forme des différentes valises et caisses de manière qu'elles puissent s'encastrer les unes dans les autres pour ne pas prendre trop de place pendant la journée et pour qu'une autre manière de les encastrer permette de dormir à quatre dans cette voiture, chaque fois qu'on faisait du camping au bord de la route.

Il fallait tenir onze mois avec toutes les affaires du bébé, qu'on n'a pas le droit d'enterrer au bout de trois semaines parce qu'on l'a laissé mourir. Vous voyez ce que cela représente comme ordre. Et je me rends compte aussi que comme l'a dit Swâmiji : « *It saved you* ». Ça m'a sauvé.

Et je vais dire plus. Par tempérament, mon épouse était moins portée à l'ordre que moi. Mais quand nous faisions ces voyages de onze mois, elle ne pouvait pas se permettre elle non plus de perdre quoi que ce soit et de mettre en jeu la vie des enfants. Par conséquent, quelle que soit sa nature, c'était onze mois pendant lesquels, qu'une halte dure deux jours ou qu'elle dure trois semaines dans un monastère ou un ashram, puisque nous étions vraiment nomades, pour elle aussi tout était en ordre à chaque instant et rien n'a jamais disparu.

Et puis, il faut ce que nous appelons l'ordre dans les idées, c'est-à-dire prévoir combien de temps durent des piles électriques, combien de temps dure une batterie rechargée, quels sont les monastères où il y a l'électricité pour recharger une batterie, et ne pas se trouver dans un monastère obscur sans piles et la batterie à plat, c'est-à-dire incapable d'avoir le moindre éclairage. Cet ordre dans les idées consiste à prévoir et savoir qu'il faut s'arrêter à tel lieu telle nuit, qu'on le veuille ou non, parce que c'est le dernier endroit où il y aura les prises du secteur et où je pourrai recharger ma batterie, et calculer que dans certains monastères du Bhoutan où il n'y a pas d'électricité, je ne pourrai éclairer qu'en prenant le courant sur la batterie, donc pendant trois heures à peu près. Il fallait aussi un sens de l'ordre, l'ordre des priorités, l'ordre de grandeur — l'ordre, l'organisation et la prévision.

Ces mêmes qualités d'ordre sont indispensables sur le Chemin de la Sagesse et pour la mise en pratique de l'Enseignement. S'il n'y a pas encore assez d'ordre au Bost et s'il y a trop d'excuses, je me demande ce que ça doit être dans vos existences. Nous vivons ici dans les excuses des uns et des autres.

Je veux redire la parole si simple, si banale et si importante de Swâmiji : « *What you have to do, do it now* ». Cela a été encore une bénédiction pour moi que, parmi tant de paroles de Swâmiji que je n'ai pas voulu entendre ou réussi à ne pas entendre, celle-là, je l'ai entendue tout de suite. « *What you have to do, do it now* », « ce que vous avez à faire, faites-le maintenant » — immédiatement. Cela fait partie de l'ordre et de la mentalité qui n'accepte plus les excuses vis-à-vis de soi-même. Ce que j'ai à faire, je le fais maintenant, pas tout à l'heure, pas cet après-midi, pas demain. Il y aura des exceptions, mais elles resteront exceptionnelles.

Que d'énergie gaspillée à remettre au lendemain! Une voix dans la profondeur crie : « J'aurais dû faire ça, j'aurais dû faire ça, j'aurais dû faire ça » et vous la réprimez, vous l'étouffez, cette voix-là. Une part de votre énergie réclame : « Il faut le faire », alors que, si c'était fait, cette énergie ne serait pas investie dans ce regret. Et une autre part dit : « tais-toi, tais-toi, je ne veux pas le savoir ». Or le Chemin demande que vous ayez le plus d'énergie possible à votre disposition.

Il n'y a pas de petite économie d'énergie : les petits gaspillages d'énergie à longueur de journée finissent par faire, au bout de la semaine, les grands gaspillages. Et vous n'avez pas assez d'énergie « grossière » pour pouvoir la raffiner en énergie « subtile » qui vous donne ce qu'on appelle une *buddhi* (intelligence) aiguisée. Il faut une énergie subtile pour pouvoir s'arracher à la lourdeur et à la torpeur habituelles et l'énergie raffinée est produite à partir d'une grande quantité d'énergie ordinaire. Vous n'obtiendrez cette quantité d'énergie ordinaire qu'en supprimant le gaspillage. Et en remettant au lendemain ce qui peut être fait aujourd'hui, vous gaspillez inévitablement de l'énergie.

***

Le Chemin ne se vit qu'en référence à vous-même et pour vous-même. Il ne s'agit pas non plus de vous comparer. « Untel ne l'a pas fait non plus; Untel est encore plus désordonné que moi. » Ce genre d'excuse ne doit plus trouver place sur le Chemin. Il s'agit uniquement de vous et c'est vis-à-vis de vous-même que vous devez décider maintenant : je ne peux plus accepter le désordre et je ne peux plus accepter cette mentalité d'excuse. Il faut y arriver. Et si vous le voulez, je vous dis que vous y arriverez. La preuve, c'est que moi, à qui un responsable des « Groupes » avait dit : « Que voulez-vous, Arnaud, vous n'avez aucune force dans aucun domaine », j'y suis bien arrivé, peu à peu. Mais il faut parfois se donner du mal. C'est là le nœud de la question, et c'est là où vous gagnerez ou perdrez.

Si vous êtes très habiles, très intelligents, ce que je n'étais pas, vous mettrez cinq minutes pour dépasser un obstacle. Si vous n'êtes ni habiles, ni intelligents, vous mettrez cinq heures. Mais vous le ferez. Je sais bien que, dans beaucoup de situations, il me fallait des heures là où un homme plus doué aurait mis quelques minutes. Ne serait-ce que pour les branchements électriques de mes propres éclairages ou les dépannages de ma voiture. Un bon bricoleur aurait, en trois minutes, trouvé pourquoi la voiture ne marchait pas — il me fallait deux heures. Mais si on veut y arriver, on y arrive.

Ces efforts me paraissaient naturels et normaux parce que ça m'intéressait tellement de réussir comme assistant, ça m'intéressait tellement de faire ces films. Mais, vous, est-ce que cela vous intérese ou non de progresser sur ce Chemin? Si vous cherchez avant tout à ménager votre peine, vous n'arriverez à rien.

Je peux vraiment avoir une pensée de gratitude pour l'Enseignement Gurdjieff qui, au moins, nous avait gravé cette vérité dans la tête et dans le cœur : « On ne peut pas ménager sa peine. » La « légende » de M. Gurdjieff nous faisait bien comprendre ce qu'avaient été les efforts, l'héroïsme, les épreuves de Gurdjieff pendant ses années à la recherche de la Sagesse dans des monastères en Mongolie et au Tibet, des confréries soufies en Perse et à Boukhara, des centres ésotériques en Inde.

En entendant tel ou telle d'entre vous, je me demande parfois si nous parlons le même langage. Vous êtes prêts à mettre un franc et pensez qu'il vous faudrait le courage d'en mettre dix. Ce n'est pas dix, c'est mille francs qu'il faut mettre. Je ne parle pas en argent, je parle en peine. Vous faites une demi-heure de gymnastique par semaine et vous pensez : « je devrais en faire une heure par semaine ». Et moi, je sais : « il faudrait qu'ils en fassent deux heures par jour ». Cela a été pendant des années mon pain quotidien. Je ne me posais pas la question de savoir si c'était héroïque ou non; je me posais la question de savoir si c'était nécessaire.

Si vous êtes prisonniers dans un camp de déportés et que vous voulez vous évader, « il faut ce qu'il faut ». Si vous êtes prisonniers dans un camp en Autriche, que vous avez toute l'Allemagne à traverser pour vous retrouver en France en zone libre, c'est plus difficile que de prendre le train à Paris pour descendre à Montluçon.

J'ai entendu des réflexions aberrantes : « Venez me chercher au train de treize heures, l'autre train ne me convient pas parce qu'il y a une heure d'attente en gare de Clermont au lieu de vingt minutes en gare de Montluçon ». — QUOI? Quand moi j'attendais six heures assis sur un quai de gare dans la chaleur, à Kampur, Mangalore ou Shahajanpur ou je ne sais trop quelle autre « Railway junction ». Vous vous plaignez d'attendre une heure dans la gare de Clermont-Ferrand avec un kiosque pour vous vendre des journaux et un buffet pour vous servir des cafés-crème, quand moi j'ai attendu des onze ou douze heures de suite, la nuit, couchant sur une banquette de gare indienne?

Et je vais être maintenant sévère pour nos invités après l'avoir été pour les disciples du Bost. « Vous voudrez bien venir s'il vous plaît à seize heures, Josette Martel vous recevra ». Et les nouveaux venus font leur apparition à dix-neuf heures : « Ah, le Bost est tellement difficile à trouver! » — QUOI? Vous prétendez chercher la Vérité et la Sagesse et vous avez osé dire ça? Vous demandez à être admis dans un ashram où, à longueur de journée, il y a des demandes et où on vous invite à venir pour certaines réunions. On vous précise : « Vous viendrez à l'ashram à seize heures ». Vous arrivez à dix-neuf heures et vous répondez : « Que voulez-vous, le Bost est tellement difficile à trouver. » Et quand je devais trouver, moi, des ashrams au fin fond des rizières du Bengale alors que je ne parlais même pas la langue, quand je devais trouver des ermitages tibétains au fin fond de l'Himalaya alors que je ne parlais pas la langue, quand je devais trouver des confréries de soufis au fin fond de l'Afghanistan alors que je ne parlais pas la langue? J'arrivais quatre heures à l'avance. Vous croyez que j'aurais osé arriver trente secondes en retard dans un monastère, même pour être reçu par le dernier des disciples ou le dernier des moines? JAMAIS! Et vous arrivez tout souriant : « Ah bien oui, j'ai trois heures de retard, mais qu'est-ce que vous voulez, j'ai une excuse, le Bost est difficile à trouver. » Et c'était plus facile de trouver des confréries de soufis au fond de l'Afghanistan? Et c'était plus facile de trouver des ermitages tibétains au fond de l'Himalaya? Jamais je ne me serais mis en condition d'être en retard. Et si je n'étais pas sûr des trajets et si je n'étais pas sûr du temps que je mettrais en voiture et si je n'étais pas sûr des distances, j'arrivais en avance et je restais à attendre dans la chaleur. Et à l'instant prévu, je franchissais la porte.

Jamais je n'aurais imaginé de me donner les excuses que nous entendons ici à longueur de journée. Qu'est-ce que c'est? Des gens qui frappent, qui demandent, qui disent qu'ils veulent devenir disciples et s'engager sur ce Chemin héroïque de transformation de soi-même — et tout leur sert d'excuse? Vous n'avez aucune chance d'aucune sorte, je vous le dis de tout mon cœur, si vous acceptez *une* excuse! Pas d'excuse.

De temps en temps, bien sûr, en effet, il y a « force majeure ». Je prévoyais deux crevaisons possibles, j'avais donc toujours deux roues de secours en état. S'il y avait trois crevaisons, c'était un peu plus difficile. De temps en temps, rarement, vous êtes excusables. Mais c'est une question de mentalité générale. Vous ne pouvez pas faire deux parts : la vie d'un côté et le Chemin de l'autre. Vous n'avez pas trois cents ans devant vous. Vous avez peut-être trois mille existences, c'est une autre question. Comptez j'ai dix ans, quinze ans, vingt ans suivant mon âge, pour accomplir le Chemin. Chaque minute compte. Chaque occasion manquée est une occasion manquée.

***

Enfin un dernier point n'est pas clair pour vous et, là aussi, la vie et le Chemin ne font qu'un. C'est la capacité à prendre des initiatives justes. Des initiatives inconsidérées, irréfléchies, déplacées ont été prises par les uns et les autres, au Bost, avec une bonne volonté totalement impulsive. Quelqu'un s'exprime — exprime son inconscient — sans une vue juste de la situation, sans tenir compte des autres et prend une initiative qui va à contre-courant des besoins du Bost. Un certain nombre d'entreprises impulsives ont donc été freinées par les responsables. Il ne faut pas que cela serve d'excuse pour penser : « Bon, eh bien je ne prendrai plus aucune initiative. » Je peux vous assurer que les interventions intelligentes, les interventions heureuses ont toujours leur place sur le Chemin et dans notre maison, si elles sont bénéfiques pour le Bost et l'objectif du Bost, qui n'est pas une association de conférences métaphysiques, mais un lieu de transformation intérieure.

Vous ne progresserez dans la vie et vous ne progresserez sur votre propre Chemin que si vous êtes capables de prendre des initiatives, même en ce qui concerne la mise en pratique de l'Enseignement. Si c'est : « Arnaud ne m'a pas dit de le faire, donc je ne le fais pas », vous n'avancerez pas. Vous ne serez pas aidés à grandir par un Bost dans lequel vous seriez comme des moutons dont on ne peut rien attendre si ce n'est qu'ils exécutent plus ou moins les instructions qui ont été données. C'est un point important aussi.

Et je vais encore une fois citer un exemple personnel. Aucun réalisateur à la télévision française (ni dans aucune télévision du monde) n'avait imaginé qu'on pouvait très bien tourner tout seul un film de professionnel. Nous étions tous — en tout cas ceux de ma génération — marqués par l'image du grand metteur en scène, que ce soit John Ford ou Marcel Carné, avec une énorme caméra sur un chariot de travelling et cinquante techniciens autour de lui. C'était l'archétype que nous portions au fond du cœur et nous étions presque déçus que la caméra de 16 mm qu'on utilise à la Télévision ne soit pas plus volumineuse.

Je végétais en réalisant des émissions sans intérêt et fort mal payées, et je voulais forcer le destin. Je me disais : « Je devrais être capable de trouver une formule qui saute aux yeux et que les autres ne voient pas. » Et, un jour, j'ai vu ce qui, en effet, sautait aux yeux. C'est que le format professionnel de la télévision et de toutes les télévisions du monde est le 16 mm et qu'un amateur riche qui a une caméra de 16 mm et qui filme ses enfants en train de faire des pâtés de sable au bord de la mer tourne des images qui pourraient passer à l'antenne puisqu'elles sont en 16 mm. Beaucoup d'amateurs, qui ont compris comment on utilise un posemètre à cellule, sont capables de faire de la très jolie photo. Ils tournent des films sans intérêt parce que c'est mal cadré et impossible à monter mais, au moins, l'image n'est ni sous-exposée, ni surexposée. Et cela m'a sauté aux yeux : le format professionnel de la télévision c'est le 16 mm; un amateur peut tourner en 16 mm; on peut faire des films professionnels avec des moyens d'amateur.

Je dois être le seul réalisateur homologué au monde à l'avoir fait. On diffuse en « achat de droits » des documents tournés par des solitaires mais des réalisateurs qui partent tout seuls en mission officielle de la télévision, cela ne s'était jamais vu. Et la preuve que c'était faisable, c'est que j'ai tourné onze films en effectuant seul le travail de ce qu'on appelle « l'équipe minimum » qui comprend six personnes.

Voilà ce que j'appelle prendre une initiative. Ce n'est pas parce qu'on ne m'a pas dit de le faire que ça ne peut pas se faire. (C'était une initiative heureuse puisque ça a réussi.) Il faut avoir l'esprit d'initiative. Qu'est-ce que vous pouvez faire qui soit utile pour le Bost, utile pour moi, utile pour vous? Et, en ce qui concerne les initiatives par rapport au Bost, c'est évidemment des initiatives heureuses que je parle.

Le Chemin, vous le vivez chacun pour soi, sans comparer avec les autres. « Ah, les autres ne le font pas. » Chacun attend que l'autre donne l'exemple. Commencez par les initiatives les plus simples. J'ai vu un jour dans le jardin ce qu'on appelle un « papier gras ». Je l'ai laissé et j'ai placé un petit caillou pour qu'il ne s'envole pas. Un jour, deux jours, trois jours, quatre jours, cinq jours; le papier gras était toujours en place avec le petit caillou dessus... Un ashram où une chose pareille est possible est un ashram qui ne conduira pas grand monde à la Sagesse, croyez-moi! J'ai peut-être un œil de cinéaste qui fait que je vois vite ce qui cloche dans une image, mais ce papier gras sautait aux yeux. Un jour, deux jours, trois jours, quatre jours; le papier était toujours en place. Vous n'arrêtez pas d'aller et venir, de passer dans le jardin. Pas un ne l'a vu ce papier? Et pas un ne l'a ramassé? Parce que ça ne vous a pas été demandé : « Nettoyage de la salle de bains, fleurs dans la grande salle. » Il n'y a pas écrit : « Ramasser les papiers gras. » « Les autres n'ont qu'à le faire. » Ce n'est pas ce que font les autres qui vous libérera, souhaitez de tout votre cœur que tout le monde le soit. Mais occupez-vous de votre propre libération sans comparer.

Alors souvenez-vous. Ayez une vue d'ensemble à l'intérieur de laquelle vous situez les détails. Comprenez l'ordre dans tous les sens du mot. N'admettez plus de vous mentir. Une seule chose compte, c'est la vérité, sur le Chemin comme dans la réalité. Ne vous trouvez plus jamais une excuse — ni votre fatigue, ni votre mal de tête, ni votre tristesse, ni vos angoisses, ni la trahison de votre meilleur ami. Et sachez prendre des initiatives, aussi bien dans votre vie qu'ici. Je prends au moins l'initiative de me baisser, de ramasser ce papier gras et de le mettre à la poubelle.

4

A PROPOS D'« HOLOCAUSTE »

Un couple, lecteur de mes livres, m'a écrit une lettre exprimant bien une question que nous nous sommes tous posée et que probablement vous vous posez encore par moments.

« Cher Arnaud Desjardins,

Comme beaucoup d'Européens et d'Américains nous avons regardé le télé-film *Holocauste* qui rappelle l'extermination systématique et scientifiquement organisée de millions de personnes en Europe, des années 1933 à 1945. Le journal *Le Monde,* des livres de recherche, nous montrent que des individus, à cette époque, et même maintenant, considéraient la torture comme un métier courant et, sans émotion, sans remords, pratiquaient sur des adultes et des enfants les pires sévices. Le soir, la conscience tranquille, ils retournaient chez eux dans leur famille, jouaient avec leurs enfants, allaient au théâtre, écoutaient de la musique classique, enfin toutes les occupations d'un honnête homme. D'ailleurs les tortionnaires survivants vivent comme de paisibles citoyens respectés dans beaucoup de pays européens et d'Amérique latine; certains écrivent leur biographie. Parmi eux il y a des croyants et des non-croyants. Pour nous bien sûr, les émotions de colère, de peur, d'indignation, de honte, de tristesse, se sont levées en nous. En parlant avec certains des fidèles du Bost, peut-on dire qu'il faut « accepter » ces faits, ce qui pour nous signifie se résigner, se soumettre, s'accommoder ? Si pareille tragédie recommençait, faudrait-il considérer notre tortionnaire comme un Bouddha qui ne sait pas qu'il est un Bouddha? Faut-il nier la notion de responsabilité personnelle de ses actes au travers de faits si graves? Les tortionnaires étaient-ils emportés par les émotions? Pour certains d'entre eux, nous en doutons car nous sentons qu'ils étaient et qu'ils sont encore pleinement responsables, pleinement conscients qu'ils torturaient au moment où ils le faisaient. Je vous laisse imaginer tout ce que ces atrocités peuvent remuer en nous, et nous souhaiterions que dans une causerie ou dans un livre futur, vous abordiez sur le fond ce grave problème qui ne doit laisser personne indifférent. »

Il y aurait beaucoup à dire et je ne peux donner que des éléments de réflexion. Je n'ai pas été surpris par cette lettre. Déjà, dans le premier livre écrit en 1961, *Ashrams,* j'ai dit, à propos de Ramana Maharshi, que j'avais été étonné de voir comment ces tragédies, dont ma génération qui avait vingt ans à la Libération a été si marquée, paraissaient n'être pour le Maharshi qu'un rêve à la surface de l'Atman. Et ici ou là, dans les livres que j'ai publiés, je prends l'exemple de ces camps de la mort comme un de ceux qui nous ont le plus impressionnés, bouleversés, dans ce XXe siècle de violence.

La réponse ultime, celle du Bouddha ou de Ramana Maharshi, est d'abord incompréhensible et inacceptable. Le Maharshi disait : « Quand vous êtes réveillé, vous ne vous préoccupez plus de savoir ce que sont devenus les autres personnes de votre rêve. » C'est avec des réponses comme celle-ci qu'on se fait lapider, crucifier ou condamner à boire la ciguë. Ou encore, le Bouddha disait : « Il n'existe aucun « autre » qui puisse être secouru, libéré ou délivré. » Et il a déclaré : « Il n'y a jamais eu aucun être prisonnier et aucun Bouddha qui ait jamais montré aucun Chemin de la Libération. » Ce point de vue est celui du non-dualisme absolu. Seul est réel l'Absolu non-duel, *au-delà des naissances et des morts.*

Vous pouvez, si vous le voulez, vous demander ce que signifient de telles paroles. Si elles sont prononcées par des sages de l'envergure du Bouddha et du Maharshi, elles ont certainement un sens; mais ont-elles un sens *pour vous*? Serez-vous convaincus si vous rencontrez des êtres qui, imprégnés de cette suprême métaphysique, vous répondent toujours à ce niveau, mais dont vous sentirez que la vie est encore faite de désirs et de peurs et que s'ils se trouvaient, eux, dans les wagons plombés qui emmenaient les déportés vers Auschwitz, ils n'auraient certainement pas la sérénité de Socrate buvant la ciguë? Soyez fidèles à vous-mêmes tels que vous êtes touchés; si vous êtes révoltés, reconnaissez que vous êtes révoltés. Mais acceptez de ne pas vous cramponner à vos convictions actuelles *. Acceptez que, éventuellement, vos certitudes puissent changer et que vous puissiez découvrir ce que vous n'avez pas encore découvert, comprendre ce que vous n'avez pas encore compris.

Je ne répondrai pas aujourd'hui au niveau ultime, celui qui affirme que toutes les tragédies du monde phénoménal relèvent du rêve, de l'irréel, et que seul est réel l'Atman incorruptible et à jamais bienheureux. Rappelez-vous cette parole du Christ : « Vous aurez des tribulations par le monde mais prenez courage, j'ai vaincu le monde. » Ce n'est pas Jésus de Nazareth en chair et en os qui a vaincu le monde, puisqu'il a été totalement vaincu par ce monde et qu'il est mort crucifié et abandonné, mais le Christ-Dieu, Logos, dont chaque chrétien peut redécouvrir la réalité au-dedans de son cœur. Cette foi a permis aux chrétiens des premiers siècles d'être martyrisés et torturés peut-être autant que l'ont été les Juifs au XXe siècle, avec une telle sérénité que le public des arènes en a assez vite été bouleversé.

Quand saint Paul parle d'une « Paix qui dépasse tout entendement », c'est certainement une paix qui dépasse toute appréhension par le mental. Certains êtres ont souffert et souvent sont morts dans ces camps d'extermination avec une sérénité inoubliable pour ceux qui les entouraient, et leur rayonnement dans ces conditions tragiques a changé la vie d'autres êtres qui, eux, ont survécu.

1. Mon épouse étant israélite, nos enfants sous l'Occupation auraient porté l'étoile jaune. On comprendra qu'il n'y a dans ce chapitre aucune tentative pour justifier des mesures racistes d'où qu'elles viennent.

***

Quittons le niveau suprême et venons-en à une parole de Swâmiji dont je sais bien ce qu'elle a de scandaleux : « Tout est neutre et vous qualifiez de bon et de mauvais. » L'Éveil ou la Libération, c'est la découverte fondamentale, vitale, de cette neutralité. Il n'y a plus ni bon, ni mauvais. La Conscience suprême, qui ne s'identifie plus au corps physique ni au corps subtil ni au corps causal, peut être le Témoin non concerné et bienheureux des souffrances du corps physique et du corps subtil. La mort d'Al Hallaj, le grand mystique soufi, en est un exemple et plus récemment Ramana Maharshi mourant sereinement de son cancer si douloureux est aussi la preuve de ce triomphe absolu de l'Esprit sur la matière — grossière ou subtile.

Mais venons-en à une compréhension encore plus proche de celui qui débute sur le Chemin, qui est encore identifié aux « revêtements du Soi » (*koshas*), aux matérialités subtiles ou grossières, à la conscience de l'ego pour qui « être séparé de ce qu'il aime est souffrance et être uni à ce qu'il n'aime pas est souffrance ».

Il y a dans cette lettre un premier point que la plupart d'entre vous connaissent — mais il faut longtemps pour qu'il soit totalement clair — c'est la confusion entre l' « acceptation » et ce qui est appelé « se résigner », « s'accommoder » — ce que je nomme moi « pactiser ». C'est le point essentiel sur lequel je reviens une fois encore : distinguez bien l'acceptation et l'action. Ce sont deux thèmes différents, au moins au début du Chemin.

Un jour, l'action elle-même sera pour vous tout à fait changée. Vous aurez dépassé la conviction que c'est vous qui êtes l'acteur ou l'agissant, vous ne serez plus ce qu'on appelle en sanscrit « *karta* » mais « *mahakarta* », qu'on peut traduire aussi bien par le Grand Agissant que le Grand Non-Agissant. Une réponse impersonnelle, au-delà de l'ego et du mental, s'accomplira à travers vous — à travers vos yeux, votre bouche, votre parole, vos gestes.

Mais, pour l'instant, vous êtes encore soumis à la conviction que c'est vous le responsable et l'auteur de vos actions, que c'est vous qui avez la liberté de décider et d'infléchir le cours des événements. Il n'y a aucun doute, la parole : « Soyez fidèle à vous-même tel que vous êtes situé ici et maintenant » trouve là son application. Si vous voulez vous engager dans la résistance, engagez-vous dans la résistance; si, pendant l'Occupation, vous voulez organiser un réseau de protection des Israélites, faites-le. Je n'ai dit nulle part que, dès le début du Chemin et en contradiction complète avec son état de conscience actuel, l'adhésion au réel représentait la paresse, la démission, la lâcheté ou la complicité — jamais.

Mais de quelle action s'agit-il? Et là, certaines vérités doivent être dites, redites, entendues, réentendues et appliquées à chacun de nous — non pas quand nous sommes dans le wagon plombé d'Auschwitz mais quand nous nous disputons avec notre beau-frère ou quand nous répondons à une lettre qui nous a mécontentés.

Pour les spectateurs de l'émission *Holocauste,* il n'y a aucun doute qu'à partir de 1933 (car les premières exterminations remontent à 1933 et concernaient d'abord uniquement certaines couches de la population allemande), ces génocides sont criminels, représentent Satan à l'œuvre dans le monde, le Mal par excellence. Mais vous pouvez être certains que ceux qui, de près ou de loin, ont été associés à ces exterminations étaient bien loin de considérer, eux, qu'ils étaient les agents de Satan sur la terre et qu'ils faisaient le Mal.

Du point de vue du mental ordinaire, la première vision d'ensemble que vous devez avoir, est celle de la folie humaine. Peut-être que, du point de vue de la Sagesse suprême, cet Univers n'est qu'harmonie. Mais du point de vue ordinaire, dans lequel vous êtes encore situés, osez voir le délire humain — depuis toujours, avec parfois des époques un peu plus imprégnées de sagesse, un peu plus imprégnées de « *dharma* », comme l'Inde au temps du grand empereur bouddhiste Açoka. L'histoire de l'humanité vous montre que cette folie est partout, à tous les niveaux, dans les guerres, dans les persécutions, les intrigues politiques — et, à un niveau beaucoup plus humble, dans les familles, les relations entre parents et enfants, entre mari et femme, entre voisins. Il n'y a pas une différence fondamentale mais seulement une différence de degré entre les réactions émotionnelles des uns et des autres — que ce soit celles de voisins qui se haïssent pour une question de mur mitoyen ou celles des S.S. haïssant les juifs pour des raisons idéologiques.

Le Christ mourant a dit : « Père, pardonne-leur car ils ne savent pas ce qu'ils font. » Voilà la grande vérité. Pour les êtres qui ne sont pas transformés et libérés intérieurement, pour vous comme pour les tortionnaires et les bourreaux, il n'y a que des chaînes de causes et d'effets à l'œuvre. Simplement, ces chaînes de causes et d'effets ne produisent pas les mêmes résultats et ceux qui sont ici aujourd'hui n'ont jamais eu l'occasion de torturer. Comme le disait si remarquablement Gurdjieff : « On ne fait rien, tout arrive. »

Le « mal » n'est ni le nazisme, ni le fascisme, ni le communisme, ni l'armée, ni la police, ni la révolution, ni la réaction, ni la droite, ni la gauche; le mal, c'est le mental et l'émotion. Et si vous acceptez tranquillement de vivre soumis à votre mental et à vos émotions, vous êtes complices de ceux que nous appelons les bourreaux d'Auschwitz. Les lois sont les mêmes. Des chaînes imbrisables de causes et d'effets sont à l'œuvre, politiques, économiques, héréditaires, biologiques, historiques, des chaînes de causes et d'effets en tout genre. La souffrance a toujours été là, depuis l'origine des temps historiques. Certains encore aujourd'hui vous promettent des moyens humains pour vous affranchir de la souffrance; ils font simplement ce que le Bouddhisme zen appelle : « chérir des opinions ».

Je vous en prie, essayez d'abord d'avoir cette vue d'ensemble et ensuite de comprendre qu'il n'y a aucune raison, si vous n'avez pas accompli avec succès une ascèse intérieure, pour que vous échappiez à la loi générale. Tout le monde est convaincu d'avoir raison. Les plaidoyers de certains responsables nazis au procès de Nuremberg sont extrêmement intéressants parce qu'on voit bien à quel point ils ont été étonnés, effondrés, de se trouver soumis à un jugement alors qu'ils se considéraient de grands serviteurs de leur nation. Ce que nous appelons l'Histoire, c'est uniquement l'histoire des opinions opposées que les hommes se sont faites du bien et du mal. Jamais vous ne le verrez trop clairement, sinon vous commettrez la même erreur et vous croirez : « Moi je vois où est le bien et ceux qui ne pensent pas comme moi font le mal. »

Si vous saviez quelle conviction les nazis avaient que la plaie de l'humanité était ce petit peuple juif! Après tout, ils ne sont pas nombreux; quelque dix millions à la surface de la planète; si l'on peut les éliminer, on libère le monde de cette race qui a fait tant de mal. Opinions. Et opinions que des théoriciens ont justifiées. Toute opinion, sans exception, trouve des arguments pour se justifier. Il est facile de justifier l'anticommunisme; il est facile de justifier le communisme; il est facile de justifier le racisme; il est facile de justifier l'antisémitisme. Ce sont uniquement des opinions.

Il existe une « névrose de gauche » et une « névrose de droite ». En termes de psychanalyse freudienne stricte (l'œdipe, la castration, le stade oral et le stade anal), c'est une névrose d'un certain type d'avoir des idées de gauche et une névrose d'un autre type de chérir des idées de droite. Une pièce de plus au dossier de ce que Gurdjieff appelait « la complète mécanicité de l'homme ». A cet égard, vous pouvez lire les *Fragments d'un Enseignement inconnu*, par Ouspensky. A une question sur la psychologie, Gurdjieff a répondu : « La psychologie concerne les hommes; moi je parle de mécanicité parce que les hommes auxquels vous songez ne sont que des machines. » Cette réponse choquante commente la parole du Christ : « Père, pardonne-leur, car ils ne savent pas ce qu'ils font. »

Tant que vous êtes soumis au mental, au déterminisme de votre thème astrologique, soumis à la distinction de ce que vous aimez et de ce que vous n'aimez pas, tant que vous êtes identifiés à vos fonctionnements, vous vivez tous dans votre monde — pour reprendre la belle expression de Swâmiji : « Personne ne vit dans *le* monde, chacun vit dans *son* monde. »

Voilà ce qui est la cause de toutes les souffrances. Et voilà ce dont aucun écrivain, aucun producteur de télévision ne parle. Il est aisé de faire vibrer les émotions des spectateurs avec le film *Holocauste*. Et dans cette lettre exemplaire, il y a ces lignes : « Pour nous bien sûr, (nous, spectateurs) des émotions de colère, de peur, d'indignation, de honte, de tristesse, se sont levées ». Il est facile de faire lever chez les spectateurs les émotions de colère, de peur, d'indignation, de honte, de tristesse — beaucoup plus facile que de les conduire au-delà des émotions, dans le sentiment immuable d'amour, de compréhension et d'union. Parce qu'après tout, la même émotion de honte, de peur, de colère et d'indignation, peut vous amener à commettre des actes que vous jugerez, vous, vertueux mais qui causeront aux autres de terribles souffrances.

Le Bouddha, dans un texte connu que je cite de mémoire, enseigne : « Une doctrine qui ne conduit pas à la modération, au calme, à la paix, mais qui conduit à la passion et à la violence, ne peut pas être la vraie Doctrine. » Trop souvent une doctrine a cessé d'être la vraie Doctrine, parce qu'elle n'a plus conduit à la diminution des émotions, à la maîtrise de soi, à la compassion, mais, au contraire à l'intensification des émotions et à l'affirmation de la dualité, le contraire de *oneness,* l'unité.

S'il existe un bien, il est dans l'unité, « être un avec ». Et s'il existe un mal, il est dans la dualité. Tout ce qui affirme la séparation est le mal. Tout ce qui diminue la séparation est le bien. Une doctrine qui contribue à la haine entre Protestants et Catholiques peut-elle être la Doctrine? Une doctrine qui conduit à des querelles entre Bonnets jaunes et Bonnets rouges tibétains peut-elle être la Doctrine? Une doctrine qui conduit à la haine entre Hindous et Musulmans, Musulmans et Chrétiens, Chrétiens et Juifs, peut-elle être la Doctrine?

Regardez, regardez cette immense tragédie! Bien que j'aie été très souvent malheureux et même désespéré, j'étais fondamentalement un optimiste. Et pourtant, selon les mots de Swâmiji : *« Life, what a tragedy! »* « La vie, quelle tragédie! » La vérité ultime n'est pas le désespoir, mais l'espérance qui voit au-delà de cette existence humaine. Elle est dans l'Éveil, dans la Libération, dans le Royaume des Cieux. Elle n'est pas de ce monde livré aux « Ténèbres de l'erreur ».

***

Si vous admettez que vous avez le droit de « chérir des opinions » et des émotions, vous êtes complices de tout le mal qui a été accompli dans le monde depuis l'origine des temps. Si vous admettez que vous, vous avez le droit de « chérir des opinions » et d'avoir des émotions, fût-ce de vertueuse indignation, vous demeurez des machines et vos actions ne sont que des réactions. Ce sont simplement des chaînes de causes et d'effets différentes de celles qui animaient les responsables du régime nazi. Je vous en prie, essayez d'avoir cette vue d'ensemble. Vous en savez assez sur l'histoire pour reconnaître que Mâ Anandamayî a dit vrai quand elle a dit (je cite la traduction anglaise de ses paroles) : « *What a lunatics asylum God has not created!* » « Quel asile de fous Dieu n'a-t-il pas créé! »

Des chaînes implacables de causes et d'effets sont à l'œuvre. Quand le moment est venu qu'un conflit éclate, il éclate. Et les S.D.N., et les O.N.U. peuvent toujours parlementer — en vain. La guerre de 14-18 a été appelée « la der des ders », la dernière des guerres. Mais, en 39-40, nouvelle guerre entre la France et l'Allemagne, entre l'Angleterre, les États-Unis et les puissances de l'Axe. Pouvez-vous imaginer que, pendant la guerre de 14-18, lors de ces combats de tranchées qui ne menaient nulle part, qui ne laissaient prévoir aucune victoire décisive et qui ont en effet duré des années, le Vatican s'est heurté aussi bien de la part des évêques et archevêques français que de la part des évêques et archevêques allemands à des fins de non-recevoir dans toutes ses tentatives pour rétablir la paix. Les mêmes chrétiens allemands et français se haïssaient et s'entretuaient. Il y avait des croyants dans les deux camps. Les croyants allemands priaient pour la victoire de l'Allemagne et les croyants français priaient pour la victoire de la France. « Quel asile de fous Dieu n'a-t-il pas créé! »

Étudiez l'Histoire officielle, elle n'est faite que de folie : quand on a fini de guillotiner, c'est le 9 Thermidor; quand on a fait la Révolution pour chasser le roi, c'est l'Empire; quand l'Empire est tombé, c'est le roi qui revient. L'Allemagne est vaincue par les Russes et les Américains qui se rencontrent sur l'Elbe; quelques mois après, la guerre froide commence entre les Russes et les Américains et ces derniers reconstruisent l'Allemagne et le Japon qu'ils avaient détruits. Pensez aux morts, aux blessés, aux infirmes parmi les soldats du contingent, envoyés en Algérie pour sauvegarder l'Algérie française. Que reste-t-il de ces combats? Un certain nombre de jeunes gens aveugles ou mutilés pour toute leur vie et qui n'ont même pas la gloire des combattants de 14-18... Chaque fois qu'on a cru établir la paix dans le monde ou faire le bonheur des hommes, cela a toujours été un échec.

Dans ma jeunesse, j'ai cru au matérialisme « scientifique » de Karl Marx qui démontrait que les guerres étaient le fruit du capitalisme et que la société sans classes amènerait la disparition des guerres. Et j'ai vu sous mes yeux le bloc socialiste qui comprenait d'abord la Chine et la Russie unies, se scinder en deux nations hostiles. En quoi le marxisme a-t-il permis l'entente des deux grands pays socialistes, Russie et Chine? En rien.

Maintenant, allez plus loin. Qu'est-ce que les religions historiques ont résolu? A titre individuel, elles ont amené des millions d'hommes à vivre d'une façon plus juste, soumis à la volonté divine, diminuant leur égoïsme, capables d'amour chrétien ou de compassion bouddhique. Mais, historiquement, le Christianisme ou l'Islam ont aussi amené les persécutions et les tortures ou encore la névrose et la destruction de psychismes individuels par la culpabilité et la peur de l'Enfer. Avec une vision un peu vaste et si vous êtes capables de dépasser votre point de vue d'Occidentaux du XXe siècle finissant, vous verrez qu'on peut sérieusement remettre en question ce qu'on vous a enseigné dans votre jeunesse.

Voici maintenant une vérité qui va choquer plusieurs d'entre vous. Elle fut pour moi une douloureuse découverte parce que j'ai été élevé dans le Christianisme et n'ai jamais douté du Christ. Dans l'ensemble, les missionnaires protestants et catholiques depuis l'origine des missions, c'est-à-dire depuis les grandes découvertes du XVIe siècle, ont fait le jeu des forces antispirituelles. Quoi? Ils ont abandonné leurs familles, leurs amis, ils sont allés vivre dans la chaleur, l'inconfort, les moustiques, les maladies. Certains ont été persécutés. Que de sacrifices ils ont faits! Et partout ils ont été utilisés par des forces bien plus puissantes que le Christianisme, des forces idéologiques, politiques, économiques dont ils n'étaient que les pions. Et ils ont contribué à détruire des cultures et des spiritualités vivantes. Leurs écoles, dans des pays de haute civilisation comme l'Inde, ont eu pour premier effet de convaincre les jeunes hindous des « erreurs » de leur propre religion. Autrement dit, ils ne devenaient pas de vrais chrétiens mais ils n'étaient plus des hindous. Quant aux pays de civilisations moins évoluées que l'Inde ou que les pays bouddhistes d'Extrême-Orient, les missionnaires, avec un manque dramatique de psychologie, y ont contribué plus que tout à détruire l'âme des peuples et à propager la civilisation moderne profane et matérialiste. C'est en chrétien que je parle et je peux vous affirmer que certains missionnaires sont d'accord sur ce point et en souffrent profondément. Quelques-uns ont pris la décision de ne jamais convertir, de se contenter du dialogue et de l'échange dans la compréhension. Mais c'est trop tard.

Le pape Jean-Paul II, cet homme exceptionnel, s'est rendu, vous le savez, en Amérique latine. Il a dit : « Je refais le trajet qu'a fait le Christianisme pour venir jusqu'à vous. » Quel trajet? Un trajet d'oppressions, de rapines, de tortures, d'assassinats. Qu'a été la diffusion du Christianisme en Amérique latine? La destruction des civilisations indiennes. Tous, nous considérons que nous sommes dans le camp des justes! Un texte célèbre et bien souvent cité d'un évêque américain du XIXe siècle explique que Dieu a créé la race noire inférieure pour qu'elle puisse servir d'esclaves aux Blancs.

Vous savez comment les Américains protestants et catholiques se sont conduits avec les Indiens d'Amérique du Nord et comment les conquérants espagnols et portugais s'étaient conduits avec les Indiens d'Amérique latine — et cela au nom du Christ mort pour que tous les hommes soient « un » comme le Père et Lui sont « un ». Quel asile de fous, Dieu n'a-t-il pas créé! Et comment pouvez-vous accuser ensuite « les crimes nazis » plutôt que les crimes chrétiens?

La puissance de l'illusion est telle que les religions, aussitôt nées, commencent à dévier, à dégénérer, même si à travers les siècles et les millénaires elles transmettent jusqu'à nous des paroles de Vie et des vérités qui permettent encore à quelques hommes d'échapper à ce délire général. Je ne nie pas que les religions aient contribué à faire régner le « dharma » sur la terre. Mais jamais de façon parfaite — jamais.

Si vous croyez encore qu'il y a le camp des bons et le camp des méchants, vous êtes complices des bourreaux et des tortionnaires. Bien entendu le camp des bons c'est celui auquel nous appartenons, communiste si nous sommes communistes, socialiste si nous sommes socialistes, et giscardien si nous sommes giscardiens, partisans de monseigneur Lefebvre si nous sommes intégristes et partisans de Jean XXIII, de Paul VI et du Concile si nous avons des idées modernes sur le Christianisme. Pourquoi est-ce nous qui serions dans la vérité?

Des chaînes de causes et d'effets sont à l'œuvre dont les hommes-machines sont uniquement les instruments. Qu'est-il possible à chaque homme? Voir cette folie. Cesser de juger. Le Christ l'a dit : « Ne jugez pas, sinon vous vous soumettez vous-même au jugement. » « Aimez vos ennemis, priez pour ceux qui vous persécutent, pardonnez à ceux qui vous ont offensés. » Et cherchez, chacun pour soi, à échapper à ce délire et à ce cauchemar. Si vous ne fixez pas votre regard sur le Bouddha ou sur Socrate, sur Al Hallaj ou sur Jallal Uddin Roumi, sur Kangyur Rimpoché ou tout autre Sage authentique, vous n'avez plus de boussole.

Pendant plusieurs années — tout en portant au fond de moi la conviction que la vie avait un sens, n'était pas absurde — je me suis demandé si c'était uniquement moi qui voulais y croire ou si c'était vrai. J'ai regardé de près le Protestantisme et j'ai été déçu; j'ai regardé de près le Catholicisme et j'ai été déçu; j'ai regardé de près l'enseignement Gurdjieff et j'ai été déçu; j'ai regardé de près ce que je pouvais savoir sur l'Hindouisme, le Bouddhisme et l'Islam et j'ai trouvé l'erreur, le mental à l'œuvre, les querelles, les émotions, les opinions.

Il a fallu que, de mes yeux, je voie Mâ Anandamayî pour pouvoir dire, comme les Apôtres : « Nous avons vu et nous avons cru ». Aucune déception. Swâmi Ramdas, jour après jour pendant deux séjours différents : aucune déception. Khalifa Sahib-e-Tcharikar à sept ans de distance : aucune déception. Jamais Kangyur Rimpoché ne m'a déçu. Alors j'ai fini par savoir, au vrai sens du mot « foi », c'est-à-dire « certitude » : Oui, il est réellement possible d'échapper au mental, d'échapper aux opinions, d'échapper à la toute-puissance des chaînes de causes et d'effets et à ce statut commun — que vous l'appeliez le péché, l'aveuglement, le sommeil ou l'ignorance *(avidya)* — qui me fait mouvoir, parler, agir, comme il fait mouvoir, parler, agir ceux que nous appelons les tortionnaires des camps allemands.

Il faut que ce soit votre conviction : « Je suis soumis au même statut; les mêmes lois jouent pour moi. » Pas les mêmes causes et les mêmes effets : les mêmes lois. Je suis le frère de tous les hommes, les torturés et les bourreaux, simplement parce que j'obéis aux mêmes mécanismes. Et je porte en moi la Conscience divine, comme tous les hommes la portent en eux. Mais tant que cette Conscience ne sera pas éveillée, les hommes continueront non pas à agir mais à réagir comme des machines, des marionnettes, des esclaves — esclaves de ces mécanismes que vous essayez de voir à l'œuvre pour vous en libérer, appelés en sanscrit *manas, chitta,* les *sâmskaras,* les *vâsanâs,* tous les déterminismes et conditionnements.

On indigne les spectateurs dans le monde entier avec le film *Holocauste* mais on a aussi facilement indigné les jeunes nazis avec les crimes des « ploutocrates judéo-maçonniques », si vous vous souvenez encore des expressions utilisées sous l'Occupation. Si vous saviez quelle espérance le nazisme a fait naître en Allemagne, quelle foi, quelle ferveur il a éveillées chez ce peuple ravagé par la défaite de 1918 et ses suites. Hitler a été ce qu'on appelle en allemand le *Führer,* le Guide, le Conducteur — ce qui est le même mot que *Il Duce* en italien. Peut-être que si le mot « Führer » n'était pas aujourd'hui discrédité on l'utiliserait pour traduire le sanscrit « *guru* ». Quelle ferveur s'est levée en Allemagne avec le chancelier Hitler!

Si vous grattez un peu la surface de l'Histoire vous voyez chez les uns la psychose, chez les autres la névrose. Les dessous de l'Histoire ne témoignent jamais de la Sagesse. Cette lettre nous concerne tous ou nous a tous concernés. « Comme beaucoup d'Européens, d'Américains, nous avons regardé le télé-film *Holocauste* qui rappelle l'extermination systématique et scientifiquement organisée de millions de personnes en Europe, des années 1933 à 1945. » Pourquoi pas : « Nous avons regardé le télé-film *Beauté du Christianisme* qui rappelle l'extermination systématique des Indiens d'Amérique, des années 1500 à 1950. » — QUOI? — Pardon! Pourquoi maintenant n'êtes-vous plus d'accord?

« Pour nous, bien sûr, les émotions de colère, de peur, d'indignation, de honte, de tristesse, se sont levées. » Mais partout, les émotions se lèvent. Ce sont ces émotions de colère, de peur, d'indignation, de honte, de tristesse au nom desquelles on va torturer ceux qui ont torturé.

Action, réaction; action, réaction. Et pourtant, aucun doute ne peut venir à l'esprit des millions de spectateurs qui voient ces émissions *Holocauste.* « Le journal *le Monde* et des livres de recherche nous montrent que des individus, à cette époque et même maintenant, considèrent la torture comme un métier courant et, sans émotion, sans remords, ils pratiquaient sur des adultes, des enfants, les pires sévices. Le soir, la conscience tranquille, ils retournaient chez eux dans leur famille, jouaient avec leurs enfants, allaient au théâtre, écoutaient de la musique classique, enfin toutes les occupations d'un honnête homme. Parmi eux, il y avait des croyants et des non-croyants. » — Bien sûr. Et chacun était convaincu qu'il se trouvait justifié d'agir comme il agissait.

***

Je voudrais maintenant vous dire une parole souvent répétée par Swâmiji. Je vous la dirai en anglais avant de vous la traduire : « *Remember always this : nobody does any wrong at any time, in any condition, in any circumstance* ». « Souvenez-vous bien de ceci : *personne* ne fait jamais le mal, en aucune condition, en aucune circonstance » — personne! Chacun fait toujours le bien tel qu'il le ressent. Je dois dire que cette parole se trouve aussi dans le livre *Fragments d'un Enseignement inconnu.* Rendons à César ce qui est à César, à Gurdjieff ce qui est à Gurdjieff. Ce dernier dit, dans la traduction française des *Fragments* : « Personne ne fait jamais rien pour l'amour du mal : chacun n'agit que pour l'amour du bien tel qu'il le comprend. » Quand on tue quelqu'un, c'est parce que c'est un « salaud » ou parce qu'on se sent menacé, ou parce que « cette ordure n'a pas le droit de vivre ».

Des chaînes de causes et d'effets font que certains êtres s'engagent dans la police et que d'autres refusent de travailler, refusent de vivre pauvrement et, s'ils ont quelques dons, deviennent des spécialistes du hold-up avec une maîtrise et un courage quelquefois peu communs. Chaînes de causes et d'effets. Au moment même où un être humain agit, il considère toujours qu'il est justifié à le faire de la façon dont il le fait; il peut n'être pas complètement unifié dans son action, bien sûr, mais du simple fait que l'action a lieu, cet être considère que c'est cette action-là qui doit être accomplie à ce moment précis. Avant, il a pu se demander : « je le ferai, je ne le ferai pas? »; ensuite, il pourra se dire : « je n'aurais jamais dû le faire! » Mais au moment où il accomplit l'action, pour lui c'est cela qui doit être fait. C'est tout. Et c'est vrai pour chacun. Si vous jugez, vous vous soumettez vous-même au jugement.

Quand je découvre, à travers ce que nous appelons au Bost

les *lyings* (mise à jour de l'inconscient), l'immensité de souffrances que des parents « normaux » peuvent imposer à leurs enfants, comment ne serais-je pas convaincu de la toute-puissance de ces chaînes d'actions et de réactions, qui meuvent les gens. Des parents généreux, pratiquant une religion ou animés par un idéal socialiste, font tellement souffrir leurs enfants. Au moment où ils agissent, ils sont convaincus que leur action est juste. Mais ils se conduisent comme des marionnettes ou des machines. Ils ne sont que les points de focalisation de certaines chaînes de causes et d'effets.

Et puis voyez les relations, entre enfants et parents quand les enfants grandissent; entre épouse et mari, entre mari et femme, amant et maîtresse, maîtresse et amant. Les bourreaux inconscients sont partout. Les tortionnaires de bonne volonté sont partout. « Père, pardonne-leur car ils ne savent ce qu'ils font »...

En excitant les spectateurs avec les images d'*Holocauste,* on tourne le dos à la Vérité et à la Doctrine juste du Bouddha. On remue les émotions, la haine, la colère, on affirme la séparation, on nie l'union ou la communion, on tourne le dos à l'Enseignement du Christ : « Pardonnez à ceux qui vous ont offensés; priez pour ceux qui vous persécutent; aimez vos ennemis; qu'ils soient un comme le Père et Moi nous sommes un. » On affirme la dualité. On excite les gens. « Les salauds, les salauds! » Cela crée uniquement de nouveaux *samskâras* de haine; et comme il n'est pas possible à tous les spectateurs d'*Holocauste* de se ruer sur les nazis, parce qu'ils ne sont plus ou vivent, en effet, graciés quelque part, et qu'il est beaucoup plus facile de s'indigner devant son poste de télévision que de s'engager dans un maquis ou dans un réseau de Résistance, cette vertueuse indignation ou cette sainte colère, éclatera contre les Arabes du coin, contre les bourgeois d'à côté, contre les voisins d'hôtel pendant les vacances ou contre les enfants. Le crime, c'est d'augmenter l'incompréhension; le bien, c'est d'augmenter la compréhension. Ne jugez pas! Essayez de comprendre.

Je dirai à ceux qui m'ont écrit : « Si vous étiez nés en

Espagne au XVIe siècle, vous vous seriez extasiés devant la gloire de vos conquistadores qui ramenaient des tombereaux d'or à la Couronne. » Et maintenant, nous voyons aujourd'hui de quels crimes les chrétiens se sont rendus coupables vis-à-vis des Indiens. Et je leur dis : « Si vous étiez nés en Allemagne et adolescents en 1933, quand cette « extermination scientifiquement organisée » a commencé, vous auriez eu le cœur battant et les larmes aux yeux pour crier « Heil Hitler, notre Führer! »

Si vous étiez aujourd'hui conditionnés par la presse arabe, vous raisonneriez en Arabe, conditionnés par la presse israélienne, vous raisonneriez en Israélien. Si vous lisiez *l'Humanité* tous les matins, vous seriez convaincus de la trahison des socialistes; si vous étiez socialistes, vous seriez convaincu que les communistes, s'ils prennent le pouvoir, établiront un régime dont les socialistes ne veulent pas. Chacun est convaincu d'avoir raison. Et ceux mêmes qui s'indignent aujourd'hui si sincèrement devant tant de souffrances ne voient pas le véritable mécanisme de la souffrance et que leur indignation est sa complice. Si vous ne luttez pas, « si vous ne peinez pas à la tâche » comme disait le Bouddha, pour échapper au mental, à l'ego et aux émotions, pour dépasser la dualité, pour effacer vos *samskâras,* vous êtes complices.

***

« En discutant avec certains fidèles du Bost, peut-on dire qu'il faut accepter ces faits, ce qui pour nous signifie se résigner, se soumettre, s'accommoder; que si pareille tragédie recommençait, il faudrait considérer notre tortionnaire comme un Bouddha qui ne le sait pas? »

La vraie façon de « s'accommoder de ces faits », c'est d'accepter de continuer à dormir et d'être mené par ses émotions. Le responsable, c'est toujours l'émotion qui vous empêche de voir la vérité telle qu'elle est, qui vous interdit d'être dans *le* monde, qui vous condamne à être dans *votre* monde, qui vous empêche de voir l'autre et de le comprendre.

« Se résigner », « s'accommoder » des crimes nazis, c'est se résigner à sa propre mécanicité, s'en accommoder, la justifier même. C'est être passivement et paresseusement d'accord pour fonctionner selon les mêmes lois qui ont fait fonctionner les responsables de ces camps d'extermination, continuer à chérir des opinions, continuer à penser : « Moi j'ai raison, ce sont les autres qui se trompent ».

Qui, parmi les spectateurs d'*Holocauste* aura été ramené en lui-même, à la connaissance du Soi immuable? Chacun aura été arraché à son propre Centre, é-mu, emporté hors de lui-même; chacun aura été secoué par des émotions comme un cocktail dans un shaker de barman. Chacun va rejeter la responsabilité de ces crimes sur les bourreaux et personne ne songera à dire : « Je suis responsable de moi-même; puissé-je, moi, échapper aux ténèbres de l'ignorance, de l'aveuglement, m'éveiller du sommeil, ne plus être une machine mais un homme, ne plus vivre dans mon monde mais dans le monde, ne plus réagir mais agir. Puissé-je, moi, être capable de mettre l'amour là où il y a la haine, la compréhension là où il y a l'incompréhension », — au lieu de ces vertueuses indignations que propagent partout les mass media.

Qu'est-ce qui change, qu'est-ce qui changera si l'humanité continue dans le même aveuglement? Un parti prendra le pouvoir, un autre le lui volera, un régime s'établira, une résistance secrète à ce régime s'organisera. Est-ce que vous pouvez cesser de juger et chercher à comprendre? Il y a certainement un secret à découvrir et j'ai autre chose à faire qu'à m'indigner, aujourd'hui, des crimes nazis. Est-ce que je veux échapper à cette folie collective et être libre, comme le Christ pardonnant à ceux qui le crucifiaient, comme le Bouddha, comme Socrate ou comme Ramdas et Mâ Anandamayî?

Vous êtes composés de personnages contradictoires. Il y a en vous le vaniteux, il y a en vous l'ambitieux, l'enfant perdu, l'obsédé sexuel, le mystique, l'artiste, l'angoissé financier, le meurtrier, etc. Et il y a en vous l'idéaliste. Si je suis un bon orateur, je m'adresse à l'idéaliste en vous, je touche votre émotion et je vous fais vibrer. Et vous savez qu'à côté des émotions individuelles, il existe ce qu'on appelle les émotions collectives : galvaniser un auditoire de trente mille personnes, comme le faisait si bien le chancelier Hitler dans les grands rassemblements de Nuremberg. Je peux toucher l'idéaliste en vous et vous allez vous enflammer. « Il faut mettre un terme à cette souffrance, je veux m'engager pour une noble cause, je veux faire le bien... »

Et quel bien vous allez faire? Allez-vous partir à l'assaut de la France au cri de « *Gott mit uns* » (Dieu avec nous) comme les Allemands? Allez-vous amener la déstructuration culturelle et sociale dans les pays du tiers monde comme l'ont fait les missionnaires? L'idéaliste, avec ses nobles et généreuses idées, est en vous le meilleur allié du Malin, du Prince de ce monde. Que de mal a été fait *ad majorem dei gloriam*, pour la plus grande gloire de Dieu.

Un bon orateur peut mobiliser la conscience collective de son auditoire. Il peut lancer les êtres humains dans n'importe quelle entreprise en criant : « Dieu le veut », ou « c'est pour la Cause, c'est pour le Parti ».

***

Il n'y a qu'une issue juste, c'est de vous cramponner à cette conviction : « Aujourd'hui, je suis endormi mais je peux m'éveiller; aujourd'hui je suis une machine mais je peux devenir un homme; aujourd'hui je chéris des opinions mais je peux accéder à la vérité objective; aujourd'hui je réagis mais je peux, un jour, agir. » C'est la noble tâche d'une existence et ce n'est pas une petite affaire. Il vous faudra y consacrer beaucoup de conviction et beaucoup d'énergie, et vous en aurez probablement moins pour discuter jusqu'à trois heures du matin de l'infamie des gauchistes ou des colonels.

Et pourtant, ce n'est pas égoïste. Comment pouvez-vous être moniteur de natation et secourir ceux qui se noient si vous ne savez pas nager vous-même? Comment pouvez-vous guider les autres si vous êtes aussi aveugles qu'eux et si vous les entraînez dans le même gouffre vers lequel vous allez tout droit? Ce n'est pas égoïste de chercher à échapper à ce sommeil pour pouvoir aider les autres. Mais sentez que vos ennemis, ce ne sont pas les soviets, ce ne sont pas les C.R.S., ce ne sont pas les bourgeois, ce ne sont pas les nazis; vos ennemis se nomment aveuglement, mental, émotion. Et par ces ennemis-là vous êtes tous menacés.

« Soyez fidèles à vous-mêmes tels que vous êtes situés aujourd'hui. » Si vous êtes convaincus que vous devez militer dans un parti politique, faites-le. Si vous êtes convaincus que vous devez signer des pétitions, faites-le, que vous devez abandonner votre confort, vos habitudes, pour aller rejoindre les révolutionnaires d'un pays du Tiers Monde, faites-le. Mais soyez sûrs de ne pas vous tromper. Soyez sûrs de ne pas augmenter encore la confusion et la souffrance dans le monde en imaginant faire triompher une juste cause contre une autre.

Tout homme porte en lui la possibilité de découvrir sa grandeur divine; tout homme porte en lui la Vie Éternelle, l'Atman, la Nature-de-Bouddha. C'est le message fondamentalement optimiste des différentes religions. Vous êtes l'Atman; vous êtes illimités, infinis, libres. Vous êtes « les héritiers du Royaume ». Mais les Enseignements qui ont produit des sages dont le souvenir est encore vivant parmi nous affirment aussi : « Aujourd'hui, tels que vous êtes, vous êtes exilés de votre nature divine; vous êtes soumis à la " chute ", au péché originel, à l'ignorance fondamentale, à l'illusion, à l'aveuglement. » Toutes les religions tiennent le même langage. Si le « vieil homme » est mort, « l'homme nouveau » peut apparaître. « Ce n'est plus moi qui vis, c'est le Christ qui vit en moi. » Mais, tant que le vieil homme est là, qu'il soit protestant, catholique, intégriste, progressiste, fasciste, communiste — quelles que soient son étiquette et son opinion —, il n'est qu'une machine totalement égoïste, mu par ses peurs, sa peur de souffrir, sa peur d'être « séparé de ce qu'il aime et uni à ce qu'il n'aime pas ». Et celui que le Christ appelait « le vieil homme » ne peut pas faire le Bien. Il ne peut faire que le bien tel qu'il le comprend.

Est-ce que vous voulez, vous, échapper à cette folie ou est-ce que vous voulez vous contenter d'affirmer votre point de vue?

Si vous admettez que vous avez, vous, le droit de ne pas aimer certains êtres humains qui vous paraissent néfastes ou nocifs, alors admettez que les nazis avaient le droit de ne pas aimer les juifs. Sinon, vous êtes incohérents. Si vous admettez, vous, que vous avez le droit de détester certains êtres qui vous paraissent nuisibles — depuis votre voisin qui a coupé votre haie, jusqu'à votre beau-frère qui a excité votre sœur contre vous dans une histoire d'héritage — vous justifiez les nazis; ils se sentaient, eux, le droit de ne pas aimer les Israélites.

Ensuite, des chaînes de causes et d'effets à l'œuvre ont permis l'entraînement méthodique qui a endurci les sensibilités et, de fil en aiguille, de cause en effet, d'action en réaction, ont donné à certains êtres une grande capacité à torturer, ou à tuer les enfants sous les yeux de leur mère. Mais ce sont les mêmes lois qui sont à l'œuvre — les mêmes, c'est ce que vous devez comprendre. Sinon vous êtes complices des bourreaux. Le meurtrier est en vous, prêt à tuer ce qui vous fait souffrir. Si vous pouvez remplacer le jugement par la compréhension, naîtra un jour en vous une immense sympathie, une immense pitié, une immense compassion et, disons-le, un immense amour. Cet amour ne mérite le nom d'amour que s'il voit l'essence derrière la surface et s'il est vraiment universel. Si vous aimez ceux qui sont de votre camp ou de votre cause, vous n'aimez pas. Si vous pouvez voir le Christ souffrant en chaque être humain, si vous pouvez, comme le dit cette lettre, « considérer votre tortionnaire comme un Bouddha qui s'ignore », votre vision du monde sera complètement changée. On nous cite le cas d'Hindous qui, battus à coups de bâton par des policiers anglais, répétaient inlassablement : « Toi aussi tu es Ram, toi aussi tu es Ram... » Les policiers anglais se sentaient désemparés en voyant ces Indiens qui, après une manifestation non violente, répétaient : « Toi aussi, tu es Dieu ».

Mais, comme l'a dit Bouddha : « Je vous en conjure, ô disciples, soyez vigilants » — parce que le Malin s'infiltre partout. Si vous saviez de quelle violence contenue, de quelle agressivité refoulée les non-violents sont capables. J'ai mis hors d'eux des non-violents, disciples de Lanza del Vasto et, à travers Lanza del Vasto, de Gandhi, en défendant le général Massu. Je le leur aurais livré qu'ils l'auraient réellement mis en pièces. J'ai mis hors d'eux des non-violents en leur vantant la Police ou l'Armée. Vous auriez vu quelle haine se levait! Ne jugez pas les non-violents qui répriment leur violence. Revenez à vous-même. Êtes-vous sûrs que cette violence contenue n'est pas en vous, que cette haine n'est pas en vous? Et souvenez-vous que l'idéaliste en vous est un des meilleurs alliés du « Prince de ce monde ».

***

La pensée habituelle refuse de voir la puissance des chaînes de causes et d'effets et attribue à tous la responsabilité née de la liberté. C'est un dernier élément qui se trouve dans cette lettre : « Je comprends bien qu'un être humain emporté par l'indignation, emporté par l'émotion, puisse frapper et même tuer. Mais les bourreaux n'étaient pas emportés par leurs émotions puisqu'ils faisaient ça tous les jours régulièrement, à heures fixes; ils rentraient chez eux, ils écoutaient la larme à l'œil les symphonies de Beethoven et ils faisaient sauter leurs enfants sur leurs genoux; donc ils n'étaient pas emportés par leurs émotions ».

Il n'y a pas que les émotions violentes qui éclatent et qui disparaissent une demi-heure ou une heure après. Être dans l'émotion, cela veut dire : ne plus être situé dans son Centre immuable. Le mot le dit bien, c'est être é-mu. C'est être situé quelque part à la périphérie de soi-même; c'est être situé dans son mental et « chérir des opinions »; c'est opposer ce qu'on aime et ce qu'on n'aime pas, ce qu'on considère comme le bien à ce qu'on considère comme le mal. En ce sens, tous les êtres humains qui ne sont pas « éveillés » ou « libérés » vivent dans l'émotion.

Quand Swâmiji disait : « Personne ne vit dans *le* monde, chacun vit dans *son* monde », cela impliquait : tout le monde vit dans l'émotion. Être socialiste, c'est un certain type d'émotion; être communiste, c'est un autre type d'émotion; être conservateur, c'en est un troisième. Si vous êtes foncièrement et radicalement sans émotion, l'ego a disparu. Vous ne pouvez plus ne pas comprendre, vous ne pouvez plus ne pas pardonner, vous ne pouvez plus ne pas aimer. Si vous n'êtes pas établis dans le pardon permanent, la compréhension et l'amour immuables, cela veut dire que vous vivez encore dans le monde des émotions. Les tortionnaires aussi. Je ne dis pas que parmi ces tortionnaires, il y avait des Ramdas, des Ramana Maharshi, des Kangyur Rimpoché. Mais, vous, vous chérissez encore des opinions, vous pactisez encore avec vos émotions. Ou alors vous pouvez affirmer : Je n'ai plus d'autres sentiments que l'amour et la compréhension des chaînes de causes et d'effets à l'œuvre.

Le compagnon sikkimais de mes années tibétaines, Sonam T. Kazi, avait une fille, Jetsun Pema, que l'on considérait comme « tulku », c'est-à-dire comme nouvelle incarnation, reconnue par Gyalwa Karmapa et le Dalaï Lama, d'une femme yogi morte à cent vingt ans au Tibet. Sonam pensait que Jetsun, dans les conditions actuelles, ne devait pas être uniquement élevée chez Sa Sainteté Karmapa mais devait connaître le monde occidental. Il a donc souhaité l'amener en France et aux États-Unis et m'a demandé : « Je voudrais que Jetsun voie quelques aspects différents de la vie française, je voudrais qu'elle soit invitée à une *party* (une réception) ». Cela se passait en 1966. Jetsun devait avoir peut-être dix ans. Elle parlait anglais couramment et je l'ai fait inviter à une réception où se trouvait, je m'en souviens, la fille de Pablo Picasso et un certain nombre de personnalités du Tout-Paris. Une dame s'est emparée de Jetsun Pema, dont je ne m'éloignais guère, observant cette petite, que j'avais vue faire tous ses *mudras* au milieu des nonnes de son monastère, maintenant transportée dans un cocktail parisien. Et la dame lui dit : « Oh, vous êtes Tibétaine, c'est passionnant, ce peuple merveilleux, oh, la Sagesse, les pouvoirs miraculeux, mais c'est atroce ce que les Chinois ont fait, la torture... » On aurait dit une caricature de mondanité. Et elle parlait, elle parlait... « Quand on pense! Le monde aurait dû agir, le monde n'a rien fait, oh, c'est affreux, les Nations-Unies sont lamentables. » Tout y est passé. Et, quand enfin elle a pris sa respiration, la petite Jetsun a laissé tomber ces mots que j'ai entendus de mes propres oreilles — à dix ans! « *Yes, Madam* (elle avait bien appris à dire « Madame », qui n'est pas courant en anglais), *action and reaction are taking place.* » — Je suis resté émerveillé! « Oui, Madame, l'action et la réaction se produisent. » « *Action and reaction are taking place* » — ont lieu. Pendant une demi-heure, cette dame avait commenté : « Mais alors, vous seriez dans un monastère? Passionnant! Oh, les Tibétains ont tellement souffert! Ce peuple martyr... » Vous voyez très bien la vertueuse indignation. « *Yes, Madam, action and reaction are taking place.* » C'est vraiment une parole de « tulku », de Sage, à dix ans, de répondre simplement : « Oui, Madame, l'action et la réaction ont lieu. » Et voilà pourquoi le Tibet a été envahi par la Chine, voilà pourquoi les monastères ont été détruits, voilà pourquoi Karmapa et Dudjom Rimpoché sont réfugiés en Inde. « *Action and reaction are taking place.* »

Êtes-vous capables d'une action réelle qui ne soit pas simplement une réaction? Au moment le plus poignant de la famine au Biafra, à l'époque où certains avions se posaient la nuit sur des pistes non éclairées, le Secours Catholique avait organisé des envois de vivres. Et *Paris-Match* avait publié ce qu'il est convenu d'appeler des photos insoutenables, représentant des parents avec leurs enfants morts dans les bras, des enfants maigres comme des déportés, avec des ventres ballonnés.

Je menais une vie sociale à cette époque-là et, lors d'un dîner, une dame élégamment habillée — je vous en prie, ne commencez pas à juger cette dame élégamment habillée avant même que j'aie terminé l'histoire —, a déclaré : « Ça ne devrait pas être permis de publier des photos comme ça dans *Match!* C'est affreux, cette misère, cette souffrance, c'est poignant, horrible! On ne devrait pas publier des photos comme ça! Ça coupe l'appétit. »

Je lui ai demandé — je ne le referais plus aujourd'hui : « Combien avez-vous donné, Madame, pour les enfants du Biafra et par quel organisme? » Bien entendu, cette dame n'avait pas donné un centime. Et à ce moment-là, tout le monde s'est justifié : « C'est bien inutile de donner! Les fonds se perdent en route! Ils n'arrivent jamais à destination! Les responsables se les mettent dans la poche! C'est de l'argent perdu! » En ce qui me concerne, la malencontreuse réflexion que j'avais faite à cette dame m'a coûtait très cher parce que je me suis demandé combien, moi, j'allais donner pour les enfants du Biafra et j'ai voulu remettre au Secours Catholique une somme qui me coûte réellement par rapport à mon budget de l'époque!

Voici la dernière question qui peut être posée. Vous êtes encore prêts à vous indigner, à ne pas aimer, à juger. Bien. *Alors agissez.* Quelle action les millions de spectateurs bouleversés par le film *Holocauste* vont-ils accomplir pour diminuer la souffrance dans le monde? Et quelle action *réellement* capable de diminuer la souffrance dans le monde? Ce n'est pas en signant des pétitions pour que les derniers criminels nazis soient fusillés qu'on diminuera cette souffrance.

Que la souffrance soit immense, oh oui! Et tellement plus grande encore que vous ne l'imaginez, parce que Maya ne nous maintiendrait pas si habilement dans le sommeil si elle ne réussissait pas à nous voiler la réalité de la souffrance et même de notre propre souffrance. Si vous pouviez réaliser la puissance de la souffrance, vous vous lèveriez intérieurement pour décider comme le Bouddha : « Assez, vraiment, assez », pour conquérir votre liberté et accéder au nirvana.

La souffrance est immense mais l'abondance des « informations » abrutit aujourd'hui notre capacité à sentir. D'innombrables émotions nous empêchent d'éprouver de véritables sentiments. Quand on a suffisamment regardé brûler au napalm et mourir de faim sur son écran de télévision, on conclut : « Bon, ce n'est pas tout ça, qu'est-ce qu'il y a à bouffer? » A force d'être informés de souffrances que vous n'êtes plus capables de ressentir, vous devenez sourds et aveugles à la souffrance de votre frère, de votre voisin de palier, de ceux qui habitent à l'étage au-dessus ou à l'étage au-dessous, de ceux que le Christ appelait « notre prochain ».

La souffrance est immense. Quand ce n'est pas au Liban, c'est au Cambodge; quand ce n'est pas au Zaïre, c'est au Chili; quand ce n'est pas en Palestine, c'est au ministère de l'Intérieur et à la Police d'un pays civilisé ou d'un autre. Et c'est peut-être tout simplement derrière la porte en face de votre appartement. Il n'a jamais été dit que vous deviez vivre dans l'égoïsme, « chacun pour soi et Dieu pour tous » — bien au contraire. Le Christ a dit : « La moisson est immense, il faut des moissonneurs. » Le Bouddha a dit : « Partout où règnent les ténèbres de l'erreur apportez un flambeau. » Aucun enseignement de la Sagesse n'a jamais prêché l'égoïsme. Mais vous ne diminuerez en rien la souffrance dans le monde, au contraire, si vous agissez par haine au lieu d'agir par amour, fût-ce la haine des ennemis, fût-ce la haine des salauds, fût-ce la haine des bourreaux.

Si vous agissez par haine de ceux qui font le mal, vous ne diminuerez jamais la souffrance dans le monde. Vous ne la diminuerez que si vous agissez par amour. Combien un homme immobile comme Ramana Maharshi a pu diminuer de souffrances! Pendant cinquante ans, des milliers d'Indiens de toutes les castes et de tous les milieux, simplement par son *darshan* (sa rencontre) et par son rayonnement, ont trouvé une espérance, un courage nouveau, la paix du cœur. Et puis des Européens sont venus à lui; les témoignages qu'on a écrits sur le Maharshi, ses paroles qu'on a traduites continuent, dans le monde entier, à apporter la paix et l'espérance à des lecteurs et à des admirateurs. Pourtant il ne s'est jamais indigné vertueusement ni contre les Anglais tortionnaires des résistants indiens, ni contre les Allemands tortionnaires des résistants européens. Mais son apparente indifférence, qui n'était qu'amour et sagesse, a fait un bien *qui n'a pas engendré de réaction.* Si toutes vos actions font lever en face d'elles « la réaction de force égale et opposée », à quoi ont-elles servi? L'idéalisme de Gandhiji pour la non-violence et la chasteté est aujourd'hui compensé par une immense réaction de violence. Il n'y a pas de jour, en Inde, où un autobus ne soit incendié, un commissariat de police attaqué, un laboratoire de Faculté détruit par les étudiants. L'Inde est devenue le pays de la violence. Par contre, l'action silencieuse de Ramana Maharshi n'a fait lever en face d'elle aucune réaction. Et des milliers de souffrances individuelles ont été illuminées par le regard surhumain du Maharshi et quelques mots sortis de sa bouche.

Ne vous trompez pas, c'est trop grave.

5

ÉMOTION ET SENTIMENT

J'ai dit souvent et je le maintiens que l'émotion en tant qu'émotion est appelée à disparaître de vos existences. Mais vraiment, que peut signifier une parole aussi étonnante? Que peut être une vie dont les émotions ont disparu? Qu'est-ce que j'appelle exactement « émotion »?

L'émotion est une perturbation intérieure. Elle naît du refus de ce qui est. Vous projetez alors vos peurs et vos désirs sur la réalité, vous déformez les faits, vous interprétez en fonction de l'émotion la situation dans laquelle vous êtes insérés. Vous ne vivez plus dans le monde réel mais dans votre monde entièrement subjectif. Vous êtes à la merci de l'émotion, incapables de voir les faits tels qu'ils sont, emportés par elle et susceptibles de n'importe quelle réaction impulsive et désastreuse pour vous et pour les autres. L'émotion vous manipule comme une marionnette dont on tire les fils. C'est un statut d'esclave. Mais, en attendant que les émotions aient disparu, remplacées par ce que je nomme les « sentiments », le Chemin passe par les émotions. Essayez de comprendre que ce n'est pas contradictoire.

Si vous tentez d'entrevoir ce que pourrait être une expérience mystique ou un Éveil, de quoi avez-vous l'expérience? En rentrant à l'intérieur de vous-même, en vous recueillant, vous sentez que la conscience ou la vie en vous prend, comme tous les enseignements le montrent, trois formes : physique, émotionnelle et mentale. Un monde de sensations et de mouvements qui relèvent directement du corps physique; un monde d'émotions, et un monde de pensées. Croyez-vous que vous ayez à votre disposition autre chose que ces trois fonctions? Alors s'il existe des « états supérieurs de conscience », comment y aurez-vous accès?

Est-ce que Dieu en vous peut être une pensée? Vous savez bien ce qu'est une pensée, ce qu'est le fonctionnement de la tête; est-ce que Dieu en vous peut être une pensée? Pour un théologien, oui, mais pas pour un mystique. Et pour vous? Est-ce que la pensée de Dieu, de l'Absolu, de l'Infini — je prends le mot « Dieu » à dessein parce que c'est celui auquel vous êtes habitués depuis votre enfance même si vous n'avez pas eu une éducation proprement religieuse — est-ce que la pensée de Dieu peut être l'expérience de Dieu? Sûrement pas.

Est-ce qu'il peut y avoir une sensation de Dieu? Je peux avoir une sensation d'énergie en moi, de force contenue, de bien-être, mais dans les limites du corps, pouvez-vous découvrir Dieu Illimité? Sûrement pas. Or toute sensation vous maintient à l'intérieur du corps, même les sensations les plus fines. Si un chirurgien vous fait une piqûre de morphine, vous aurez une sensation de votre corps qui vous paraîtra d'une qualité plus fine que la sensation ordinaire, au point de représenter une tentation qui pour certains a été irrésistible. Mais vous ne serez pas emportés au-delà des limites de votre conscience, au-delà de tout ce dont vous êtes dépendants, ce par quoi vous êtes emprisonnés. Alors que reste-t-il? Il reste le monde immense du cœur, de l'émotion et du sentiment.

C'est uniquement à travers un fonctionnement nouveau du cœur que vous pouvez dépasser la condition humaine et entrer en contact avec les plans supérieurs de la Conscience, accéder aux états appelés supra-conscients ou mystiques. C'est par le sentiment que toute l'énergie et toutes les possibilités de conscience dont vous disposez (physiques, émotionnelles et mentales) sont réunies ensemble pour se tourner vers leur propre source. La fonction déterminante est celle du cœur. Et c'est celle sur laquelle vous avez le moins de pouvoir. Vous avez une certaine maîtrise de votre corps, vous pouvez lui demander de prendre une posture de yoga ou une autre, de s'asseoir ou de se lever. Vous avez même un pouvoir sur votre respiration; vous pouvez arrêter de respirer pendant trente secondes, une minute si vous êtes entraînés. Vous avez un pouvoir sur vos pensées, au moins un petit pouvoir. Mais sur votre cœur, quelle puissance avez-vous? Quel pouvoir direct avez-vous sur vos émotions? Or c'est de loin l'émotion et le sentiment (pour l'instant je mêle les deux comme on le fait dans le langage habituel) qui forment la fonction la plus importante. C'est l'émotion ou le sentiment qui mènent le monde pour le meilleur et pour le pire. Et les grands moments que vous avez vécus, les moments « divins », les moments inoubliables, les moments merveilleux, c'étaient toujours des moments d'une qualité d'émotion particulière — toujours, vous le savez bien.

Ce n'est ni par la sensation ni par la pensée que vous accéderez à l'Absolu en vous, c'est par le cœur. Et toute ascèse, quelles que soient les apparences, tient compte de cette vérité si certaine. Peut-être que si j'employais l'expression « purification des émotions » au lieu de « disparition des émotions », cela deviendrait plus clair pour vous. Et pourtant je maintiens que l'émotion, en tant qu'émotion, est appelée à disparaître complètement. Le mot « émotion », étymologiquement, le dit bien : vous êtes « mus hors de » votre Centre. C'est en ce Centre que se trouve la porte ouverte sur le Royaume des Cieux qui est au-dedans de vous — mais uniquement dans votre Centre. Tant que vous êtes capables d'émotions, tant que cette purification du cœur n'a pas été accomplie, celle-ci est votre tâche essentielle.

Il y a deux manières d'être « sans émotions ». Il y a la disparition de la peur, du désir, de l'égoïsme, l'ouverture de tout son être à la Force supérieure, à la Lumière divine, à l'Atman. Et il y a la répression, le blocage des émotions, la sclérose complète de la fonction émotionnelle. Et il y a la disparition complète des émotions et l'établissement en vous du sentiment permanent de Paix, de Joie, d'Ouverture, d'Amour, de Confiance — qui est un sentiment et se ressent dans le cœur.

En attendant cette transmutation, la vie est faite d'émotions, la vie est menée par les émotions. C'est ce que vous avez de plus important, de plus précieux — je dirai même de plus sacré, puisque c'est par le cœur que vous pouvez accéder à l'Absolu ou à Dieu. Mais, si vous jetez un regard sur votre monde émotionnel, c'est horrifiant, terrifiant. De quoi votre monde émotionnel est-il fait? De peurs, de mesquineries, de vanités, de jalousies, de rancunes, d'envies. C'est la constatation qui a été au cœur des différentes ascèses depuis que nous avons des témoignages sur les hommes qui ont cherché Dieu, cherché l'Éveil, cherché la Libération. Toute la littérature religieuse parle au cœur et parle du cœur, que ce soit celle des mystiques chrétiens, celle des soufis ou celle de la *bhakti* en Inde. Dieu est appelé « le Bien-Aimé » et le mot « amour » revient à chaque page des grands textes soufis et chrétiens. Quel amour? Justement un amour totalement purifié.

Mais si on ne fait pas lettre morte des enseignements métaphysiques non religieux et qu'on les lit pour ce qu'ils sont, c'est-à-dire appelant à un Éveil ou à une Réalisation, il apparaît à chaque page que cette Réalisation non duelle n'est possible que par le cœur. Le plus grand représentant de l'advaïta vedanta au XXe siècle, le plus unanimement respecté, Shri Ramana Maharshi l'a montré et dit aussi clairement que possible, par sa présence même, qui touchait avant tout le cœur de ceux qui l'approchaient, même s'il était l'incarnation du Yoga de la Connaissance par ses réponses, ses paroles, son comportement.

***

Vous ne pouvez pas conserver le monde d'émotions corrompues dans lequel vous vivez et espérer trouver immuablement Dieu en vous. Mais vous avez besoin de l'énergie émotionnelle, donc vous êtes obligés de tenir compte de l'émotion. Décider simplement : l'émotion, voilà l'ennemie — expression qui est pourtant justifiée — ne vous aidera pas. Ce que vous avez de plus important dans votre vie est votre richesse émotionnelle. Qu'est-ce que vous en faites? Quel combustible votre cœur brûle-t-il pour produire des émotions? Un combustible est plus ou moins raffiné; il y a le pétrole qui sort brut du sol et le super-carburant. La vie du cœur dépend de l'énergie que vous lui fournissez. Si vous fournissez au cœur une énergie grossière, non raffinée, il ne sera capable que d'émotions grossières et non raffinées. Si vous pouvez peu à peu lui fournir une énergie subtile et raffinée, le cœur sera capable d'émotions raffinées, d'émotions de plus en plus élevées. Et c'est par ce changement du niveau de vos émotions que vous grandirez sur l'échelle des niveaux d'être, qu'on retrouve dans le langage mystique sous le nom de stations ou états.

Pour faire l'ascension de cette échelle des niveaux d'être, vous ne pouvez compter que sur le cœur. L'intelligence seule ne peut pas vous y aider. Vous pouvez avoir un quotient intellectuel exceptionnel, avoir fait à la fois Polytechnique et l'ENA ou avoir laissé un nom dans la Science comme Plank ou Einstein, sans avoir découvert ce qu'un moine ignorant a réalisé en lui. Et Ramana Maharshi a été libéré — ô combien — avant d'avoir des connaissances ésotériques. C'est peu à peu, bien après sa Libération, en parlant avec les uns et les autres que le Maharshi a acquis sa culture upanishadique.

Vous pouvez comprendre le mécanisme de l'émotion sous sa forme la plus grossière comme je l'ai tant de fois décrit depuis *A la recherche du Soi* ou *les Chemins de la Sagesse :* la non-adhésion à ce qui est, l'intervention d'une image irréelle qui se superpose à la réalité et, par un mécanisme de comparaison, déclenche soit l'émotion douloureuse, soit l'émotion heureuse. J'en ai inlassablement parlé, et tout ceci reste vrai. Voyez le mensonge de cette émotion. Swâmiji disait parfois « *commotion* »; « commotion », le mot est encore plus fort. Elle vous arrache à vous-mêmes, vous emporte ici et là, vous oblige à penser selon certaines lignes, à agir selon certaines lignes et à recueillir ensuite les fruits de vos actions — lesquels feront lever de nouvelles émotions. C'est un cercle vicieux infernal! C'est l'Enfer dont il n'y a aucune possibilité de sortir si une Conscience d'un autre ordre n'y descend pas pour vous en libérer.

Mais, en même temps que vous voyez l'inanité de l'émotion, voyez aussi l'importance de la vie du cœur et l'existence de niveaux d'émotions différentes, depuis les émotions les plus négatives — celles qui disent « non! » à ce qui est — jusqu'aux émotions qui certes ne seront pas durables mais qui vous ouvrent au monde, vous élargissent, vous élèvent, vous exaltent au vrai sens du mot « exalter » (« ex » = hors de, et « alter » = soulever), vous soulèvent hors des limites de votre terre-à-terre ordinaire.

Ce sont encore des émotions, elles ne sont donc pas stables, immuables, et c'est à un sentiment stable, immuable, totalement non dépendant que vous êtes appelés. Mais jusque-là, vous vivrez dans les émotions. Dans quel type d'émotions? Ce qui est saisissant à voir aujourd'hui, c'est que, par les conditions de notre société actuelle, les émotions dans lesquelles vit l'humanité sont, d'années en années, plus grossières. Autrefois, on se laissait toucher par des vies de saints, la parole d'un prédicateur, la réflexion et la méditation sur la vie du Christ et une certaine littérature généreuse dont il est de bon ton aujourd'hui de ricaner.

Pendant vingt-cinq ans de ma vie j'ai été en contact avec les milieux du spectacle, de la télévision, du cinéma, de la littérature et j'ai entendu répéter un slogan : « On ne fait pas de bonnes émissions avec de bons sentiments. » « Les bons sentiments » était l'expression la plus péjorative entre « boy-scout » et « cucul la praline ». « Ah, ce scénario, il pue les beaux sentiments! » Pour un film comme *François ou le Chemin du soleil* de Zeffirelli ou comme *Barberousse* de Kurosawa qui ne sont faits que de « beaux sentiments », la quasi-totalité des productions actuelles expose les émotions les plus grossières et fait vibrer chez les spectateurs les émotions les plus grossières. C'est une dégradation qui s'aggrave d'année en année. Certes Ramana Maharshi est bien au-delà des émotions les plus nobles. Mais tant que vous vivez encore dans les émotions, lesquelles allez-vous cultiver et nourrir en vous? Et, comme les émotions sont dépendantes, à quelles influences allez-vous vous soumettre pour faire lever en vous une émotion ou une autre?

Toutes les stimulations, depuis l'enfance, nourrissent les émotions grossières, les émotions négatives, les émotions de séparation, les émotions de peur, de haine, de violence. Les Occidentaux sont maintenant enlisés dans une misère émotionnelle aussi poignante, plus même que la misère des bidonvilles autour de Calcutta ou de Bombay. Et de même que ceux qui, en Inde, croupissent dans leur misère — ne confondons pas « pauvreté » et « misère » — ne cherchent même plus à en sortir (nés sur le trottoir, ils s'accouplent sur le trottoir et mourront sur le trottoir), de même les Occidentaux sont aujourd'hui installés dans cette déchéance émotionnelle et ne s'en rendent même plus compte. La haine, la révolte, la jalousie, l'égoïsme, la souffrance, règnent sur notre société. Combien y a-t-il de films qui puissent vous ex-alter? Où y a-t-il encore un spectacle qui puisse faire vibrer en vous les sentiments les plus nobles?

Non seulement il n'y a pas de purification des émotions — et les émotions de plus en plus purifiées deviennent des sentiments — mais il y a au contraire une dégradation de plus en plus grave. Le niveau émotionnel de la plupart des collégiens et des lycéens est aujourd'hui tragique, si l'on a des yeux pour voir et un cœur pour sentir. Est-ce la peine de faire de la démagogie ou de faire lever en vous des émotions d'indignation pour savoir si c'est la faute des parents, des éducateurs, de la majorité, des capitalistes, des juifs, des francs-maçons, des communistes, de Sartre ou de Freud? Le fait est là. Et là réside votre véritable misère. En même temps que vous devez, chaque jour, vous situer à nouveau devant l'enseignement qui vous appelle à la disparition des émotions, vous êtes appelés aussi — et d'abord — à la purification de ces émotions et à retrouver des émotions « fines » qui, peu à peu, vous transformeront. Elles vous mettront en contact avec les niveaux élevés de la Réalité qui existent, parfaits, en vous mais avec lesquels normalement vous n'êtes pas en contact, parce que justement vous êtes trop emportés par les émotions ou les passions ordinaires.

***

Quelles sont les émotions qui vous abaissent, quelles sont les émotions qui vous élèvent sur l'échelle des niveaux d'être, l'échelle de Jacob où les anges montent et descendent? Quelles sont les émotions qui referment l'ego sur lui-même et accroissent la séparation et quelles sont les émotions qui ouvrent l'ego, l'élargissent, le mettent en communion? Et comment ces émotions généreuses vont-elles se lever en vous? En lisant le journal? En écoutant la radio ou en regardant la télévision? Je n'y crois pas beaucoup. En outre, se sont établis en vous des blocages, des peurs, des défenses contre la souffrance, qui font que votre énergie émotionnelle n'est plus à votre disposition et qu'à part les moments où vous êtes emportés par des émotions le plus souvent négatives, vous n'osez plus être émus. Fondamentalement vous l'êtes, vous n'êtes pas du tout libres de l'émotion, mais vous n'osez même plus être émus, ce qui fait que l'émotion est réprimée, enfouie, et que votre énergie émotionnelle n'est pas disponible.

Voilà le paradoxe, l'achèvement de la désolation. La société moderne ou Société de consommation ne vit que sur les émotions. Nous tournons le dos à la Sagesse, que ce soit celle de Socrate, celle d'Héraclite, celle de Marc Aurèle, ou celle de Maître Eckhart. Et la vie émotionnelle est complètement rabougrie. Que certains d'entre vous puissent pleurer, simplement pleurer, pleurer de tout leur cœur, c'est un miracle! Dans votre *sadhana* (ascèse) d'expression, le mouvement naturel n'est pas de pleurer, c'est d'injurier, d'insulter et d'exprimer vos refus, vos violences, vos haines, votre négativité. Réussir à pleurer sans refus, sans révolte, sans être divisé, sans être en conflit, accepter qu'on a un cœur et que ce cœur souffre, éclater en sanglots, c'est déjà un prodige. Mais vous ne pouvez pas passer votre vie à « exprimer ». Et combien de fois dans l'existence, sentez-vous encore l'émotion qui vous élève et qui vous épanouit? « La mission de l'artiste », selon Swâmiji, est : *« to give a high opinion of what man is »*.

Qu'est-ce qui, aujourd'hui, donne une haute opinion de ce qu'est l'homme?

Il ne suffit pas de filmer Mâ Anandamayî, Ramdas, Kangyur Rimpoché ou des maîtres soufis, comme je l'ai fait moi, pour être un artiste. J'ai beaucoup plus d'admiration pour Kurosawa que pour « Arnaud Desjardins » parce que c'est beaucoup plus remarquable de faire passer, à travers un film qui ne se prétend pas un film religieux, tant de grandeur, de dignité, de noblesse. Tous ceux qui ont vu *Dersou Ouzala* ou *Barberousse* en sont sortis réconciliés avec eux-mêmes, magnifiés et purifiés pour quelques instants. Mais les films de Kurosawa restent exceptionnels. Peut-être l'un d'entre vous a-t-il été touché en entendant un jour un moine faire le sermon lors d'une messe dans un monastère de Trappistes? Et puis... Osez pleurer des larmes qui vous purifient.

Que ce monde totalement émotionnel est devenu en même temps dur et sec! Pour être un jour sans émotions, il faut retrouver l'émotion, la franchise, la pureté, la vérité, la simplicité de l'émotion. Mais pas uniquement des émotions négatives, des émotions de violence, des émotions de haine : des émotions généreuses, ces « beaux sentiments » sur lesquels il est de bon ton de ricaner, parce qu'on en a tellement la nostalgie et on en est tellement privé, que la seule façon de se défendre contre son propre désespoir, c'est d'attaquer et de nier.

Que disait le langage religieux de siècle en siècle? « Ô, cœurs endurcis, quand allez-vous fondre à la chaleur de l'amour divin? » Nous ne voulons plus entendre de telles paroles. C'est pourtant un langage vrai pour les hommes qui vivent encore dans le sommeil. Quelles sont les émotions qui vous réconcilient avec vous-mêmes et avec le monde? Les larmes purifient. Quand le cœur égoïste, desséché et meurtri se brise tout d'un coup, un lien a été dénoué. Une vie religieuse est faite d'émotions, mais pas n'importe quelle émotion, conduite n'importe comment et conduisant n'importe où — parce que l'émotion peut être un poison, c'est vrai aussi.

Des émotions d'amour qui seront encore dépassées, tous les mystiques le disent. Mais on commence par là. La Voie du mysticisme chrétien comportait trois étapes : *« via purgativa »*, *« via contemplativa »* et *« via unitiva »*, la voie purgative, la voie contemplative et la voie unitive. Purgation, purification de quoi? Des émotions, des « passions » qui parfois s'appuie sur une purification physique, puisqu'il y a toujours des composantes physiologiques de l'émotion; un corps relâché est plus apte à des émotions affinées qu'un corps tendu et contracté. Et l'orientation des pensées joue aussi son rôle. La *lectio divina*, la lecture des textes religieux, a sa place dans une vie de moine.

Aujourd'hui les Occidentaux veulent tout de suite accéder à l'Enseignement suprême du Zogchen tibétain ou veulent avoir le « satori » après une session de zen, en essayant de court-circuiter complètement cette *« via purgativa »*. Et, comme on l'a toujours admis, il faut des années pour cette purification du cœur.

Puisque vous vivez de toute façon dans les émotions — et qui plus est dans les émotions réprimées —, redécouvrez la vie du cœur. N'ayez pas honte de vos émotions, vous en avez de toute façon! Osez ouvrir votre cœur à des réalités plus hautes, plus grandes que celles dont sont tissées vos existences. Depuis des années que j'entends les uns et les autres s'exprimer ici, lors de vos plongées dans la profondeur de la psyché, que d'horreurs sortent de tous vos cœurs, que de peurs, de haines, de frayeurs, de négativité! Quel enfer vous portez en vous-mêmes, qui s'exprime dès que vous desserrez les dents dans les *lyings* (mise à jour de l'inconscient, dans la *sadhana* à laquelle m'a initié Swâmi Prâjnanpâd).

Cela, ce sont les fruits de toujours et ce sont aussi particulièrement les fruits de notre monde moderne tel que nous l'avons fait en trois siècles! Il n'y a pas si longtemps encore, les Hindous vibraient aux exploits de Hanuman, le disciple de Rama, aux rencontres de Krishna et des gopis, aux mythes et aux épopées qui les élevaient au-dessus de leur niveau quotidien.

Vous n'avez aucune espérance d'aucune sorte en dehors du sentiment et vous le savez. Mais vos cœurs sont si meurtris que vous êtes obligés de les endurcir pour moins souffrir. Et vous tournez le dos au Royaume des Cieux auquel vous n'accéderez que par le cœur. Je vous souhaite de ressentir souvent une émotion de qualité — même une souffrance, mais une vraie souffrance, une souffrance acceptée où le cœur se brise et éclate en sanglots. Le don des larmes a toujours été reconnu. Que de fois, que de fois j'ai pleuré, assis devant Swâmiji. Que de fois j'ai pleuré sur ma honte, mon égoïsme, ma lâcheté. Ces larmes sont purificatrices; elles raniment le cœur. Et elles pourront un jour conduire au-delà de l'émotion, dans ce sentiment immuable qui ne va ni ne vient, qui ne monte ni ne descend, qui n'a plus ni crescendo ni decrescendo. Mais jusque-là, oh oui, je vous souhaite des émotions! Je vous souhaite de vraies émotions, de grandes, de belles émotions, par lesquelles vous vous sentiez vivre, par lesquelles vous vous sentiez être. Vous ne pouvez vous sentir vivre vraiment que par le cœur.

***

Il y a plus haut que l'amour humain, c'est l'amour divin. Mais je vois comment la presque totalité des jeunes envisagent l'amour! On a d'abord l'impression qu'il n'y a plus que la sexualité. Égoïsme et infantilisme font que chacun se plaint que l'autre ne le comprend pas, ne s'occupe pas assez de lui. On dirait que la préoccupation essentielle des fiancés est leur futur divorce. Être simplement amoureux comme on l'était autrefois à vingt ans, c'est déjà une émotion qui ouvre l'ego. Mais maintenant, cela ne se fait plus. Ou l'on est complètement emporté et l'on se conduit comme un fou, ou l'on essaie de montrer qu'on n'est pas dupe et qu'on ne se laissera pas avoir. Quelle tristesse! Je vais vous donner un exemple de ce que j'appelle l'émotion qui a sa place sur un Chemin.

Quand j'avais vingt ans, pour une série de raisons que je n'ai pas à expliquer ici et dans lesquelles, bien sûr, les émotions ont joué le rôle décisif, j'ai été complètement perdu, complètement brisé. Mais ce qui m'a maintenu en vie, c'est que mon cœur ne s'est jamais éteint. J'étais très émotionnel. J'ai appris un jour que Swâmiji lui aussi avait été « uniquement émotion » *(only emotion)* et je ne crois pas qu'un seul être qui se soit résolument engagé sur le Chemin n'ait pas été d'abord intensément émotionnel. L'émotion est la matière première du sentiment, la matière première des états supérieurs de conscience.

Je vivais entre Racine, Musset, Hugo, Baudelaire, Verlaine. Je connaissais, je peux le dire, des milliers de vers par cœur. J'ambitionnais d'être sociétaire de la Comédie-Française pour mieux exprimer les émotions éternelles de l'humanité. Et j'ai rencontré un homme remarquable, qui a été fort célèbre et qui s'appelait René Simon (ne pas confondre avec Michel Simon). Après des débuts brillants au Théâtre-Français, René Simon avait tout abandonné pour enseigner. C'était la première fois qu'un acteur de talent se consacrait à un cours de théâtre. Et on peut dire que 70 % des acteurs qui gagnent leur vie dans ce métier et de ceux que nous appelons « les vedettes » sont sortis du Cours Simon.

René Simon, qui avait été « gueule cassée » (blessé de la face) à vingt ans, est parti de la rééducation d'une mâchoire brisée et il est devenu pensionnaire au Français, après un premier prix du Conservatoire de Paris. Simon enseignait les futurs comédiens à travers l'émotion, celle des textes, plus celle qu'il faisait lever en nous. Et beaucoup de ces émotions ont été pour moi une nourriture que je n'avais même pas connue dans mon instruction religieuse.

Un jour, un élève du cours s'était suicidé à cause d'un chagrin d'amour. Cela avait bouleversé tout le monde, d'autant plus qu'il est convenu qu'on doit être impressionné dans ces cas-là et qu'une part de nos émotions est souvent une imitation. Et Simon a eu le courage de nous dire : « Vous vous trompez, il n'y a pas de romantisme dans le suicide, ce qui est beau, ce n'est pas de se tuer, c'est de vivre, quelles que soient les épreuves. » Puis René Simon a continué d'une voix vibrante : « Je sais de quoi je parle, je suis « une gueule cassée » de la guerre 14-18 ». Je me souviens presque mot pour mot de ses paroles, qui se sont gravées dans mon cœur : « J'ai vécu parmi ces hommes, les blessés de la face... Ils vivent en cachant avec un voile ce qui a été autrefois leur visage. Les médecins les plus aguerris tremblent en soulevant ce voile. Ils n'ont plus d'yeux, plus de nez, plus de bouche. Eh bien à cause de cette bouche qu'ils n'ont plus ils ont pris pour devise : « sourire quand même »! Et ils sont heureux, voilà le miracle. Pas un de nous ne s'est suicidé! »

Émotion, d'accord — émotion. Mais j'avais vingt ans et j'étais bouleversé, je ne l'ai pas oublié. Ah!... Simon a été blessé de la face, entouré de ces « gueules cassées ». Il n'y avait guère de chirurgie esthétique en 1918. Celle-ci est née surtout au Japon après Hiroshima, pour tous les brûlés de la bombe atomique. Et il a eu ce cri du cœur : « Aucun d'entre nous ne se suicidait ». De ce jour-là, il ne m'a plus été possible d'imaginer de me suicider, même quand j'ai été au fond du gouffre. Je dis qu'une émotion comme celle que j'ai ressentie ce jour où René Simon a parlé avec la ferveur du comédien a sa place sur le Chemin. Au moins, quelque chose vibrait en nous. Mais cela ne se fait plus aujourd'hui « On ne fait pas d'œuvre d'art avec des beaux sentiments. Ah, ah! C'est du boy-scoutisme! »

Voyez le résultat.

Quand un prédicateur faisait couler les larmes de son auditoire en racontant la vie d'un saint, il faisait naître des émotions, il remuait les émotions. Mais c'est un type particulier d'émotions. Les émotions de cet ordre sont une étape du Chemin, qui doit être dépassée. Mais avant d'être sans émotions, ayez d'abord de vraies émotions dont vous n'avez pas honte, dans lesquelles vous êtes unifiés, qui vous remuent, qui vous poussent en avant, qui vous ré-animent, qui vous font vivre. Inspirer des émotions à son prochain était autrefois un art. C'est un art qui a dégénéré de plus en plus, à mesure qu'on devenait de plus en plus grossier, et qui ne cesse de dégénérer. Il y a des émotions fines, très fines, dont l'humanité aujourd'hui n'est presque plus capable.

Pour prendre un exemple que vous pourrez tous comprendre, l'émotion qui correspond à la musique de Jean-Sébastien Bach est d'une qualité plus fine que l'émotion qui correspond à la musique de Ludwig van Beethoven. Mais l'émotion née de la musique de Beethoven est moins grossière que celles ressenties aujourd'hui en écoutant le groupe « Nightmare » dont la moitié du talent consiste à faire sentir une odeur de soufre dans toute la salle où il chante. Vous pouvez juger une civilisation par le niveau d'émotions dont se nourrissent ceux qui la composent. Les émotions des Romains à l'époque de la fureur des jeux consistant à voir mourir des gladiateurs ou des chrétiens, n'étaient pas des émotions raffinées mais c'était pourtant cela que le peuple romain chérissait plus que tout — à part une élite qui, elle, était imprégnée des enseignements d'Héraclite, Epictète, Marc Aurèle et Sénèque.

Aujourd'hui, cette compréhension de l'importance et du caractère sacré de l'émotion a pratiquement disparu. Même la quasi-totalité des prédicateurs fait appel à des émotions très ordinaires, très souvent des émotions qui renforcent l'ego au lieu de l'ouvrir aux autres.

D'autre part, à mesure que l'émotion exaltante disparaît de notre civilisation, elle est remplacée par la sensation. Si vous voulez comprendre un peu le monde dans lequel vous vivez, entendez ce que je dis là. Tous les hommes ne peuvent pas être des Ramana Maharshi à l'âge de dix-sept ans. Et le rôle du « dharma », de l'ordre juste, c'est de permettre aux humains de se sentir être et de se sentir vivre en éprouvant des émotions qui élèvent l'homme au lieu de le dégrader et qui réunifient l'homme au lieu de le diviser contre lui-même, les émotions ressenties de façon pure et les émotions religieuses. Déjà l'enfant était imprégné de la joie de Pâques, de l'espérance de Noël. S'il n'y a plus de religion, une société devient moribonde.

Et aujourd'hui où l'émotion noble disparaît, elle est remplacée par la sensation, ce qui est une manière de se sentir être et de se sentir vivre. La sensation n'est pas transformable, tandis que l'émotion est transformable. Par l'émotion de plus en plus purifiée vous avez accès au sentiment, vous avez accès aux états supérieurs de conscience. Les minutes divines de l'existence passent toujours par le cœur. Mais comme on a besoin de se sentir vivre, on remplace aujourd'hui l'émotion par la sensation.

La plupart des groupes musicaux, qui ont un tel succès en

Occident et auprès de tous les jeunes Orientaux qui veulent « faire occidental », jouent uniquement sur la sensation : les couleurs, les odeurs, les sons, avec tous les moyens techniques qui sont à leur disposition, aussi bien en matière d'éclairage que d'amplification sonore ou de déformation des sons par les synthétiseurs. Quand l'humanité avait encore un art véritable à sa disposition, elle n'avait pas les moyens techniques dont elle dispose aujourd'hui pour le diffuser. Et maintenant que l'art dégénère d'année en année, nous disposons de moyens techniques importants pour exciter les sensations. Alors que l'art ancien touchait aussi le cœur, même celui de Chopin qui n'est certes pas le grégorien du Moyen Age, il n'y a plus maintenant que la sensation — et non pas une exaltation mais simplement une excitation de la sensation. Alors les gens, pour un moment, se sentent être et se sentent vivre.

Souvenez-vous de cette clé. Pour ceux que les émotions ordinaires n'intéressent pas, il reste la sensation : les lumières, les couleurs, le bruit, les fumées, les feux de Bengale sur la scène — uniquement la sensation. Et, avec la sensation, il n'y a pas de possibilité de s'élever et, à mesure qu'on progresse intérieurement, d'accéder à des niveaux d'art plus raffinés. La sensation, dans cette voie, n'apporte pas la possibilité d'une transformation qualitative de niveau, il peut donc n'y avoir qu'une progression quantitative. Et c'est ruineux pour le système nerveux; de plus en plus de bruit, de plus en plus de couleurs, de plus en plus d'amplification des chocs. C'est une drogue qui n'est pas condamnée mais qui est aussi néfaste, parce qu'elle touche des milliers et des milliers de gens.

Regardez autour de vous, vous verrez de plus en plus les êtres humains chercher l'intensité de vie dans la sensation. Conduire à 130 à l'heure, c'est une sensation. La griserie de la vitesse, c'est une sensation. Et, comme il faut tout de même faire attention quand on conduit à 130 à l'heure, il y a une réunification provisoire, mais c'est une duperie, parce que cela ne peut pas dépasser un certain niveau. On voudrait aller plus haut, on voudrait aller plus loin. Alors qu'est-ce qu'on peut faire? Au lieu de conduire à 140 à l'heure je vais conduire à 160 et au lieu de conduire à 160 je vais conduire à 180?

L'échelle qualitative n'est ouverte sur l'Infini que dans le domaine du sentiment. Mais dans l'intensité en décibels on est provisoirement unifié, parce que cette intensité agit comme un anesthésiant pour les autres fonctions. L'espérance intime de chacun, qu'il sache le formuler ou non, c'est d'être enfin réunifié. La tragédie, c'est la division de l'être humain contre lui-même ou à l'intérieur de lui-même.

Si vous voulez arriver quelque part sur le Chemin et sortir de l'enfer actuel, il n'y a pas d'autre porte que le cœur. Depuis 5 000 ans, on a tout essayé, méthodiquement, dans de très bonnes conditions, en matière de Chemins intérieurs : il n'y a pas d'autre porte que le cœur, le cœur soutenu par l'intelligence, le cœur soutenu par la sensation. Bien sûr que les psalmodies et les lumières d'un temple touchent la sensation, mais cela fait partie d'un tout et ce tout se concentre sur le cœur. C'est dans le « hara », (le centre vital dans l'abdomen), que vous vous trouverez vous-même, au lieu d'être une feuille morte emportée par les tourbillons — c'est dans le « hara » que vous vous trouverez vous-même. Mais ce n'est pas dans le « hara » que vous trouverez Dieu, c'est dans le cœur.

Quant à la sexualité qui est si à la mode aujourd'hui — et maintenant le Tantrisme (ou plutôt ce qu'on appelle « Tantrisme » en Occident) déferle sur les milieux yogiques — il n'y a rien à en attendre sans la purification du cœur. Un être dont le cœur n'est pas purifié, un être encore emprisonné dans ses émotions mesquines de peurs, de jalousie, de revendications, de revanche à prendre sur quoi que ce soit, n'a rien à espérer de la sexualité même s'il la décore du nom de Tantrisme. La sexualité plus la purification du cœur, oui. Mais la sexualité en espérant économiser la purification du cœur ne mènera nulle part. La preuve en est déjà faite et amplement faite, on n'a pas besoin d'aller plus loin dans la révolution sexuelle pour vérifier ce que j'affirme là. Comme l'a dit le célèbre gourou hindou Shri Rajneesh, qui a dû voir quarante ou cinquante mille personnes depuis dix ans : « En principe tous les gens viennent à moi parce qu'ils cherchent Dieu et je me rends compte immédiatement que leur vrai problème, c'est leur non-épanouissement sexuel; s'ils cherchaient Dieu ce serait beaucoup plus facile de les aider ». Rajneesh a fait ses statistiques sur quarante mille personnes, je les fais sur trois cents mais j'arrive aux mêmes conclusions que lui dans ce domaine.

Vous devez mettre votre espérance dans le cœur et vous ne pouvez mettre votre espérance que dans le cœur. Et le cœur, eh bien c'est d'abord l'émotion, avant d'être le sentiment de la présence de Dieu en vous, avant d'être l'amour universel et immuable pour tous, avant d'être la foi — la certitude des choses invisibles — ou l'espérance indéracinable, au-delà de tous les espoirs divers à commencer par celui de gagner au Loto. L'espérance est un sentiment non dépendant, la foi est un sentiment et la charité, c'est-à-dire l'amour, est un sentiment. Mais, avant que vous soyez établis dans ces trois sentiments, votre Chemin passe par le don des larmes, par les élans du cœur, tout ce qui fait que vous vous sentez unifiés, vivants, élevés au-dessus de vous-mêmes.

Vous en avez assez de suffoquer dans les émotions douloureuses, les émotions qui vous emportent, les émotions qui font vendre le Tranxène, le Valium et le Serestat. Mais dans vos existences à tous, quelle place tiennent les émotions exaltantes qui vous réconcilient avec vous-mêmes et avec le monde, qui vous élèvent au-dessus de la mesquinerie habituelle de l'ego? Faites le bilan des dernières semaines et des derniers mois. Quand avez-vous été agrandis, épanouis, dilatés par une émotion généreuse, une émotion d'amour, de pardon, de compréhension — ou certaines émotions douloureuses et purificatrices comme de pleurer simplement devant votre égoïsme, votre lâcheté, ou le mal que vous faites à vos propres enfants?

Tant de mystiques l'ont dit : « Seule la chaleur de l'amour divin peut faire fondre les cœurs. » Et si les cœurs étaient endurcis autrefois, que devrions-nous dire aujourd'hui? Je vous assure que les cœurs des Hindous traditionnels, les cœurs des Bhoutanais bouddhistes, les cœurs des Afghans musulmans n'étaient pas si endurcis.

***

La grande nourriture pour le cœur était la religion et il n'y a plus de religion en Occident. Les églises sont vides. A la cathédrale de Clermont-Ferrand, pendant une messe du dimanche matin, j'ai compté onze personnes. Qui aurait encore l'idée aujourd'hui de lire des vies de saints? Quelques personnes mais si peu! James Bond fait de plus gros tirages. C'est le désert émotionnel — et la souffrance. Et bien sûr la souffrance est refusée. Il faut avoir déjà beaucoup compris de la vérité pour être capable de vivre de tout son cœur une émotion de souffrance ou pour être capable de réanimer une émotion de souffrance afin de s'en libérer.

Qu'allez-vous faire pour retrouver la vie du cœur, pour sentir dans la poitrine quelque chose de chaud, de chaleureux, qui vous redonne votre noblesse et votre dignité à vos propres yeux? L'amour humain n'a pas le niveau de raffinement de l'amour divin. Mais au moins, autrefois, les jeunes croyaient encore à l'amour, le mot fiancé ou fiançailles faisait encore battre le cœur d'un jeune homme et d'une jeune fille. Aujourd'hui, on baise... De dix ans en dix ans, la dégénérescence devient plus grave. Et, que vous le vouliez ou non, vous êtes nés dans ce monde et vous êtes les produits de ce monde.

La vie d'un mystique est faite d'émotions de plus en plus raffinées, jusqu'à l'au-delà de l'émotion. Mais comment allez-vous atteindre cet au-delà de l'émotion? Si son cœur est mort, un être humain est mort. Le Christ a dit : « Laissez les morts ensevelir leurs morts. » Les êtres paraissent vivants parce qu'ils sont encore capables de marcher, de manger, de s'entre-tuer et de s'accoupler. Mais si votre cœur est mort, vous êtes morts. Si le cœur revit, vous revivez.

Tout en essayant de vous libérer les uns et les autres de vos émotions, je suis obligé de constater que vous avez surtout des émotions pénibles, douloureuses, amères, vindicatives, désabusées. Je fais partie d'une génération où l'on croyait encore à quelque chose. Chaque fois qu'on se trompait, on recevait un coup, on était blessé, mais on continuait à croire. Et, à force de croire et de chercher, on finit par trouver.

Il n'y a pas de Chemin sans une foi réelle. Si vous avez foi en Dieu, en Jésus-Christ, vous êtes sauvés, sinon « libérés ». Si vous avez foi en Allah, en Mohammed son Prophète, en Ali le « Roi des amis de Dieu », comme disent les soufis, vous êtes sauvés. Mais où est votre foi? Si vous avez vraiment de l'amour, un amour pur, unifié, ne serait-ce que pour vos enfants, vous êtes sauvés. Mais la tragédie des parents, c'est que la plupart n'ont pas de vrai amour pour leurs enfants. « Mes enfants me fatiguent, m'épuisent, m'énervent. »

Si vous avez un vrai amour pour Mâ Anandamayî ou pour Ramdas, ou pour un autre sage, ou pour votre gourou, vous êtes sauvés. Mais même cet amour est devenu tellement difficile. Dès qu'on croit qu'on va aimer on s'aperçoit que la peur est là, on se défend. Il est arrivé plusieurs fois au Bost que l'un d'entre vous, bouleversé, me cite des réflexions « incroyablement » — « incroyablement » pour celui qui les entend, pas pour moi — offensantes à mon égard proférées par l'un ou par l'autre. Exemple vrai mais ancien : « Ne te donne pas tant de mal pour faire la cuisine, ce sera toujours assez bon pour ce con d'Arnaud! » La personne qui faisait la cuisine en a pleuré pendant trois jours. Pourquoi? D'où naît ce genre de réflexion? De la peur. La peur de se laisser prendre à un sentiment d'amour ou de confiance. On a une telle nostalgie d'éprouver enfin un peu d'amour qu'on se défend, qu'on attaque.

Tout vient du cœur, tout va au cœur, tout passe par le cœur. C'est par l'émotion qu'on déclenche les révolutions, et c'est par l'émotion qu'on trouve le Royaume des Cieux. Acceptez votre cœur, respectez-le, faites-lui confiance, n'en ayez plus peur. Si votre cœur est mort, ressuscitez-le. C'est un miracle qui s'est accompli tant de fois. Cherchez les émotions qui vous élèvent au-dessus de vous-mêmes. Frappez à toutes les portes et la porte s'ouvrira; demandez et il vous sera donné; cherchez et vous trouverez. Cherchez les émotions élevées, cherchez-les dans les monastères, dans les ashrams, dans les cathédrales, dans les musées, dans les livres. Cherchez-les partout autour de vous!

Qui va venir sauver mon cœur? Qui va redonner la vie à mon cœur et me redonner la vie? Qui va faire battre de nouveau mon cœur pour quelque chose de noble, de précieux? Qui va faire lever en moi ces grands sentiments?

Chacun est concerné personnellement. Vraiment, il faut vous sauver — au grand sens du mot « sauver ». C'est votre Salut. Si vous étiez pris dans l'incendie d'une salle de cinéma ou d'un magasin aux issues bloquées, vous n'auriez pas d'autre but que de vous sauver ou d'être sauvés. Et vous êtes pris dans ce que le Bouddha comparait aussi à un incendie, déjà, il y a 2 500 ans — que serait-ce à dire aujourd'hui — pris dans un enfer émotionnel. Qui va vous sauver, qui va vous redonner la Vie? Chacun pour soi vous pouvez quelque chose. Une petite possibilité vous est donnée d'ouvrir votre cœur à certaines influences, de ne plus avoir honte, de ne plus imiter les modes émotionnelles. Et même si, pour commencer, vous vous sentez bien seuls dans ce monde de mépris et de cynisme, osez retrouver la richesse du cœur, le don des larmes. Osez vous élever au-dessus de vous-mêmes par une vraie émotion, une grande émotion. Elle ne durera pas, c'est vrai. Mais, par ces grandes émotions additionnées, peu à peu quelque chose cristallise en vous, jusqu'à ce que vous soyez définitivement établis dans la réunification et la réconciliation. Je vous souhaite beaucoup de vraies émotions, de grandes émotions, de belles émotions, je vous les souhaite de tout mon cœur.

6

DE L'ÉDUCATION

Je vais aborder un thème qui m'a été proposé plusieurs fois, celui de l'éducation. Peut-être sentez-vous que cela ne vous touche pas, car vous n'avez pas d'enfants à élever. Si, cela vous concerne quand même parce que vous avez tous été des enfants, plus ou moins éduqués, et que l'enfant est encore vivant en vous — non complètement transformé en adulte. Réfléchir à l'éducation c'est aussi, même si vous êtes célibataires, réfléchir à ce que vous avez été, à ce qui vous a marqué et conditionné, aidé à être vous-mêmes ou au contraire empêché d'être vous-mêmes.

Krishnamurti a dit que le plus important était d'éduquer les éducateurs et c'est évidemment la vérité primordiale. Vous savez que Swâmiji enseignait : « *To do, there must be a doer* », « pour agir, il faut qu'il y ait un agissant ». Pour éduquer, il faut qu'il y ait un éducateur. Et combien de pères ou de mères, sans parler des pédagogues de profession, moniteurs de colonie de vacances, instituteurs, chefs scouts ou autres, qui éduquent mais ne sont pas des éducateurs. Je me souviens aussi que Swâmiji m'a dit un jour : « *You know shooting films because you have the being of a cameraman* », « vous savez filmer parce que vous avez l'être d'un cameraman ». Pour éduquer, il faut avoir l'être d'un éducateur. Une des tragédies de notre humanité actuelle, c'est que tous les pères et mères sont obligés d'éduquer mais tous ne sont pas des éducateurs et n'en ont pas l'être.

Quand le premier tome des « Chemins de la Sagesse » a paru, beaucoup de personnes ont été intéressées par ce qui y était écrit, ici et là, à propos de l'éducation. J'ai fait avec des visiteurs occasionnels, comme j'en recevais à cette époque, un test ou un mini-sondage : « Pourquoi éduque-t-on les enfants? ou : « Quel est le but de l'éducation? » La bonne réponse ne m'a jamais été donnée une seule fois. « Pour en faire des enfants bien élevés », « pour leur apprendre à s'insérer dans la vie sociale », « pour qu'ils sachent se débrouiller plus tard ». Mais la seule vraie réponse importante, c'est : « pour en faire des êtres heureux ». Et quand je formulais cette réponse, il y avait toujours un moment de surprise chez ceux à qui je venais moi-même de poser la question. « Pourquoi éduquez-vous les enfants? » — « Pour en faire des gens heureux », c'est tout. « Pour leur permettre d'être heureux et pour leur enseigner à être heureux. » On me regardait, étonné. C'est parce que cette vérité simple est trop souvent oubliée que tant d'erreurs sont commises dans l'éducation. Il n'y a pas d'autre but à l'éducation que d'accueillir un petit bébé et, peu à peu, en faire un homme ou une femme heureux. Le résultat n'est pas concluant, si nous en jugeons par la vente des tranquillisants qui augmente chaque année et si les statistiques de la consommation des divers analeptiques, neuroleptiques ou autres vous tombent sous les yeux, vous serez étonnés.

Au Moyen Age, l'humanité était ravagée par des pestes, des choléras, des famines et ces tragédies-là ont disparu, mais aujourd'hui l'humanité occidentale (et progressivement le reste de l'humanité) paraît être ravagée par une autre épidémie : l'épidémie de souffrance émotionnelle. Les gens ne meurent pas de faim, les gens ne meurent pas de froid, les gens sont soignés quand ils sont malades et pourtant, de plus en plus, les prêtres, les psychologues et même les médecins généralistes, ceux qui touchent de près ou de loin aux diverses activités médicales, paramédicales, psychologiques et autres le savent bien, une souffrance qu'on ne peut pas attribuer aux causes ordinaires du désespoir, gagne l'Occident comme une épidémie sans merci. Et cette souffrance qui étreint pendant des années des gens qui ont un métier, une bonne santé, des moyens matériels, la possibilité d'avoir de plus en plus dans cette société de consommation, cette souffrance est le constat de faillite de l'éducation. A moins que des psychothérapeutes, des psychologues ou éventuellement des maîtres spirituels ne puissent tout reprendre presque du départ.

Comprenez bien ce que je veux dire. Il y a une souffrance qui nous paraît évidente — comment ne songerions-nous pas à la souffrance de la plupart des familles vietnamiennes par exemple dans un Vietnam qui depuis les Japonais, les Français, les Américains, jusqu'aux guerres civiles, n'a vécu que dans la peur, la mort et la destruction. Mais on ne peut pas dire que la France ou l'Allemagne de l'Ouest, depuis la fin de la guerre, vivent dans la peur, la destruction, les bombes au napalm. Et pourtant, quelle souffrance, de plus en plus, dans tous les milieux.

L'éducation n'a pas d'autre but que de faire d'un petit enfant un adolescent heureux. Ce n'est pas d'en faire un enfant bien élevé, un enfant sage, un enfant instruit, un enfant qui fasse honneur à ses parents, un enfant qui acquière les traditions de sa caste ou de sa classe — tout cela est secondaire. Si c'est nécessaire pour que l'enfant soit heureux, bien; si c'est inutile pour que l'enfant soit heureux, inutile; et si cela doit compromettre le bonheur de l'enfant puis de l'adolescent puis de l'adulte, alors non. Puissent les parents être uniquement animés par ce seul but : je veux en faire un petit être heureux et un adulte heureux. Il ne s'agit pas bien sûr de s'occuper de l'enfant du matin au soir ni de satisfaire tous ses caprices. Plus l'enfant apprend peu à peu la non-dépendance, plus il sera heureux.

Pour que ce but ne soit jamais perdu de vue, une parole de Swâmiji est fondamentale. C'est le retournement de situation qui au lieu de nous faire vivre la relation avec l'enfant dont nous avons la charge selon la perspective : « c'est mon fils ou c'est ma fille », nous fait vivre cette relation dans la perspective : « je suis son père, je suis sa mère; il n'est pas pour moi; je suis pour lui ». Un ami afghan m'a dit — je ne l'ai pas vérifié — cette chose étonnante : il y a à peu près soixante-dix ans, dans l'ancien persan, qui a été modifié depuis par la pratique courante, on demandait non pas : « Combien avez-vous d'enfants? » mais : « Combien d'enfants sont avec vous? » Et on répondait : « Confiés à ma garde et appartenant à Dieu, cinq enfants sont avec moi. » Je veux bien croire que ce langage n'ait été utilisé que dans certains milieux, mais même s'il n'a concerné qu'une part de l'ancienne façon de parler, comme il est significatif. « Combien d'enfants sont avec vous? » — « Appartenant à Dieu et confiés à ma garde, cinq enfants sont avec moi. » Nous sommes déjà beaucoup plus proches de la perspective hindoue.

Swâmiji a connu de près des Européens à partir de l'âge de soixante-cinq ans, et, selon ses propres paroles, ce fut une découverte pour lui de s'apercevoir que les parents européens étaient manifestement installés dans cette perspective : « C'est mon fils, c'est ma fille. » Alors que, selon lui, en dehors de toute question de yoga ou d'ascétisme, les parents hindous traditionnels jusqu'à ces dernières années ressentaient vraiment : « Je suis son père », « je suis sa mère ». L'Inde était une société dans laquelle l'être dominait sur l'avoir — au moins jusqu'à la libération (1947) et à la tentative des ministres qui entouraient Nehru pour faire de l'Inde un pays moderne, avec une mentalité moderne.

Être un père, être une mère, c'est le *dharma.* D'ailleurs on peut facilement vérifier sans avoir besoin d'aller en Inde, que beaucoup de pères et de mères qui sont en même temps des pédagogues ou des psychologues, sont beaucoup plus habiles avec les enfants des autres qu'avec les leurs. Vous amenez à un éducateur un enfant délinquant, un enfant mal aimé, un enfant ingrat. L'éducateur essaie de se mettre à sa place, de le comprendre, de lui parler son langage et il obtient des résultats. Puis le même éducateur qui a si bien su écouter un enfant délinquant ou caractériel est aveuglé quand il s'agit de son fils ou de sa fille à lui, parce que la situation se retourne et de nouveau : « c'est mon fils, c'est ma fille » reprend intérieurement le dessus, même si cela n'est pas clair et formulé consciemment.

Vous ne pouvez pas apprendre à un enfant à être heureux — ou plus exactement faire de lui un être heureux et peu à peu, à travers les années, un adulte heureux — si ce mode de relation : « c'est mon fils » n'a pas été complètement remplacé par : « je suis son père ». Il faudra une grande vigilance pour que cette habitude ne reprenne pas sans cesse le dessus. Tous les autres aspects de l'éducation doivent être soumis à celui-là. Et c'est complètement oublié. On décide de donner à l'enfant une certaine éducation qu'on considère comme juste, on essaye d'apprendre à l'enfant à ne pas peser trop lourd sur ses parents et à faciliter à peu près leur vie, en se comportant comme on considère qu'il doit se comporter. Ou bien, si on a un peu plus d'ambition, on veut pour lui une réussite telle que nous la concevons. Je ne parle même pas des éducations manifestement névrotiques par des parents manifestement névrosés, comme on en décrit à longueur de pages dans les livres de psychanalyse et de psychologie. Je dis que les parents que nous considérons aujourd'hui comme les plus normaux ont une certaine idée, enracinée dans leur inconscient et dans leurs conditionnements socio-culturels : voilà comment devrait être mon fils ou ma fille.

***

Et maintenant, je voudrais dire une seconde vérité étonnante à entendre. Bien que vos fils et vos filles soient nés de vos cellules sexuelles, de votre ovule et de votre spermatozoïde; bien que la mère ait porté l'enfant pendant neuf mois et que l'enfant soit la chair de sa chair; bien que vos enfants aient peut-être les yeux de leur père, la bouche de leur mère, le sourire de leur grand-père maternel ou de leur grand-mère paternelle, vos enfants sont des étrangers. Ne l'oubliez jamais, « appartenant à Dieu, un, deux, trois, quatre, cinq enfants sont confiés à votre garde ». Je ne nie pas l'hérédité ni les ressemblances physiques qu'on est si heureux de retrouver même parfois chez un tout-petit. Mais vos enfants sont des étrangers. L'enfant est un autre que vous.

Cette hérédité se retrouve même dans les thèmes astrologiques. Par exemple, si j'emploie l'expression abrégée, « je suis Gémeaux » (au moment de ma naissance, le soleil se trouvait dans la bande du zodiaque appelée les Gémeaux), il se trouve que mon père est Gémeaux et que mon fils l'est également. Si l'on tient compte aussi de « l'ascendant », qui est si important dans un thème, sans même parler des autres configurations, on s'apercevra peut-être que l'ascendant du père se retrouve dans la position du soleil de sa fille. Mais si vous confrontez le thème astrologique d'un père ou d'une mère avec celui de son fils ou de sa fille, vous verrez bien des différences. Si l'on comparait les thèmes astrologiques des parents et de leurs enfants, on verrait les points sur lesquels les parents comprendront facilement leurs enfants et les points sur lesquels les parents auront les plus grandes difficultés à saisir la vraie nature de ces enfants. Croyez-moi, l'univers d'un « Taureau ascendant Bélier » n'est pas l'univers d'un « Cancer ascendant Scorpion » — pour prendre des thèmes manifestement différents.

Cette différence, les parents ne peuvent pas la sentir si une réelle vigilance et compréhension ne s'éveillent en eux. Votre enfant, votre fils, votre fille, n'est pas « un autre vous-même » — jamais, jamais. Et les parents l'oublient. Ils se laissent tromper parce que la fille a la bouche de son père ou les yeux de sa mère. Vous connaissez l'expression : « la poule qui a couvé un canard ». J'ai eu la chance d'observer une poule qui avait couvé un canard : la poule était avec tous ses tout-petits poussins et, chaque fois que le caneton allait dans l'eau, elle était terrifiée. On avait donné un œuf de cane à couver à une poule et, dans la collection de poussins, il y en avait un que la poule ne paraissait pas reconnaître comme différent. Tout se passait normalement puis le petit canard alla patauger dans une mare et la poule fut affolée. Eh bien, en fait, toutes les mères sont des poules qui ont couvé un canard. Leurs enfants sont différents. L'autre est un autre, toujours, et c'est vrai pour nos fils et c'est vrai pour nos filles. Quelle vigilance il faut pour ne pas l'oublier!

Quelle vigilance il m'a fallu, et combien de fois, pour voir que j'allais trahir l'enseignement de Swâmiji. J'avais pourtant admis, accepté et même déjà exprimé ces vérités dans le premier tome des « Chemins de la Sagesse». Je me surprenais en violation flagrante de ce dont je suis en train de témoigner en ce moment. « C'est mon fils, c'est ma fille. » « Quoi? Il aime ça? Il s'intéresse à ça? Il trouve ça beau? Il s'émerveille de ça? » Chaque fois, c'est la poule qui a couvé le canard et ne peut pas supporter que ce poussin-là se précipite dans l'eau...

Voici un exemple personnel. Un jour notre fils — quel âge avait-il? moins de dix ans — est rentré à la maison avec des « magazines pour les jeunes » qu'on lui avait prêtés et qui paraissaient lui plaire beaucoup. Et un de ces journaux s'appelait « Terrific »[1]. On y voyait l'homme-araignée et l'homme de verre, les Vénusiens et les Martiens, un peu de terreur, beaucoup d'horreur et pas mal d'érotisme, le rayon laser et le rayon de la mort. Cette science-fiction, déjà étrange quand elle concerne des adultes, est franchement délirante dans des albums pour enfants. Tout y était! Les pouvoirs occultes mêlés aux armes mystérieuses, les seins, les cuisses, le sadisme, la frénésie, l'hallucination. Et voici Emmanuel heureux, épanoui, triomphant, ramenant « Terrific » à la maison.

« C'est formidable, y a les Vénusiens qui ont décomposé les molécules des Martiens, et, en s'alliant avec l'Homme-Araignée, ils ont libéré la Reine Zad-Rawaz du gang de XZ 27... » Je suis tombé dans le piège avant de réaliser : « Qu'est-ce que j'ai fait et comment vais-je le rattraper? » J'ai réagi comme la poule qui hurle en voyant son poussin-canard se précipiter dans l'eau : « Quoi? Tu aimes ça? Mais c'est malsain, il ne faut pas lire ça! » Cette réaction était un crime, c'est le mot que Swâmiji utilisait et, croyez-moi, Swâmiji ne laissait jamais échapper un mot qui dépassait sa pensée. « Crime. » Eh bien tâchons, si j'ai commis un crime, de vite cicatriser la blessure.

J'ai dû, avec une longue patience, effacer ma réaction de refus. Bien sûr qu'en profondeur et objectivement, je ne considérais pas ces bandes dessinées comme une nourriture favorable à un enfant. Mais, en manifestant ma désapprobation comme je venais de le faire, j'avais sinon tué, du moins

1. Je change le nom, mais à peine.

mutilé cet enfant. Il a fallu ensuite que je revienne en arrière, que je lui achète moi-même quelques numéros du « Terrific » et les regarde avec lui, que j'entre dans son jeu et, en quelques semaines, le petit garçon s'est complètement désintéressé de cette littérature et a même très bien compris quelles pouvaient en être les limites et même les dangers. Et pourtant, il n'avait que dix ans. Mais il a fallu que moi-même j'aille acheter avec lui différentes revues du même genre, que j'en parle avec lui, que je l'écoute m'en parler et qu'il sente combien j'étais « un avec lui ».

Vous, parents, vous aurez toujours à vous souvenir : « l'enfant est un autre que moi, mon fils est un autre que moi, ma fille est une autre que moi ». Mais vos fils et vos filles, qu'ils aient trois ans, cinq ans, dix ans, douze ans, doivent sentir : « Papa n'est pas un autre que moi », « Maman n'est pas une autre que moi ». A partir de cette non-dualité — la vôtre, pas celle de l'enfant avec vous, mais vous avec l'enfant — l'éducation devient possible. Car bien entendu, une éducation est nécessaire.

Ceux qui, dans une thérapie, ont retrouvé leurs émotions d'enfant encore toutes vivantes, sont plus à même de comprendre leurs filles et leurs garçons que ceux qui ont complètement enfoui leur propre enfance au fond de leur inconscient. Mais soyez certains qu'il n'y a d'éducation juste que sur cette base : être un avec l'enfant. Je suis pour lui. Et si, moi, je suis une poule et que j'ai couvé un canard, eh bien c'est à moi, poule, d'apprendre à ce canard à nager sur l'étang et pas à l'obliger à rentrer dans mon monde à moi.

***

A partir de là, d'autres vérités deviennent accessibles. Vous savez combien souvent j'ai dit et répété : « vivre dans *le* monde au lieu de vivre dans *son* monde ». Mais je peux vous affirmer que ceux qui ont entendu cette phrase pour la première fois il y a six ans n'ont pas encore compris tout ce qui est contenu dans cette simple parole. Vous ne vivez pas encore dans le monde réel; vous vivez encore plus ou moins dans votre monde subjectif. Et la Libération, ce ne sera jamais d'être libre du monde — parce que le monde sera toujours le monde —, la Libération ce sera d'être libre de son monde. Ces mots vont infiniment plus loin que vous ne pouvez le sentir tout de suite. Mais ce que vous sentez tout de suite est déjà juste.

L'éducation doit apprendre aux enfants à vivre dans le monde et non pas dans leur monde, parce que s'ils vivent dans le monde, ils seront heureux et s'ils vivent dans leur monde, ils seront malheureux. Plus votre monde est différent du monde, plus vous êtes malheureux. C'est aussi simple que cela. Une part de *leur* monde, qui va se trouver en dualité, en décalage avec *le* monde, les enfants l'apportent en naissant. Je reviens à ce que je disais tout à l'heure concernant le thème astrologique. Si un bon astrologue établit et explicite le thème d'un petit bébé, tant de choses peuvent déjà être dites concernant ce que cet enfant apporte en naissant. Ce qu'il apporte en naissant, c'est ce qui correspond à quelques grandes données du Vedanta et à des mots que vous connaissez : le *karma,* les *vâsanâs* et les *samskâras* — tendances latentes dans l'inconscient. Le thème astrologique de chaque petit bébé vous dit déjà de quelle manière cet enfant est prédisposé à vivre dans son monde au lieu de vivre dans le monde. Le monde n'est ni Bélier ni Taureau ni Gémeaux, Cancer ou Mercurien, Vénusien, Martien, etc. Ou le monde n'est rien de tout cela ou il est tout cela. Mais le monde d'un Taureau-Bélier étant forcément différent de celui d'un Poissons-Verseau, tous les hommes ne vivent pas dans le même monde. Sinon tous les thèmes astrologiques seraient presque semblables. Or ce n'est pas le cas.

Par conséquent, tout être humain, à cause de son karma, de ce qu'il apporte en naissant et qui passe éventuellement par l'hérédité (il ne faut pas établir à tout prix des contradictions entre l'ancienne connaissance et les connaissances modernes mais voir au contraire comment elles peuvent être complémentaires), tout enfant naît avec un inconscient déjà plein de ce qu'on appelle en Inde des « semences ». Elles resteront peut-être à l'état latent puis, à un moment ou à un autre, comme si la graine qu'on a gardée longtemps en sac était mise en terre, arrosée et exposée au soleil, les semences germent en demandes, en désirs, en pulsions et en actions.

Un enfant ne naît pas comme une page blanche. L'enfant naît avec tout un passé inscrit dans son inconscient, donc un apport qui va arriver à maturité aux différents âges de la vie. Une des semences latentes les plus manifestes est celle de la sexualité, qui s'éveille, germe et produit ses fruits au moment de la puberté, mais il y en a bien d'autres. Un destin individuel n'en est que le déploiement.

Un enfant est déjà né avec des prédispositions à ne pas vivre dans le monde mais à vivre dans son monde. Le but de l'éducation est donc de lui apprendre à vivre dans le monde. Or qu'est-ce qui se passe? C'est que les parents vivent eux aussi dans leur monde; leur monde qu'ils ont apporté en naissant et qui n'a fait que se cristalliser, soit par imitation de ce qui les a impressionnés dans leur enfance, soit par réaction contre ce qui a été douloureux pour eux dans cette enfance. Et les parents, puis d'autres personnes influentes, des grands-parents, une tante ou un oncle, des maîtresses de la petite école, des maîtres de la grande école, tous les éducateurs, vont avec la meilleure bonne volonté projeter sur l'enfant leur monde à eux.

L'enfant vient au monde avec des prédispositions inconscientes à vivre dans son monde particulier et c'est à partir de là que l'éducation devrait intervenir. Or, au contraire, ce qui se passe, c'est que la situation est aggravée parce que les éducateurs projettent leur monde à eux sur l'enfant.

Voilà un enfant qui est né avec le Soleil aux Poissons, l'Ascendant au Verseau, et qui a une certaine façon d'appréhender le monde; et voilà qu'un père ou une mère va, soit renforcer ces tendances, soit au contraire les contrecarrer et essayer d'en imposer d'autres suivant ses propres caractéristiques conscientes et surtout inconscientes. Depuis la Tour de Babel, les êtres humains vivent dans cette incompréhension et cette « confusion des langues »; personne ne comprend vraiment personne, sauf ceux qui ont passé par tout un cheminement intérieur. Mais, comme si on est Français on utilise la langue française, on pense qu'on se comprend, simplement parce qu'on parle le français. La « confusion des langues », au sens ésotérique du mot, ne signifie pas que l'humanité parlait d'abord une seule langue et qu'à partir de la Tour de Babel on s'est mis à parler un dialecte différent dans chaque contrée, mais que les Verseau ont parlé le Verseau, les Gémeaux le Gémeaux et les Scorpion, le Scorpion; et comme les thèmes astrologiques sont indéfiniment plus complexes, chaque être humain ne parle que sa langue.

Chaque corps physique est différent. Chaque empreinte digitale est différente. Et chaque corps subtil est différent aussi. Voyez combien c'est vrai que pour éduquer, il faut être éducateur ou il faut avoir l'être d'un éducateur. Sinon on peut croire qu'on éduque mais, de bonne foi, on aggrave la situation. Si nous cherchons la racine latine, « é-ducation » veut dire : « conduire hors de ». « Conduire dans » serait « in-ducation ». Il ne s'agit pas de conduire l'enfant dans toutes sortes de vertus et de sagesses, il s'agit de le conduire hors de son infantilisme, hors de son monde, pour vivre dans le monde véridique.

La question de l'éducation m'a doublement intéressé auprès de Swâmiji; d'abord parce que j'ai compris à quel point ma propre enfance avait été déterminante dans mon être d'homme de quarante ans et aussi parce que tout n'était pas trop tard avec notre fille et notre fils. J'ai souvent parlé d'éducation avec Swâmiji, moins souvent même qu'il n'aurait été heureux de le faire, parce que j'étais trop pris par mes propres nœuds, mes propres problèmes, mes propres demandes, autrement dit mon propre inévitable égoïsme (moi, moi, moi). Swâmiji qui enseignait à travers des expressions toutes simples m'a dit un jour : « *just to show him what is what* », « juste lui montrer quoi est quoi », lui montrer ce qui est, en sanscrit : « *tatva* », juste ce qui est, qu'on a traduit en anglais par « *isness, thatness, suchness* », le fait que les choses soient ce qu'elles sont.

Montrer à l'enfant ce qui est et lui apprendre à être dans le monde, c'est le secret de son bonheur. Je vous ai dit : le but de l'éducation, c'est de faire des êtres humains heureux. S'ils sont heureux, c'est gagné; s'ils sont malheureux, c'est perdu.

Et le secret du bonheur, ce n'est pas d'avoir beaucoup d'argent, d'être célèbre, d'avoir un métier passionnant, ce n'est pas d'être comblé affectivement, le secret du bonheur c'est d'être capable de vivre dans *le* monde et de voir le monde tel qu'il est. N'oubliez jamais cela. N'avez-vous pas rencontré des êtres humains qui ont tout pour être heureux selon les normes de notre société, et qui sont terriblement malheureux et d'autres qui paraissent réellement défavorisés et qui sont rayonnants?

J'ai approché des êtres dont la vie était très défavorisée. Pour rien au monde je n'aurais voulu de leur existence obscure, frustrée socialement, financièrement, professionnellement, que sais-je encore! Mais je ne pouvais pas nier qu'ils étaient heureux et que moi je ne l'étais pas. Plus vous vivez dans votre monde, qui ne coïncide pas avec le monde, moins vous êtes heureux. Éduquer c'est donc conduire les enfants hors de leur monde subjectif pour leur enseigner à vivre dans le monde objectif.

Et cela n'est pas fait, sinon il y aurait beaucoup moins de gens malheureux dans la société française où les grandes causes de souffrance, les cataclysmes naturels, les épidémies et les guerres ont disparu depuis 1945. N'est-ce pas étonnant, si on s'arrête un instant pour réfléchir, de constater cette épidémie de souffrance qui se répand partout, ce désarroi, cette incapacité à vivre. Je répondais ce matin à la lettre d'une professeur de Yoga qui m'écrit : « Je suis débordée par les souffrances de mes élèves. » En France, en Allemagne de l'Ouest, en Angleterre, aux États-Unis, il n'y a ni tremblements de terre comme au Bengladesh ou en Italie, ni guerre civile. Nous sommes, en Europe de l'Ouest, des pays comblés depuis 1946.

Qu'est-ce que cette épidémie de souffrance que rien ne justifie vraiment? Après viennent les rationalisations : je ne suis pas heureux dans mon métier, je ne peux pas m'épanouir, je ne peux pas m'exprimer; j'en suis à mon troisième divorce, ma nouvelle femme ne me comprend pas, j'ai trop de problèmes avec les enfants de mon premier mariage... Qu'est-ce aussi que cette épidémie d'échecs conjugaux, de plus en plus, de plus en plus, et un divorce, et un nouveau divorce? Comme l'a dit le *Vishnou Purana* il y a deux mille et quelques années : « Le jour où les castes seront mêlées et où la famille elle-même sera détruite... » — Qu'est-ce que cette incapacité à remplir une des fonctions les plus normales et naturelles de l'homme, être un père et être une mère, autrement dit ne pas divorcer deux ou trois fois, tant que les enfants sont encore jeunes?

Tout vient d'un échec de l'éducation. De plus en plus, les êtres humains vivent dans leur monde et de moins en moins dans le monde. Je cite un petit exemple dans les « Chemins de la Sagesse ». C'est Swâmiji qui l'avait utilisé. Un enfant court et, sans faire attention, se cogne contre une table. Ses parents disent : « Oh, vilaine table, méchante table qui a fait mal à Janot. » Et les parents tapent la table. Une fois encore, Swâmiji a employé le mot : « c'est un crime ». L'enfant avait une possibilité de voir « *what is what* », « qui est quoi ». Il a couru, il n'a pas regardé, il n'a pas fait attention, il s'est cogné contre la table en rentrant dedans à toute vitesse, il s'est peut-être fait mal, il crie, et pour consoler l'enfant on dit : « Vilaine table, méchante table qui a fait mal à Janot, pan! tiens, vilaine » et on tape la table.

J'étais rentré en France depuis quelques semaines, et voici que cet exemple précis se déroule sous mes yeux. Je vois un enfant qui court, qui se cogne contre un meuble et les parents lui disent : « Oh le meuble est méchant, il est vilain, il t'a fait mal, on va punir le meuble. » Swâmiji avait employé l'expression : « *You kill the child* ». Vous tuez l'enfant. Est-ce vraiment cela lui apprendre à vivre dans la vérité? C'est l'engager encore plus dans la contradiction entre le monde et son monde. Dans le monde, quand on court très vite sans regarder et qu'on rentre dans une table, ça fait mal. Dans mon monde, la table ne devrait pas être sur mon chemin et c'est tout.

***

Il ne faut pas qu'un exemple aussi simple vous aveugle quant à l'ampleur de ce qui est en cause. C'est la future capacité à être heureux ou au contraire à vivre dans la souffrance qui est en jeu. Le bonheur et la souffrance ne sont pas directement liés à l'avoir; sinon la souffrance ne pourrait jamais disparaître et aucun Sage ne pourrait affirmer qu'il en est libre. Un ermite dans sa grotte n'a rien — et il est heureux. Certains hommes ou femmes comblés ont tout et sont malheureux.

Par contre, le bonheur et la souffrance de l'adulte sont liés très directement à ce que l'enfant a eu et n'a pas eu, a reçu et n'a pas reçu, physiquement, émotionnellement, intellectuellement — et même, sexuellement. Il y a chez l'enfant une certaine sexualité qui ne doit pas troubler ni dérouter et, si l'on a le cœur pur, on peut très bien y faire face sans s'inquiéter, sans penser qu'on va faire de l'enfant un vicieux, un obsédé sexuel, un petit qui se masturbe du matin au soir. Seulement, comme les pères et les mères ne sont pas libres de leur propre sexualité, il leur est difficile d'être ouverts, neutres et bienveillants devant des petites demandes érotiques de l'enfant. Il n'y a pas de doute que des petits garçons ont une attitude très sexuelle avec leur mère, et des petites filles avec leur père, même si la sexualité proprement dite n'est pas éveillée, c'est-à-dire que la puberté n'a pas commencé. Si cette demande est satisfaite, elle est dépassée et l'enfant est beaucoup plus libre.

Mais ce qui est moins subtil à comprendre c'est que l'enfant a surtout une demande non pas sexuelle mais sensorielle d'être touché, massé, caressé, étreint, qu'il a une demande émotionnelle ou affective d'amour et qu'il a une demande intellectuelle : il faut qu'on lui explique, il faut qu'on réponde à ses questions, il faut donc qu'on lui montre. L'enfant veut apprendre, il veut savoir. Le bonheur chez l'adulte n'est que partiellement lié à ce qu'on a ou à ce qu'on n'a pas. Chez le Sage il n'est plus du tout dépendant de l'avoir. Mais, pour préparer l'enfant à devenir un adulte, ce qu'il a ou ce qu'il n'a pas est important.

Éduquer, c'est aussi conduire peu à peu l'enfant hors du besoin impérieux d'avoir, pour qu'il soit libre à cet égard. Il « aura » ou « n'aura pas » dans l'existence, cela dépend de conditions et de circonstances variées, de son « karma », et, de toute façon, l'existence ne lui donnera jamais tout ce qu'il voudra avoir. Tout le monde ne peut pas être une grande vedette, un Premier ministre ou un milliardaire. Mais, pour conduire peu à peu l'enfant vers la non-dépendance, il faut d'abord qu'il reçoive.

L'adulte accompli est celui qui peut dire : « J'ai fait ce que j'avais à faire, j'ai reçu ce que j'avais à recevoir, j'ai donné ce que j'avais à donner. »

Et, si l'adulte a encore besoin d'accomplir et d'exprimer, que ce ne soit pas sur le fondement de l'esclavage et de la souffrance. Cette parole s'applique à l'enfant. Et quelle tragédie — j'emploie encore ce mot — que ces enfants de huit ans, douze ans, seize ans, dont le cri du cœur serait : « Je n'ai pas reçu ce que j'avais à recevoir, je n'ai pas fait ce que j'avais à faire, je n'ai pas donné ce que j'avais à donner » — ni comme petit enfant, ni comme adolescent. Nous vivons dans une société qui a réussi un exploit génial. C'est l'arme absolue à côté de laquelle la bombe à hydrogène ou la guerre bactériologique ne sont rien. Notre société a fait beaucoup mieux. Elle s'est constituée de telle façon que les pères ne peuvent plus être des pères et que les mères ne peuvent plus être des mères. Il n'y avait pas à chercher d'arme plus destructive pour plonger l'humanité dans la souffrance.

Pendant des années, j'ai observé et étudié les relations entre parents et enfants. Une part de ma « sadhana » a été fondée sur l'exercice de la paternité et j'en ai été encore plus bénéficiaire que notre fils et notre fille.

Seulement cela demande d'être déjà considérablement comblé soi-même et donc disponible. Si l'adulte a trop de demandes, s'il est encore un enfant qui a besoin de recevoir, comment peut-il être libre pour donner? Toute son énergie passe dans ses accomplissements sentimentaux, sexuels, affectifs, professionnels, sportifs, culturels à lui. « L'enfant est fait pour demander et recevoir, l'adulte est fait pour entendre la demande et pour donner. » Et par rapport à cette simple affirmation, nous pouvons mesurer si nous sommes de vrais adultes ou si nous sommes demeurés infantiles. L'éducation consiste à conduire un petit être de la situation où il ne peut que demander et recevoir, à celle où il sera capable d'entendre la demande et de donner — au moins relativement.

Dans les premiers mois et les premières années, le rôle de la mère est primordial puis le rôle du père devient de plus en plus important et pas seulement en donnant intellectuellement et en expliquant à l'enfant, par exemple, les lois de Mandel sur l'hérédité, quand il commence à poser des questions sur la procréation et la manière dont les enfants viennent au monde.

Les sociétés traditionnelles, que ce soit l'Islam, le Christianisme, l'Hindouisme ou le Bouddhisme, étaient fondées sur cette vérité essentielle redécouverte aujourd'hui mais trop tard : la partie se gagne ou se perd dans l'enfance. Le bonheur d'un adulte se décide dans l'enfance. Après, on peut seulement essayer de redresser la situation. C'est la tâche des psychothérapeutes, des psychanalystes — et des gourous. Mais ce ne pourra pas être fait pour une collectivité entière. Je ne fais pas intervenir la considération de « *samskâras* » d'existences antérieures, si ce n'est pour dire que l'enfant naît avec des prédispositions et des « latences » qui sont les siennes.

Le but de l'existence humaine, c'est le bonheur, « *ananda* ». Trouvez votre bonheur dans la gloire, dans le jardinage, dans le total don de vous et le sacrifice aux autres, où vous voudrez, pourvu que vous soyez heureux.

En vérité, l'expérience montre que le réel bonheur non dépendant ne se trouve pas dans l'égoïsme. Chacun doit le découvrir par soi-même. Le but, la raison d'être de la vie humaine, c'est le bonheur. Le résultat n'est pas concluant si l'on regarde en soi d'abord et ensuite autour de soi. Et c'est dans l'enfance que tout se décide; après on peut seulement essayer de rattraper. Mais cela ne pourra être accompli que pour des cas isolés, individuels, et non pour l'ensemble d'une société.

Les mondes anciens le savaient bien et la société était fondée sur la famille. Aujourd'hui la question du divorce, par exemple, est toujours envisagée en fonction des adultes, des parents qui divorcent ou qui ne divorcent pas : « Est-il possible d'admettre qu'une femme malheureuse avec son mari reste son esclave pendant une vie entière? » Si l'on donne ce genre d'argument, la réponse est : Bien sûr que non. Cela, c'est le point de vue des féministes. Et le point de vue inverse sera : « Certaines femmes sont tellement contraignantes, accaparantes, castratrices pour leurs maris qu'on comprend que ceux-ci pour « vivre », pour s'épanouir, soient obligés de se séparer d'elles. »

D'accord. Seulement, quand il n'y a plus des pères qui sont des pères et des mères qui sont des mères et qui sont ensemble un père et une mère, ce sont les enfants qui en souffrent et qui, donc, ne pourront pas être des adultes unifiés. Eux-mêmes seront des adultes infantiles, donc à leur tour incapables d'être des pères et des mères. C'est un cercle vicieux tragique, sauf si s'éveille en vous cette ambition : je veux être un père, je veux être une mère et je le veux même avec ce que j'ai d'égoïsme, dans la mesure où je veux progresser moi-même vers la paix et la libération. Un chemin royal vers la sagesse consiste à devenir vraiment un père ou vraiment une mère.

Égocentrique comme je l'étais, j'aurais été incapable de m'engager dans cette voie si ç'avait été seulement pour mes enfants. Je l'ai fait parce que j'ai compris que je le faisais aussi pour moi. Et c'est alors réellement devenu mon but. Et être un père ça implique aussi d'aider la mère à être une mère. Un homme qui essaie d'être un bon père mais qui est un trop mauvais mari ne met pas son épouse en condition d'être une mère; par conséquent, il n'est plus un père. Cet aspect de l'enseignement de Swâmiji concernant le « dharma » était parfois dur à entendre. Inversement, une mère qui n'est pas une épouse ne met pas le père dans les conditions convenables pour être un père; par conséquent, elle n'est plus une mère.

***

C'est dans ce cadre essentiel que certaines directives données par des pédiatres ou des pédagogues de métier sont intéressantes, précieuses même et utilisables; mais c'est seulement dans ce cadre essentiel qu'elles peuvent être appliquées. Sinon, elles ne sont que des gouttes d'eau pour fertiliser un désert. Pour éduquer, il faut qu'il y ait un éducateur. Si les manuels d'éducation, qu'ils soient français ou traduits de l'américain, s'adressent à des hommes et des femmes qui les lisent mais n'ont pas l'être d'un éducateur, comment peuvent-ils les mettre vraiment en pratique?

Nous sommes loin de ces anciennes sociétés fondées sur la famille, sur la possibilité pour les mères d'être vraiment des mères (sauf exceptions bien sûr, des exceptions il y en a toujours eu, je ne le nie pas), pour les pères d'être des pères et pour le couple papa-maman d'être papa-maman pour l'enfant. Ces sociétés anciennes sont considérées aujourd'hui comme des sociétés d'asservissement, d'asservissement de la femme notamment. C'est encore une erreur, même du point de vue des femmes. J'ai beaucoup étudié, soit dans les livres, soit dans l'expérience de la vie, en Europe et en Asie, la condition féminine et la question de l'émancipation de la femme. Si émanciper les femmes fait qu'elles ne peuvent plus être des mères, les femmes elles-mêmes sont perdantes.

Les femmes qui écrivent sur l'émancipation de leurs sœurs ne parlent jamais pour elles mais au nom de toutes leurs « sœurs », comme si elles voulaient libérer rétroactivement toutes leurs compagnes qui ont tant souffert depuis toujours dans des mondes phallocratiques, — sauf quelques sociétés exceptionnelles —, libérer toutes les femmes du passé, du présent et de l'avenir. Or, le programme proposé pour cela aurait comme effet manifeste et patent d'interdire aux mères d'être mères, ce qui fait que leurs petites filles seraient plus tard des femmes malheureuses. Cela ne peut pas être autrement. Et vous aurez beau chercher à libérer les femmes de l'oppression de l'homme et de la phallocratie, si vous les empêchez d'être des mères, soyez certains que leurs fils seront peut-être malheureux plus tard et les femmes seront vengées, mais leurs filles aussi seront très malheureuses et les femmes en général n'y auront rien gagné. Vous ne pouvez pas nier la loi. Ni les petits garçons ni les petites filles ne peuvent se passer d'une mère. Et si les mères ne sont plus des mères, ce sont tous les hommes et toutes les femmes qui, à l'âge adulte, ne seront pas unifiés, n'auront pas reçu ce qu'ils avaient à recevoir et pas donné ce qu'ils avaient à donner.

Si vous voulez comprendre ces sociétés dites « d'oppression », l'ancienne chrétienté, l'Extrême-Orient, le monde hindou, l'Islam et le Judaïsme traditionnels, vous avez là une clé — et une clé éminemment moderne : la partie se joue dans l'enfance. Si les pères sont des pères et les mères des mères, à mesure que les petits enfants deviendront adultes, ce seront des adultes é-duqués, capables de vivre, et pas seulement de se heurter, de se blesser, de se faire de plus en plus mal, de crier « au secours » et de vivre au Valium, au Tranxène, au Serestat et au Nosinan. Ces tranquillisants n'étaient pas nécessaires dans l'Afghanistan que j'ai encore connu, dans l'Inde où j'ai vécu et chez les Tibétains avant l'annexion du Tibet par la République populaire de Chine. La souffrance, elle était là dans les guerres, dans les cataclysmes naturels, dans les maladies et les deuils. Mais elle n'était pas généralisée comme elle l'est aujourd'hui.

Si vous comprenez l'importance d'une famille digne de ce nom, vous verrez que c'est le pilier central de l'édification des sociétés anciennes. C'est à partir de là que les autres structures s'expliquent. Et je maintiens que c'est une idée éminemment moderne, puisque c'est la grande redécouverte des psychologues depuis Freud et même avant lui.

***

Maintenant, concrètement, que pouvez-vous tirer de ce que j'ai dit aujourd'hui? Se contenter d'émettre des opinions sur l'éducation ne présenterait aucun intérêt. Si vous n'avez pas d'enfants, vous pouvez essayer de vous comprendre vous-mêmes en réfléchissant à l'éducation que vous avez reçue — non pas pour vivre dans la rancune et le regret, mais pour voir plus clair dans ce que vous êtes aujourd'hui.

Vous êtes le fruit de ce que vous avez apporté en naissant, c'est vrai — et de votre éducation. Avez-vous ou non été conduits hors de la dépendance, de l'infantilisme, hors de votre monde pour vivre dans le monde, hors de la nécessité impérieuse d'avoir, afin d'être libre de l'avoir? Une bonne part de ce que nous appelons le Chemin ou la « *sadhana* » consistera, pour chacun de vous, à accomplir ce qui n'a pas été accompli, à tenir compte avec amour de l'enfant en vous et, avec l'aide de l'Enseignement, à vous donner à vous-mêmes l'éducation que vous n'avez pas pu recevoir.

Ce n'est pas au gourou seulement de vous donner cette éducation. Le gourou, vous le voyez bien, ne peut pas vivre chez vous pendant quinze ans, ni vous garder tous auprès de lui et s'occuper de vous du matin au soir. Ne tombez pas dans cette illusion : maintenant, c'est le psychothérapeute ou le gourou qui va faire le travail que les parents auraient dû faire. Non. C'est vous, avec l'aide de l'enseignement, qui allez l'accomplir. C'est ce qu'il y a d'adulte en vous qui va s'occuper de l'enfant en vous.

L'enfant en vous se manifeste sous la forme de toutes vos demandes, vos innombrables demandes. Les différents personnages que vous pouvez reconnaître en vous, le don Juan, le romantique, l'ambitieux, le vaniteux, le tyran, etc., sont des visages d'enfant — d'enfant qui n'a pas reçu, d'enfant qui n'a pas été éduqué. Un adulte n'a pas besoin d'être admiré, un adulte ne s'effrondre pas s'il est critiqué — un enfant, oui. Et c'est ce qu'il y a d'adulte en vous qui peut prendre en charge votre propre éducation, avec l'aide du gourou. Mais ce n'est pas le gourou qui peut vous tenir lieu de père et de mère.

Et pourtant je vous affirme, et j'en porte témoignage, que cette éducation peut être accomplie. Vous avez à considérer toutes les demandes qui sont en vous comme un bon père et une bonne mère, qui auraient de très nombreux enfants, considéreraient leurs demandes. Nous avons, nous éducateurs, à être un avec l'enfant, et j'ai commis une lourde faute le jour où j'ai bondi intérieurement et extérieurement en voyant revenir mon fils à la maison, triomphant, si heureux, avec tous ces exemplaires de « Terrific » entre les mains. Et vous portez beaucoup d'enfants en vous, vos principales « *vâsanâs* », vos principales demandes. Si mon enfant revient un jour chez nous triomphant parce qu'il a onze ans et qu'on lui a prêté à l'école des revues pornographiques danoises et, avec un vocabulaire de gosse qui ne comprend rien à la sexualité, il dit quelques énormes obscénités en montrant ces photographies, je dois aussi être un avec lui, immédiatement. Ensuite, c'est à moi de le conduire hors d'une vision fragmentaire et personnelle du monde pour l'amener à une vision totale et équilibrée de ce monde.

De même, vous constatez peut-être en vous des demandes sexuelles associées à des bizarreries ou à des phantasmes. Très bien, c'est un des nombreux enfants que vous devez éduquer. Soyez un avec lui; ne le jugez pas; ne jugez pas cet aspect de vous-même. Et prenez en charge votre éducation. Considérez qu'il y a en vous plusieurs enfants correspondant à vos principales demandes et que vous allez les éduquer avec amour, sans condamner. Je vais accorder quelque chose à cette demande ou je vais faire en sorte que l'existence puisse le lui donner.

L'une d'entre vous m'a donné un jour un exemple bien choisi : « J'ai compris que mon corps a été trop frustré de contacts physiques et ces contacts physiques, ce n'était pas uniquement faire l'amour; par conséquent j'ai décidé que j'allais me faire masser, sans avoir particulièrement besoin de soins en kinésithérapie; je vais donner à mon corps les contacts physiques dont il a besoin. » Voilà une parfaite illustration de ce rôle d'éducateur que nous jouons par rapport à nous-mêmes. Au lieu de juger, je constate. Je vais être un bon père ou une bonne mère pour cet aspect-là de moi et je vais faire en sorte que mon corps reçoive ces contacts physiques dont il a besoin.

Et puis je vois que j'ai besoin de certains contacts émotionnels. Bien, je vais offrir à cette part de moi certaines rencontres dont je sais qu'elles me donneront la chaleur et l'amitié dont cette part a besoin. La sadhana commencera pour vous par cette éducation que vous vous donnerez à vous-mêmes. Ce qu'il y a d'adulte en vous va s'occuper avec compréhension, sympathie et intelligence, de ces différents personnages qui sont en vous et qui représentent des visages de l'enfant que vous avez été. J'ai reçu hier une très belle lettre de l'une d'entre vous, qui me dit : « J'ai compris que les demandes qui sont en moi étaient comme des enfants dont j'ai à m'occuper avec amour et j'utilise mon long voyage pour satisfaire ces demandes, comme je m'occuperais de différents enfants si j'étais une bonne mère. »

Comment allez-vous mettre en pratique ce que nous avons vu ensemble aujourd'hui? Par la vigilance. Tout va reposer sur la vigilance, et votre capacité à voir comment vous trahissez la vérité. C'est la première nécessité; je me surprends en train de bafouer ces principes. Je me vois en train d'exiger : c'est mon fils, c'est ma fille, il n'a pas le droit d'aimer ça, il n'a pas le droit de ne pas aimer ça, il doit vouloir ceci, il doit se conduire comme cela. Éduquez d'abord l'éducateur, Surveillez-le : veillez sur lui. Et prenez-vous en flagrant délit de tourner le dos à ces vérités. Sinon, pleins de bonne volonté, vous continuerez les mêmes erreurs. Une très grande vigilance est nécessaire et beaucoup d'honnêteté avec soi-même.

***

Maintenant, je vous affirme une vérité encourageante. La plupart des erreurs peuvent être réparées. Encore faut-il ne pas persévérer dans l'erreur et prendre les mesures nécessaires pour la réparer. J'ai manifestement fait une erreur le jour où j'ai écrasé notre fils de ma stupéfaction et de mon refus quand il est revenu émerveillé d'une littérature dont je ne souhaitais pas qu'il se nourrisse. J'ai senti que j'avais commis une maladresse et je l'ai minutieusement réparée.

Aujourd'hui, ce garçon a une vue objective, non émotionnelle, de ce genre de littérature. Cet incident n'a pas gravé en lui le *samskâra* que ce genre de livres est maudit et que ceux qui les lisent sont perdus. Parce que le but n'est pas non plus qu'un adolescent soit coupé des lecteurs de ce genre de livres et ne puisse plus les comprendre, c'est-à-dire les inclure en lui. Emmanuel est libre vis-à-vis de cette littérature. Il peut lire un journal semblable s'il lui tombe entre les mains, sans qu'un *samskâra* énorme ait été gravé dans son inconscient : « Attention! ne pas toucher, c'est maudit. »

Il y aurait beaucoup à dire aussi sur les *samskâras* créés par l'éducation, que vous considérez comme des bons « samskâras » mais qui empêchent les jeunes trop bien élevés d'être « un avec » les différentes facettes de l'humanité. De même un enfant, une fois devenu adulte, doit pouvoir feuilleter une littérature pornographique sans être ni attiré, ni repoussé. C'est ça, être dans *le* monde, et non pas créer des systèmes de répulsion qui font que, si un jeune homme arrive près de la rue Saint-Denis à Paris (rue où il y a le plus grand nombre de prostituées au mètre carré de trottoir), un mécanisme se déclenche en lui qui l'oblige à fuir cette rue maudite. Les erreurs peuvent être réparées; il suffit de s'en donner la peine.

Deuxième vérité : une nouvelle chance est donnée aux éducateurs au moment de la puberté. C'est une telle transformation que tous les dynamismes intérieurs sont remis en cause; dans l'inertie des habitudes, tout se met à bouger. Et l'éducateur qui saurait saisir sa chance pourrait rattraper beaucoup des erreurs qu'il a commises quand l'enfant avait un, cinq, six ou dix ans.

***

Enfin un dernier point, le plus important et je l'ai gardé pour la fin : l'éducation ne consiste pas à remporter des victoires immédiates et à obtenir des résultats immédiats. C'est aussi une erreur tragique. Tout de suite, le résultat! Il est coléreux, il faut sur l'instant qu'il soit calme. Il est grossier, insolent avec son père ou sa mère, il faut tout de suite qu'il devienne gentil et respectueux.

Il n'y a aucune éducation possible dans ces conditions. Puisque l'éducation consiste à faire d'un enfant un être heureux, interprétez ce que vous appelez grossièreté, insolence, dissipation, vice, perversion, en termes de souffrance. Il n'est pas heureux.

Un enfant vraiment heureux ne vous pose aucun problème.

Moins l'enfant est heureux, plus il vous pose de problèmes. Par conséquent, attachez votre vigilance à ce principe : ce n'est qu'une question de souffrance. Premièrement, ce n'est pas *mon* fils, je suis *son* père ou je suis *sa* mère. Deuxièmement, il n'est pas méchant, ni vicieux, ni mal élevé : il souffre plus ou moins. Il souffre peut-être de ce qu'il a amené en naissant, c'est-à-dire des « samskâras » de vies antérieures qui expliqueraient pourquoi l'enfant crie, gémit, prend peur, refuse alors que nous n'en comprenons pas la cause — au moins dans les premières années jusqu'à ce que les impressions de cette vie-ci aient étouffé celles des existences précédentes. Et puis l'enfant commence à souffrir de nos propres erreurs.

Interprétez tout en termes de souffrance. Je vous citerai un exemple véridique. Un enfant, déjà sensibilisé par des traumatismes anciens, se sent trahi et crie en pleine rue à son père : « Salaud! Salaud », puis se tourne vers sa mère : « Et toi aussi, salope! » Même s'il y a des témoins à cette scène peu flatteuse pour l'ego des parents, entendez la voix de la vérité en vous : « Il souffre » — rien d'autre! Ni : « il est mal élevé », ni « il ose me faire ça à moi ce petit con, de me traiter de salaud publiquement devant des gens scandalisés ». Il souffre. C'est tout.

Accrochez votre vigilance à cette vérité : il n'existe rien d'autre dans le monde que la souffrance et les réactions à la souffrance, les tentatives folles ou habiles pour échapper à la souffrance. Si l'enfant est émotionnellement mutilé, ces manifestations de désespoir bien plus que d'agressivité peuvent se reproduire plusieurs fois car, malgré vos efforts, sa souffrance profonde se maintiendra un certain temps.

Pour redresser la situation révélée par cette phrase : « Salaud! salaud! et toi aussi, salope! » en pleine rue, il a fallu un an, un an et demi, deux ans. Eh oui. Si le père avait paniqué ou exigé pour sa propre satisfaction d'obtenir coûte que coûte, tout de suite, un résultat, c'était fini. Il faut une longue patience et une longue persévérance. C'est quand vos fils et vos filles auront vingt ans que vous jugerez du succès ou de l'échec de l'éducation que vous leur avez donnée, et non parce que tout de suite ils vont se plier à vos exigences ou vous faire honneur.

Je termine donc sur une note de confiance et non de consolation. Je vous promets que vous pouvez en grande partie réparer les erreurs que vous avez faites. Il suffit que change votre point de vue et que vous puissiez vous établir dans cette compréhension : c'est mon fils et il souffre; c'est ma fille et elle souffre. A partir de là vous serez en mesure de faire des miracles.

Les adolescents cherchent tellement quelqu'un qui va les écouter, les entendre, les comprendre et les aimer, Maharishi Mahesh Yogi, Guru Maharaji, que sais-je, ou bien un leader politique, un meneur, un chef. Est-ce si difficile d'avoir un peu de sympathie pour ses propres enfants même s'ils ne correspondent pas à ce que nous attendions? C'est difficile si vous êtes débordés par votre égoïsme. Mais souvenez-vous qu'écouter vos enfants, chercher à les comprendre, c'est la grande sadhana pour vous. En même temps que vous allez être des gourous — enfin — pour vos propres enfants, vous allez suivre le grand Chemin qui vous conduit à être adulte un jour et passer de l'adulte au sage. Vous serez gagnants sur toute la ligne. En même temps que vous éduquez vos enfants, vous vous éduquez vous-mêmes. Le Yoga-de-père et le Yoga-de-mère est un Yoga royal. Et cela c'est vraiment Swâmi Prâjnanpâd qui me l'a enseigné.

7

QU'EST-CE QUE TU SAIS FAIRE?

Je voudrais reprendre certains points concernant le mode d'emploi, si je peux m'exprimer ainsi, de l'Enseignement et dire quelques vérités simples mais qu'il ne faut pas oublier. Plus vous aurez des idées claires sur ce Chemin, plus il vous sera facile d'y progresser tandis que, si vous vous lancez sans avoir réfléchi, vous ne saurez pas ce qui vous est demandé, quelle doit être votre attitude, où vous allez mettre les pieds. Pour suivre un Chemin, puisque c'est une image bien ancienne, il faut avoir si possible une carte, en tout cas des indications assez précises. Même si je m'efforce de rendre le plus simple possible ces idées anciennes, elles sont souvent bien plus loin de notre mentalité habituelle qu'elles n'en ont l'air. On ne voit pas toujours les différents éléments compris dans une parole et à quel point « cela va peut-être plus loin qu'on ne le pense d'abord ».

La première vérité qui doit être rappelée, c'est que le Chemin se confond avec votre existence. Vous ne pouvez pas d'un côté gâcher votre existence, en faire une existence médiocre, décevante, et en même temps avoir un grand accomplissement spirituel. Si votre existence est une existence de moine zen, réussissez une existence de moine zen, si votre existence est une existence de moniale trappistine, réussissez votre existence de moniale trappistine et si votre existence comprend un métier et une famille, réussissez votre vie dans le siècle. Vous ne pouvez pas distinguer les deux et compenser l'échec d'une destinée par des rêveries spirituelles ou même des pratiques de yoga et de méditation.

Réussir son existence est une affaire personnelle et individuelle. Il ne s'agit pas d'imiter un modèle stéréotypé, mais de réussir son existence à soi. Si vous êtes en paix, contents, satisfaits, vous avez gagné, que vous soyez premier ministre ou menuisier à Biollet. Ne croyez pas qu'il s'agisse ici de ce qu'on appelle communément « la réussite ».

Une existence réussie, c'est une existence qui nous conduit à l'harmonie avec nous-mêmes, la détente, la paix, la sérénité. A défaut d'être un Sage, avec un S majuscule, une certaine dose de sagesse est nécessaire. Swâmiji distinguait en anglais deux mots : *the wise man,* l'homme sensé, qui ne raconte plus n'importe quoi, qui a l'expérience de la vie, qui peut être de bon conseil, et *the Sage,* l'homme qu'on a appelé libéré, éveillé. Ne faites pas deux parts, une existence plus ou moins incohérente et la spiritualité, car, dans ces conditions, votre spiritualité sera forcément mensongère. Ce sera une compensation, une revanche de l'ego qui, ayant raté dans un grand nombre de domaines, tâchera de prendre une revanche.

Le Chemin se confond avec votre existence. C'est toute la vie qui devient le Chemin, toute la vie qui devient le monastère.

Deuxième point, bien qu'il y ait des vérités objectives, chacun est différent et chacun a un Chemin différent à suivre, personnel, intimement personnel : c'est de moi qu'il s'agit. Au début, ne vous posez pas des questions compliquées sur ce « moi ». C'est de moi qu'il s'agit, pas d'un autre, pas d'une autre, de moi tel que je suis, grand, petit, brun, blond, homme, femme, brillant dans mes études ou ayant eu la plus grande difficulté à poursuivre jusqu'à la troisième. Un certain nombre de caractéristiques sont là et c'est vous-mêmes, entièrement, qui devez et pouvez changer. Voyez bien comment adapter ce qui est dit à votre cas personnel et ne comparez pas. L'un peut être très doué intellectuellement et donner l'impression qu'il comprend aisément cet enseignement, mais se montrer faible et désemparé dans d'autres domaines. Et quelqu'un peut avoir beaucoup de mal à suivre une causerie et à comprendre les mots que j'emploie mais avoir d'autres capacités, un autre mode de compréhension.

En vérité, si on ne parle pas du point de vue absolu, c'est-à-dire de la Conscience suprême qui peut se révéler dans des états de méditation profonds, un être humain fonctionne dans quatre domaines différents. Ou, si vous préférez, il existe quatre formes différenciées de l'Énergie fondamentale : physique, émotionnelle, intellectuelle et sexuelle.

Dans l'éducation et l'instruction que nous recevons aujourd'hui, la tête joue un très grand rôle. Il n'y a rien d'original à dire cela mais c'est une caractéristique du monde moderne. Nous sommes dans une civilisation où l'hypertrophie de cette tête est surprenante. Autrefois, on ne considérait pas comme ignominieux pour un être humain de ne pas savoir lire et écrire, pourvu qu'il sache faire bien ce qu'il avait à faire. En outre ceux qui ne savaient ni lire ni écrire, avaient une culture parce qu'il existait, dans toutes les civilisations, un théâtre sacré racontant les grandes légendes et les grandes épopées et des conteurs qui récitaient par cœur un folklore qui avait toujours un sens profond, réellement éducatif. Ce que j'appelle un bon fonctionnement de la tête, de la *buddhi* — pour parler comme les Hindous —, ce n'est pas d'être capable de passer une agrégation de mathématiques ou une agrégation de philosophie, c'est être capable de bien utiliser l'intelligence que la nature met à notre disposition.

Puis, il y a le second instrument qui est la compréhension à travers la sensibilité, le cœur. Nous avons en français une très belle expression, « l'intelligence du cœur ». Le sentiment est l'intelligence du cœur et les émotions sont la stupidité du cœur; le cœur ne comprend plus rien que « moi, moi, moi, moi, moi, moi, on m'a flatté, on a dit du bien de moi ou au contraire, on me critique, on ne m'aime plus ».

Enfin la fonction du corps est bien plus importante que nous autres, Occidentaux si intellectualisés par nos études, ne l'imaginons. Je ne parle pas seulement d'être un très bon gymnaste capable de faire le double saut périlleux ou de marcher sur les mains — encore que cela ait à son niveau une certaine valeur — mais de la sensation, du mouvement et de la posture comme instruments de connaissance et d'expression.

A travers ces fonctions diverses, nous recevons et nous donnons. Si on ne se place pas au point de vue suprême, ultime, une existence humaine dans le monde manifesté consiste à recevoir et à donner : j'inspire, j'expire. Et à travers chacun de ces instruments, je reçois et je donne. A travers la tête j'entends, je lis, je m'imprègne d'idées ou d'informations et je parle, je m'exprime. A travers le cœur, je reçois aussi une compréhension de l'extérieur et je donne, je donne ma sympathie, mon amour, ma chaleur. A travers le corps, je reçois aussi, pas seulement de l'oxygène ou de la nourriture mais des sensations et je donne, que ce soient des coups ou des caresses.

On peut être un athlète ou un acrobate, sans que le corps soit pour cela un très bon instrument; il y a des hommes ou des femmes qui sont très sportifs dans un domaine mais qui n'ont aucune souplesse ou même souffrent de déformations, de contractions, de blocages, d'incapacité à « ouvrir » telle ou telle partie d'eux-mêmes. Et combien d'êtres sont capables de toucher? Bien des mères ne savent plus caresser leur enfant, si ce n'est gauchement, maladroitement. Et c'est pourtant si important; les contacts physiques ne sont pas forcément les prémices d'une activité sexuelle ou la manifestation détournée d'une activité sexuelle refoulée. Il y a des contacts physiques auxquels nous ne sommes plus habitués; si cela se passe entre hommes, nous avons l'impression que se manifeste une homosexualité latente; si cela se passe d'homme à femme, l'impression de quelque chose de sexuel. Ce n'est pas juste. Il y a une possibilité d'apprendre, de recevoir par le corps et une possibilité de donner par le corps.

Et puis il y a l'énergie sexuelle. Ou bien l'énergie sexuelle est utilisée d'une manière normale, ordinaire, classique, ou bien elle est réellement transmuée en discipline spirituelle. C'est ou l'un ou l'autre. Ou bien vous avez une sexualité naturelle, ou bien vous avez une sexualité supranaturelle, c'est-à-dire transformée. C'est le cas pour certains yogis et certains moines. Entre les deux se situent toutes les manifestations plus ou moins déviées, faussées, névrotiques, refoulées, imprégnées d'une morale maladroite qui ne conduit pas à un bien réel.

***

Il y a toujours un risque, c'est de donner une prééminence trop grande au plan pour lequel nous sommes un peu plus doués et d'essayer de minimiser ou de décrier le plan pour lequel nous sommes le moins doués. Un Chemin réel doit faire leur place à ces différents fonctionnements. Non que celui qui est très maladroit et gauche égalera un jour ceux qui bénéficient de dons physiques exceptionnels mais tous ces domaines doivent être exploités et cultivés. La parole du Christ disant que nous devons faire fructifier les talents que nous avons reçus s'applique là. Vous pouvez toujours progresser dans un domaine ou dans un autre.

Vous ne pouvez aller loin sur le Chemin que si vous fonctionnez normalement, — si vous avez, pour parler comme en classe, la moyenne, 10 ou 11 sur 20 dans ces quatre domaines. Vous ne pouvez pas atteindre la sagesse en pensant : « Comme je me donne manifestement 18 sur le plan intellectuel, ça ne fait rien que j'aie 2 1/2 sur le plan physique et moteur. » Ça vous permet de faire une moyenne finale aux examens : « Comme j'ai une très bonne note en français, une très bonne note en histoire et une très bonne note en anglais, je peux m'offrir un 2 sur 20 en maths. » Non. Il faut réussir à avoir la moyenne dans ces quatre secteurs et ne pas utiliser la spiritualité pour vous aveugler à votre insuffisance dans un de ces domaines.

Beaucoup d'entre vous ont été frappés, en lisant mon dernier livre, par cette parole de Swâmiji : « Aucune chaîne n'est plus forte que le plus faible de ses maillons ». Si tous les anneaux portent 500 kilos et qu'un anneau ne porte que 50 kilos, c'est cet anneau-là qui rompra et c'est la totalité de la chaîne qui ne peut soulever que 50 kilos. « Aucun homme n'est plus fort que sa plus grande faiblesse ». Voilà une parole dure à entendre, parce que nous aimons bien, nous, prendre notre mesure à partir de notre plus grande force. Sur le Chemin, aucun homme n'est plus fort que sa plus grande faiblesse. Vous pouvez considérer que cette plus grande faiblesse est une faille bien particulière qui vous concerne vous, mais vous pouvez aussi entendre cette parole de ce point de vue-là : « Est-ce qu'il y a un de mes fonctionnements pour lequel je suis manifestement en dessous de la moyenne? »

Intellectuellement, tout être humain a le droit d'avoir une tête qui fonctionne bien, du bon sens, une capacité à aligner deux idées, à rapprocher un effet et une cause, à tirer une conclusion générale. De même qu'on peut exercer le corps, l'assouplir et le fortifier, la tête aussi peut s'assouplir et se fortifier, ce n'est pas une question d'accumulation de connaissances, c'est une question d'être, vous pouvez ne pas avoir beaucoup de connaissances, avoir fait très peu d'études, et avoir une tête qui soit un bon instrument. Tout le monde peut progresser dans ce domaine, même ceux qui n'avaient pas une très bonne mémoire ou ceux que des blocages émotionnels ont rendus inaptes à s'épanouir à l'école, au lycée ou au collège.

Vous ne pouvez pas imaginer progresser sur le Chemin parce que vous avez des dons physiques brillants en matière de yoga, de contrôle de vos muscles, de maîtrise de la respiration et des dons intellectuels pour disserter brillamment sur l'œuvre d'Aurobindo, et être sous-développés émotionnellement, être — entendez-moi bien — une nullité émotionnelle, avec des émotions infantiles.

Et vous ne pouvez pas non plus être nul physiquement. Mais il ne s'agit pas d'être capable de faire un double saut périlleux. Il s'agit d'une certaine aptitude de sentir, d'avoir la sensation de son corps et de comprendre là où ce corps vous permet de communiquer, est un instrument d'union et de communion, et là où ce corps est un instrument de coupure et de séparation. Et dans le quatrième domaine, la sexualité, je suis obligé de dire : ou bien vous êtes capables de cette transmutation alchimique des yogis, qui obéit à des lois, ou bien vous avez une sexualité naturelle. Ne prenez pas des inhibitions pour une liberté ni le refoulement pour une maîtrise, ni une peur inconsciente pour du détachement. Il est impossible d'espérer atteindre le grand But si vous avez dans un de ces quatre domaines une faiblesse de fonctionnement manifeste.

***

Ce qui est important, c'est la capacité à aborder tel domaine de l'existence avec les trois possibilités à la fois, ressentir en même temps à travers la tête, le cœur et la sensation. Pour comprendre vraiment une relation avec un être humain ou une situation dans laquelle vous êtes impliqués, vous devez la comprendre intellectuellement, émotionnellement et physiquement. Et là intervient un point plus important que certains d'entre vous ne le croient peut-être, c'est la capacité à faire, non pas au grand sens de « *to do* » — agir et non réagir — mais au sens de « *to make* » en anglais, c'est-à-dire fabriquer. Entrons dans quelques détails, tout en n'oubliant pas que vous êtes différents les uns des autres : certains d'entre vous ont un cœur qui fonctionne mieux mais une tête qui fonctionne moins bien, d'autres ont une vraie intelligence du corps mais une tête confuse. Vous n'êtes pas faits tous du même moule. Mais vous avez tous ces différentes fonctions à votre disposition.

Je vais décortiquer un exemple et je ne commets pas d'indiscrétion parce que l'exemple en question s'appelait Arnaud Desjardins. J'ai fait l'erreur que vous êtes plus ou moins appelés à faire. Les conditions de ma jeunesse ont comporté des difficultés, et j'ai fini par me bloquer de plus en plus dans les domaines où je n'étais pas doué parce qu'on ne m'avait pas aidé à m'épanouir. Un élève qui vaut 2 sur 20 dans une matière et arrive à atteindre 6 sur 20 est heureux d'avoir un peu progressé, encouragé à aller plus loin. J'étais peu doué physiquement, plutôt gauche, maladroit. Et, comme on me l'avait fait remarquer, j'avais tendance à éviter les circonstances qui allaient exposer en public ma défaillance. J'essayais maladroitement en cachette de faire de la gymnastique et des haltères qui ne me menaient nulle part mais aussi de trouver toujours un prétexte pour fuir les situations qui m'auraient montré ma maladresse; aux scouts, j'étais mal dans ma peau et je m'en tirais par d'autres sortes d'activités telles que les feux de camp, ou l'expression dramatique.

Par contre, intellectuellement, je n'avais pas de difficultés. J'étais en avance pour mes études et là je comprenais que quelque chose parlait pour moi : « Oh! vous êtes déjà en première! » Alors, ce qui me valorisait à mes propres yeux, c'était l'aspect intellectuel de l'existence. Sans l'Enseignement Gurdjieff — et là je rends hommage à cet enseignement auquel je dois mes premières découvertes importantes — il est probable que je n'aurais pas échappé à cette erreur qui ne pardonne pas : essayer de vivre toute l'existence à travers l'intellect parce que j'avais eu de bonnes notes, au moins dans certaines matières. Le thème d'aujourd'hui, j'en ai d'abord entendu parler dans l'enseignement Gurdjieff où on insistait tellement sur ce développement harmonieux des différents aspects de nous-mêmes.

Avant de savoir qu'il existait des gourous, mais à une époque où inconsciemment je cherchais partout des pères qui m'apprendraient à vivre et pas seulement des notions intellectuelles, j'admirais beaucoup un vieil agriculteur qui avait un peu l'allure de Jean Gabin dans ses derniers films, un patriarche de la terre, qui faisait de la viticulture entre Nîmes et Montpellier. Il était fermier d'une vaste propriété, « Le Moulin », près d'Aimargues, et il s'appelait Viala. Il était assez surpris que je fusse si nul dans tant de domaines mais il m'aimait bien et il trouvait étonnant, lui qui avait travaillé dès la fin de son certificat d'études, qu'à 17 ans, 18 ans, 19 ans, 20 ans je continue encore les études. Chaque été il me demandait : « Alors, qu'est-ce que tu fais dans la vie? » — « Eh bien, je continue mes études. » Et la dernière année, je lui annonce : « Ça y est, j'ai fini, j'ai mon diplôme! » — « Alors redis-moi ce que tu as fait comme études. » (Moi, je ne l'aurais pas tutoyé, bien sûr). J'avais fait le Droit et Sciences Po, et il fallait que je lui parle du droit international public et de l'histoire diplomatique. Et, comme il ne voyait pas trop de quoi il s'agissait, il me demanda : « Enfin, c'est pas tout ça, qu'est-ce que tu sais faire? »

Qu'est-ce que je sais faire? RIEN. J'avais su faire à onze ans des modèles réduits d'avion. Sorti de là, je ne savais pas prendre une photographie, je ne savais pas conduire une auto, fabriquer un meuble, réparer un moteur, monter un mur... Je ne savais rien faire. Cet homme a été mon premier gourou. « C'est pas tout ça, qu'est-ce que tu sais faire? » Il y a deux sens au mot faire. Il y a le sens que Gurdjieff donnait à ce mot, le « *to do* » anglais, que je préfère traduire par « agir » (pour le distinguer de réagir) et il y a « *to make* », fabriquer, accomplir. Cette parole a été une révélation pour moi.

Si on est un tant soit peu doué intellectuellement, il est possible, dans notre monde actuel, de s'illusionner sur soi-même et de ne pas reconnaître que notre plus grande faiblesse, l'anneau le plus faible de la chaîne, c'est notre incapacité à faire quelque chose. Je ne savais même pas faire la cuisine, parce qu'enfin faire cuire des nouilles et des pommes de terre comme on le fait aux scouts, cela ne peut pas s'appeler cuisiner. Ah si, je n'ai pas pensé à le lui dire, je savais faire un feu, même avec du bois mouillé et sous la pluie! Mais je n'aurais pas su piocher, je n'aurais pas su bêcher, tant soit peu dignement. Si c'est pour faire mal, de travers et avec un résultat inutilisable, cela ne s'appelle pas faire.

Il peut vous sembler que cela n'a rien à voir avec la « spiritualité ». Eh bien SI. Méfiez-vous, j'en parle en connaissance de cause, d'une spiritualité rêvée, d'une spiritualité qui consiste à lire des livres de Krishnamurti, écouter des disques de musique hindoue, faire brûler des bâtons d'encens et traînailler dans la vie avec un certain mépris pour ceux qui ont les pieds sur terre sous prétexte qu'ils sont insérés dans la société de consommation et que vous, vous êtes bien au-delà, dans les hautes sphères de la métaphysique. C'est un immense mensonge. Les moines trappistes travaillent de leurs mains. Même s'ils sont prêtres, donc qu'ils ont fait des études de théologie, ils sont capables de rentrer du foin aussi efficacement qu'un agriculteur. Beaucoup ont le talent de tailler des pierres, de monter un mur, de faire une charpente, de souder, beaucoup l'apprennent au monastère où il y a toujours un certain pourcentage de frères qui sont venus de familles d'artisans. Un moine trappiste, même s'il est théologien, a une part d'activités concrètes tous les jours. Au moment des moissons, même l'abbé travaille aux champs.

Est-ce que je sais vraiment abattre un arbre à la hache comme un bûcheron? Non. Est-ce que je suis capable de cultiver comme un agriculteur? Non. De travailler le bois comme un menuisier? Non. D'installer l'électricité comme un électricien? Non. De tailler la pierre comme un maçon? Non. Qu'est-ce que je sais faire? Déjà, si je sais bien faire la cuisine, c'est quelque chose.

Vraiment je rends grâce à l'Enseignement Gurdjieff qui m'a montré l'importance de ce domaine. Un livre dont je peux vous recommander à tous la lecture dans la mesure où il n'est pas introuvable m'a beaucoup marqué, c'est le chef-d'œuvre de Isha Schwaller de Lubicz, *Her-Bak Pois-Chiche*, sur la formation d'un futur sage de l'Égypte ancienne à travers les travaux des champs, la poterie, le travail du bois, l'art du tisserand, etc. Ce que j'ai reçu de mes années de scoutisme, c'est d'avoir appris à faire un feu avec du bois humide sous la pluie. Et cette parole m'a marqué d'une manière indélébile : « C'est pas tout ça, mais qu'est-ce que tu sais faire? » A vingt ans j'étais diplômé de « la rue Saint-Guillaume » mais je ne savais rien faire.

Il n'y a pas d'espoir dans la spiritualité si vous ne savez rien faire. Votre spiritualité sera un rêve et une compensation à vos manques, le domaine dans lequel vous pouvez briller à vos propres yeux et aux yeux des autres, c'est-à-dire, en fin de compte, parler, parler de sagesse. On peut parler sagesse éloquemment et je suis tombé dans ce piège. A vingt-six ans, lorsque je n'avais aucune affirmation, épanouissement ou réalisation d'aucune sorte — parce qu'en plus je cumulais les échecs professionnels et sentimentaux — je parlais magistralement des idées de Gurdjieff. Quand j'avais lu une idée dans un livre, le lendemain, je l'utilisais pour briller auprès de quelqu'un. Mais cela ne pardonne pas. C'est une erreur tragique et sans issue.

Cette obsession de faire m'a poursuivi pendant des années : j'ai suivi des cours de menuiserie — on apprenait à faire des tenons et des mortaises à la main, pas avec des machines — mais je n'ai jamais pu faire un meuble qui soit digne de ce nom. En ce qui me concerne, j'ai compris un jour que je pouvais, et que c'était ma seule issue, devenir artisan dans le métier que j'exerçais, c'est-à-dire celui de réalisateur à la Télévision et qu'au lieu d'avoir une « équipe minimum » avec un cameraman, un preneur de son, un électricien, un assistant, je pouvais faire un film entièrement par moi-même, partir d'une idée : « si je faisais un film sur les ashrams hindous » et aller jusqu'au bout, c'est-à-dire un poste de télévision sur lequel, pendant une heure, on voit des ashrams hindous avec cadrages, images, montage, sonorisation, commentaire. Je suis donc devenu mon propre cameraman, mon propre preneur de son et même mon propre électricien. C'est moi qui branchais mes lampes, tirais mes films et j'étais obligé de me mesurer avec des diaphragmes, des volts, des ampères, et un outil : la caméra avec ses objectifs. Quand le film *Le Message des Tibétains*, que j'avais donc réalisé tout seul, a été choisi pour représenter la France à une certaine compétition internationale qu'on appelle le Prix Italia, j'ai senti : « Ça y est, là je sais vraiment faire un film puisque la France l'envoie en concurrence avec des films tournés par la RAI, la Télé italienne, la B.B.C., la Télévision japonaise tournés par des équipes de 8, 10, 12 personnes. » Et j'ai repensé à ce Viala du Moulin, ce vieil homme remarquable, maintenant loin de ce monde, comme si je me retrouvais devant lui et que je lui dise : « Monsieur Viala, je sais faire un film, j'ai tenu la promesse morale que je vous avais faite à l'âge de vingt ans, pour être digne de votre amitié : j'apprendrai à faire quelque chose. Je n'ai jamais réussi à faire un meuble, mais j'ai réussi à faire un film. »

***

Je ne dis pas que vous êtes tous obligés de devenir cinéastes mais j'ai dû aussi apprendre — parce que, croyez-moi, je n'étais pas doué — à ne plus m'affoler devant un moteur de voiture. Plus tard, j'ai eu une Land Rover Diesel (plus de carburateur, ni de bougies) mais j'ai fait deux voyages au moteur à essence et il a bien fallu que j'apprenne à nettoyer des bougies moi-même, mesurer l'écartement, dépoussiérer un carburateur, ce qui n'est rien pour tel ou tel d'entre vous mais, pour moi, était un exploit! Je me suis retrouvé, dans mes années de voyages, confronté uniquement à des problèmes concrets. Il n'était plus question de parler, de discuter. Ce que j'avais à dire n'intéressait personne puisque j'étais dans des milieux de spécialistes hindous ou bouddhistes qui n'avaient pas besoin d'un Français pour leur enseigner le Vedanta, le Yoga ou le Tantrayana. Mes problèmes étaient des problèmes terre à terre et souvent fastidieux tels que dédouanements de pellicule avec les douanes indiennes, désenlisement d'une voiture enlisée, discussion avec un garagiste ne parlant pas un mot d'anglais ni de français pour essayer de comprendre pourquoi la voiture ne fonctionne plus — et les problèmes de films.

Swâmiji m'a dit : *« It saved you! »*. Ces voyages qui m'ont mis les pieds sur terre pendant plusieurs années m'ont sauvé, m'ont arraché à toutes mes habitudes intellectuelles. Sinon, j'aurais fait l'erreur de cultiver mon point fort et puis d'essayer de nier mon point faible. Si nous sommes intellectuels, nous décrions les manuels, si nous sommes avant tout un bricoleur, nous portons le travail manuel aux nues et nous ne réalisons pas que notre cerveau n'est pas un instrument suffisamment assoupli et fortifié. Je ne parle pas d'une accumulation de connaissances confirmée par des licences, des maîtrises et des agrégations, je parle d'un bon fonctionnement.

« C'est pas tout ça, Arnaud, qu'est-ce que tu sais faire? » Et faire vraiment, cela implique les trois fonctions à la fois. Vous ne pouvez pas faire quelque chose sans le faire à la fois avec votre cœur, y aller de tout son cœur, avoir du cœur à l'ouvrage, avec votre tête, réfléchir, se demander quel va être le moyen d'un résultat et bien sûr avec votre corps, pas seulement vos mains, votre corps entier, faire corps avec son outil.

On ne fait pas avec les dix doigts, on fait avec la totalité de son corps. Pour moi, la caméra était réellement devenue un outil et un film se tourne avec le corps entier, surtout quand on fait du reportage et qu'on prend l'habitude de tenir la caméra à la main; il fallait que malgré un accident au bras assez grave et mal consolidé je puisse tenir la caméra sans trembler et j'ai tendance à trembler de la main droite du fait de cet accident. Le yoga que nous pratiquions avec Shri Mahesh à Paris, m'a aidé : bloquer la respiration ni trop ni trop peu, parce que si on respire, la caméra bouge, et prendre toutes les positions imaginables pour cadrer. Quand des cérémonies se déroulent, on ne peut pas manœuvrer des moines tibétains comme on dirige des figurants, même s'ils sont pleins de bonne volonté coopérative. Il fallait me coucher au sol, bondir, grimper dans un arbre, redescendre, me tenir immobile, pivoter. C'est ça qui fait un cameraman, devenir soi-même une « tête gyroscopique ». Je n'aime pas beaucoup l'expression « que savez-vous faire de vos dix doigts »? Que savez-vous faire de votre corps entier? Je filmais, mes jambes participaient, mes hanches participaient, mes épaules participaient, mon ventre participait.

Si vous tombez dans le travers d'écouter des causeries, de lire des livres, ceux d'Arnaud Desjardins, plus ceux de Krishnamurti, plus ceux de K. von Dürckheim, plus ceux de Rajneesh traduits en français et que sais-je encore, vous allez souligner des kilomètres de pages mais cela ne vous apprendra pas à faire. C'est par cette action complète que vous progressez et dans les spiritualités encore vivantes, vous ne pouvez pas échapper à cette nécessité de faire; dans les films que j'ai tournés, vous avez vu la minutie des gestes dans les monastères zen : il faut qu'un coup de balai soit un geste harmonieux. Les moines tibétains participent aux travaux de construction de leur propre monastère. Quant aux soufis, ils sont tailleurs, boulangers, donc ils savent faire un vêtement, ils savent faire du pain. C'est une voie de développement essentielle.

Il ne faut pas que le fait d'écouter des causeries dans cette salle vous aveugle. Ces causeries doivent être un mode d'emploi pour savoir comment bien mener votre existence d'êtres humains incarnés avec ces quatre fonctions intellectuelle, émotionnelle, motrice et sexuelle. Pouvez-vous imaginer que les moines du désert d'autrefois, à la grande époque, tissaient des paniers d'osier qu'ils défaisaient entièrement le soir et refaisaient le lendemain pendant la journée pour les défaire encore et réutiliser le même osier. Ils créaient quelque chose de leurs mains, ils fabriquaient des paniers juste pour la beauté de l'action complète qui nous met en relation avec le monde.

Je ne veux pas faire de littérature facile. Le mental est capable de tout et des gens qui ne seraient pas capables de donner un coup de pioche mais ont un don d'écrivain écriront un chapitre merveilleux à la gloire du paysan, cet homme en contact avec la nature, qui sent les rythmes cosmiques... Pourquoi ne pas écrire un manuel de natation sans savoir nager soi-même? Il y a un romantisme facile du bel artisan qui fabrique un meuble de ses mains mais vous, vous ne pouvez pas planter un clou. Je vous pose à chacun la question : « C'est pas tout ça, mais qu'est-ce que vous savez faire? » et faire, cela veut dire le faire *bien*. Une chose, n'importe laquelle, celle que vous voulez, que vous fassiez bien. Si c'est faire une chaise boiteuse sur laquelle on ne peut pas s'asseoir, ça ne s'appelle pas faire.

Qu'est-ce que vous savez faire? Un film? La cuisine? Un meuble? Réparer un moteur? Coudre?

Cette question est brouillée par les perturbations émotionnelles plus ou moins inconscientes. Si nous gardons certaines peurs ou inhibitions dans l'inconscient, nous pouvons considérer que nous ne comprendrons jamais rien aux mathématiques alors que, sans affolement, nous pourrions peut-être apprendre ou bien que nous ne serons jamais capables de donner un coup de marteau sans nous taper sur les doigts alors qu'avec un peu de détente émotionnelle, nous y arriverions — peut-être moins vite qu'un homme doué, mais nous y arriverions. Si on s'exerce, on finit toujours par arriver. La tortue de la fable atteint le but avant le lièvre. Ce n'est pas seulement une question de don, c'est une question de persévérance. Et le Chemin de la sagesse peut vous aider de différentes manières à dépasser ces perturbations émotionnelles, à devenir vous-mêmes, simples, sans complexes et sans la compensation aux complexes et aux inhibitions, c'est-à-dire l'approche émotionnelle consistant à gonfler exagérément le moindre succès et à donner une valeur excessive à ce à quoi vous êtes bons pour mieux nier les domaines dans lesquels vous êtes nuls.

***

Ce Chemin comporte une part qui passe par l'intelligence et avant d'en arriver à la vision parfaite de la *buddhi* qui apprécie n'importe quelle situation de façon objective et sans émotion, une certaine utilisation de notre fonction intellectuelle est nécessaire sur ce Chemin; elle n'est pas aussi importante que le nombre de pages que j'ai publiées pourrait le faire croire, mais, sur une voie comme celle-ci, il n'y a aucun doute, une compréhension intellectuelle joue son rôle. Il y a divers Chemins qui s'adressent à des types d'hommes divers. Certains hommes peu doués pour les études et très dévotionnels font des frères convers magnifiques dans un monastère de trappistes mais n'auraient pas profité pleinement de toutes les possibilités que Swâmiji nous offrait; simplement je sais que Swâmiji se serait mis à leur portée, aurait été un avec eux et aurait parlé leur langage.

Quels que puissent être vos mauvais ou peut-être vos affreux souvenirs de l'école et du collège — pourquoi pas, pourquoi certains d'entre vous n'auraient-ils pas été aussi peu doués pour les études que moi je l'étais pour bricoler — essayez d'approcher cet enseignement avec l'intelligence : « Que dit réellement Arnaud dans les réunions ou dans tel chapitre d'un livre? Est-ce que j'ai une vue claire de l'enseignement? » C'est important. Je suis surpris de voir le pourcentage important de gens qui viennent au Bost et qui n'ont pas lu ou à peine les livres que j'ai écrits. Je ne dis pas que vous devez les lire six foix comme j'ai lu six fois le livre *Fragments d'un enseignement inconnu* sur l'enseignement

Gurdjieff mais ce qui est dit dans les réunions et ce qui est dit dans les livres est important. J'ai assez rendu hommage à un agriculteur ignorant pour pouvoir affirmer cela maintenant. Faites un effort dans ce domaine.

Et à ce sujet, je voudrais lire un petit passage d'une lettre que l'un d'entre vous m'a écrit il y a quelque temps. Un des quatre piliers de l'enseignement de Swâmiji s'appelait *Vedanta vijnana. Vijnana* veut dire la science au sens moderne du mot science, la science du Vedanta, les idées qui peuvent être transmises, qui sont des paroles, des paroles de vie. Voici cette lettre : « Vedanta vijnana, sous cette rubrique je regroupe tout le travail intellectuel fait pour approfondir la compréhension théorique de la Voie ». Et celui qui écrit me dit qu'il a essayé de reprendre une lecture méthodique de l'ensemble des ouvrages que j'ai publiés et qu'il a même essayé de se refaire ses propres cadres, ses propres résumés. C'est un peu ce que j'avais fait à partir de mes notes en écrivant les trois tomes des *Chemins de la Sagesse*. Cela m'obligeait à me battre avec les notes que je prenais, en anglais, à l'issue de mes entretiens. Vous, vous arrivez au Bost avec les livres d'Arnaud, mais nous, auprès de Swâmiji, nous n'avions que nos entretiens. Et tout est venu peu à peu, heure après heure, année après année. En reprenant mes notes, en les confrontant d'une année à l'autre, la rédaction des trois tomes des *Chemins de la Sagesse* m'a obligé à trouver ma propre formulation. Et puis il fallait m'exprimer en français, alors que Swâmiji parlait en anglais, et cela a suscité une profonde réflexion sur son Enseignement.

Et la lettre continue : « La mise en œuvre de ce projet de rédiger pour moi quelque chose de cohérent m'a mis devant — alors là je lis — m'a mis devant le fait de la grave sous-exploitation de vos ouvrages. Je m'explique : en étudiant, crayon en main, vos livres, je m'aperçois que vous avez déjà donné une masse considérable d'éléments de travail, masse dont nous ne prenons pas toujours la peine de tirer vraiment parti. Bien souvent, me semble-t-il, nous venons, moi ou un autre, vous pomper votre énergie en vous posant des questions dont vous avez pourtant traité de manière parfaitement satisfaisante sur plusieurs pages, mais qui sont complètement oubliées de nous. Je ressens pour ma part qu'il m'incombe de mettre un terme à de tels oublis indignes d'un véritable candidat-disciple. Je m'efforce donc de devenir suffisamment familier de votre enseignement écrit, pour ne plus vous obliger à vous répéter sans arrêt sur des points que j'aurais dû connaître, ne serait-ce que pour pouvoir avoir vraiment le temps d'aborder les points réellement non encore compris. Bref, le premier résultat de mon travail, c'est un double sentiment : celui de profonde gratitude devant la profusion et la valeur de ce qui est donné et celui d'insatisfaction et de contrariété devant tout ce que j'oublie, même du seul point de vue théorique. Enfin, un des bénéfices de ce travail est de m'amener à mettre au jour certaines imprécisions de l'œuvre écrite; dans ma tentative de reconstitution globale du puzzle, il m'arrive en effet d'avoir parfois l'impression qu'il manque un morceau ou encore que deux éléments ne s'ajustent pas tout à fait l'un à l'autre. Ce sera là l'occasion de nouvelles questions, véritables, celles-là. »

Je suis bien d'accord aussi avec cette dernière remarque. C'est si vous vous efforcez d'accomplir un rigoureux travail intellectuel que vous arriverez à certaines contradictions, incompréhensions ou lacunes que vous portez en vous. Vous ne pouvez pas être sûrs de cet enseignement, et vous ne pouvez pas vraiment le mettre en pratique. Je peux vous promettre qu'un jour est venu où tout ce que j'avais pu faire, lire, ressentir, chez Gurdjieff, chez les trappistes, chez les Tibétains, chez les Soufis, dans les ashrams hindous, auprès de Swâmiji, est devenu cohérent. Il n'y avait plus rien qui ne fût à sa place, qui n'eût une réponse ou bien il s'agissait de questions dont la réponse ne m'était nullement nécessaire pour vivre en paix. Vous savez, la Libération, ce n'est pas un état dans lequel on a la réponse à toutes les questions, c'est un état dans lequel on n'a pas besoin de poser des questions.

J'ai intensément souffert des contradictions entre les auteurs que je lisais. L'effort, le non-effort, les chemins progressifs, les voies abruptes, l'Illumination soudaine, c'était presque angoissant de ne plus comprendre. Et grâce à

Swâmiji, peu à peu tout est devenu clair. Je suis bien d'accord qu'il y a des moments où nous avons l'impression de contradictions entre tel ou tel aspect de l'Enseignement et c'est la fonction du gourou que d'être inlassablement patient.

C'est une logique très souple que celle du Chemin, dont il est de bon ton de dire qu'elle « réconcilie les contraires ». Quand on est plus cultivé, on dit *« conciliato oppositorum »*. Il faut passer par des formulations contradictoires pour sentir la vie réelle qui est faite de chaud et de froid, de jour et de nuit, de favorable et de défavorable. C'est une certaine gymnastique intellectuelle, c'est vrai, mais qui n'a rien à voir avec la difficulté de lire les ouvrages philosophiques. Il est normal que si vous essayez de comprendre ce qui a été dit, vous ayez par moments l'impression de contradictions, par moments l'impression de manques. Et il faut que vous soyez pleinement satisfaits, que vous sentiez : « Intellectuellement, c'est cohérent, c'est clair, j'ai compris : l'acceptation, l'ego, le « Soi », la présence à soi-même, l'effacement du moi, le lâcher-prise, le non-agir. »

Autant les philosophes mettent leur snobisme à être incompréhensibles des non-philosophes de métier, autant les grands Sages d'Orient s'efforçaient d'être simples et accessibles : est-ce si compliqué la célèbre image d'une corde que dans la pénombre vous prenez pour un serpent? Même un enfant peut la comprendre. Un intellectuel, ayant un jour entendu une causerie d'Arnaud Desjardins, a dit : « C'est de la métaphysique de cours du soir pour ouvriers portugais. » La formule est assez jolie mais j'ai pensé : « Shankaracharya, le super-philosophe hindou, faisait aussi de la métaphysique de cours du soir. » Quand il dit : « L'air enclos dans une jarre n'est pas autre que l'air ambiant infini mais il est séparé de l'air ambiant par les parois de la jarre; brisez la jarre, l'air qui était contenu dans la jarre ne disparaît pas mais devient infini », c'est de la métaphysique que tout le monde peut comprendre.

Dépassez vos réticences émotionnelles : « Moi je ne comprends rien aux livres, c'est trop difficile, je ne suis pas un intellectuel. » Heureusement pour vous si vous n'êtes pas un « intellectuel ». Mais essayez d'utiliser la matière qui vous a déjà été donnée. Il peut toujours y avoir quelque chose de nouveau à dire. Donc, avant même l'utilisation juste de la *buddhi* — c'est-à-dire non plus le mental, la pensée émotionnelle égocentrique, mais la vision non émotionnelle, l'intelligence objective — il y a une certaine approche intellectuelle de l'enseignement.

***

Il y a aussi un travail sur les émotions. Et vous n'avez aucune espérance d'aller loin sur le Chemin de la sagesse ou dans la vie spirituelle si vous ne prenez pas à bras-le-corps ce travail sur les émotions. Il faudra peut-être des années, une vie d'ascèse, pour sortir de votre monde émotionnel de peurs, de désirs, de subjectivité, d'égocentrisme. Il se peut que vous soyez bien doués physiquement, ressentant beaucoup à travers votre corps et bien doués intellectuellement mais que, au moins dans certains domaines de la vie, vous soyez demeurés émotionnellement fragiles. Encore est-il rare qu'on puisse être bien doué physiquement si l'affectivité est trop déréglée. Un lien psychosomatique — « *body-mind complex* » disait Swâmiji — fait que les émotions névrotiques latentes se manifestent à travers des perturbations physiologiques. Mais le travail sur le corps à lui seul ne peut pas faire disparaître les émotions. Des 5ᵉ dan de judo, des virtuoses du yoga, ont encore des émotions infantiles. Effectuez la purification des émotions, la « *via purgativa* » des moines. Ne cédez jamais à la tentation de rester prisonniers de vos émotions dans tel ou tel domaine en espérant que vous allez atteindre la suprême sagesse.

Enfin, le travail sur le corps qui n'est pas évident pour tous. Pour peu qu'on ne soit pas bien doué dans son corps, on essaie d'échapper aux résistances et aux réticences de celui-ci. Un minimum de conscience du corps, de conscience de ses blocages, est nécessaire. Le corps vous apprendra tellement. Soyez conscients de vos moments de contraction. Tout d'un coup le poing se serre, les épaules se haussent, le ventre se rentre, c'est important, si important. Et c'est autre chose que de sauter 1,80 m en hauteur ou de faire trente tractions à la barre fixe. Il y a des athlètes et des champions qui sont déficients du point de vue physique et dont le corps n'est pas un bon instrument de connaissance. C'est autre chose cette utilisation du corps.

Enfin il y a cet aspect de votre existence, notamment au Bost : le ménage, nettoyer les salles de bain, passer l'aspirateur. Pour beaucoup, cela paraît seulement une nécessité concrète pour que le Bost vive et qui serait inutile si on était en Inde avec plusieurs serviteurs payés quelques roupies par jour et couchant sur une natte à l'ashram. Mais certains d'entre vous, qui ont un métier de cadre dans un bureau, de professeur, de psychologue ou que sais-je, risquent de n'avoir presque jamais l'occasion de faire quelque chose d'aussi concret. C'est très important, au Bost au moins, d'en avoir l'occasion. Heureux celui qui peut dire : « Je nettoie et je fais le ménage de façon parfaite. » C'est très difficile.

Il y a quelque temps, la petite maison, à force de n'avoir pas été entretenue, était devenue dans un sérieux état de crasse et de désordre, et un couple de Portugais, dont l'épouse est femme de ménage à Clermont-Ferrand, est venu la nettoyer. Ah! que c'était beau de les voir faire. D'abord c'est beau de voir un homme et une femme travailler ensemble, en couple; l'homme ne croyait pas déchoir en donnant un coup de main. Je suis resté plus que ma présence n'était vraiment nécessaire, à regarder ce mari et cette femme. Quelle efficacité ils avaient, quelle merveille de savoir si bien nettoyer une vitre, dépoussiérer, ranger, beaucoup mieux et plus rapidement que je n'aurais su le faire moi, par conséquent c'est à moi de m'incliner devant eux avec respect. Même si vous êtes docteur en sciences, agrégé de philosophie, P.-D.G. d'une société, sachez respecter un couple de Portugais qui font ce que vous ne pouvez faire. Leur tête fonctionnait très bien : ils savaient dans quel ordre ils allaient agir et ce qui serait le plus efficace. Ils n'ont pas nettoyé ici pour resalir là ensuite. Leur intelligence menait l'opération. Leur émotion fonctionnait bien au moins sur un point, la coopération entre eux. On aurait dit un duo parfait.

C'est très important au Bost. Je vous regardais ces jours-ci charger le foin dans la remorque de la 504 et je me souvenais de mon premier séjour à la Trappe, en 1958, où j'étais resté plusieurs semaines et où j'avais obtenu de partager à peu près totalement la vie des moines. Il s'agissait de charger avec des fourches sur des grands plateaux traînés par un tracteur des balles de foin déjà fixées. Les moines posaient ces balles de foin les unes sur les autres, mais la mienne me retombait dessus et en faisait tomber une autre. Et je voulais y arriver, je voulais. A la fin du séjour, je rendais plus de services aux moines que je ne les perturbais et j'arrivais à apporter ma petite main-d'œuvre. Si c'est dans un monastère de trappistes, qu'on est vêtu, pour passer inaperçu, d'une grande robe marron avec un capuchon, un vêtement de travail de moine, un peu de romantisme s'y mêle, « le moine est un défricheur, le moine est un bâtisseur ». Mais, romantisme à part, c'est la même chose au Bost. Je vous en prie, tous et toutes, ne considérez pas vos tâches matérielles comme des corvées mais comme une part importante de votre sadhana. Je voudrais être capable de vous convaincre! « Moi je sais vraiment nettoyer une baignoire, personne ne peut nettoyer la baignoire plus vite que moi et mieux que moi et avec une économie de gestes et une économie de détergent. » « Moi je sais enlever la poussière, quand j'ai passé l'aspirateur, il n'y a plus un grain de poussière et j'ai été vite. » Parce que c'est important aussi de ne pas mettre trois heures si un expert est capable de mettre une demi-heure. Faire la vaisselle, faire la cuisine, tout peut être accompli bêtement, mécaniquement, non consciemment et « faire » met en jeu tous les aspects de vous-mêmes. L'intelligence est nécessaire pour planifier, organiser, voir : voilà comment il faut m'y prendre, voilà où il faut poser les légumes, voilà où il faut poser les légumes lavés, voilà quelle casserole il faut utiliser. La participation du cœur est nécessaire. L'émotion brouille tout, le refus, l'énervement parce que le couteau coupe mal, parce que les pommes sont trop mûres pour la compote que vous vouliez préparer.

L'émotion intervient aussi parce qu'il y a une inévitable insertion dans un ensemble : vous « faites à fond » la salle de bain un jour et le lendemain il y a une couche de crasse circulaire, bien connue des nettoyeurs de baignoire. L'émotion se lève contre « le salaud qui aurait bien pu rincer quand son eau était encore chaude au lieu de me faire de la crasse figée ». Dès qu'il y a un soupçon d'émotion, votre faire ne peut plus être juste.

C'est un grand Chemin, mais qui n'intéresse plus du tout les merveilleux Occidentaux si fiers de leur technique. C'est le vrai Chemin des moines zen, le vrai chemin des moines tibétains, le vrai Chemin des moines trappistes. Et pourquoi n'arriveriez-vous pas à manier l'aspirateur comme moi j'avais fini par manier la caméra? C'est le corps entier qui manie l'aspirateur. Peut-être vous allez sentir où vous devez fléchir, où vous devez pivoter, la juste façon de vous mouvoir. Que c'est intéressant de voir des professionnels qui savent bien travailler!

Si Swâmiji m'a dit : « *It saved you* » je dois reconnaître : « Ce sont les groupes Gurdjieff qui m'ont sauvé », parce que ce travail y était très prisé. Je me souviens d'avoir raclé une surface de plancher qui faisait au moins 180 mètres carrés. C'était des parquets très abîmés et il fallait les racler non pas à la paille de fer mais avec des morceaux de verre brisé. J'avais accepté cette tâche, n'étant pas capable de faire mieux. J'essayais de voir comment économiser mon énergie, ne pas être fatigué, bien me tenir accroupi, me relâcher dans le mouvement que j'allais faire; vous ne grattez pas un parquet uniquement avec la main qui tient le morceau de verre, c'est le corps entier qui doit participer. Dans le contexte des groupes Gurdjieff, j'avais l'impression de faire quelque chose d'aussi important que de rester en méditation pendant une heure, tellement on insistait pour nous sur cette capacité d'artisan. Gurdjieff disait : « Un cordonnier qui sait vraiment faire des chaussures est un homme avec qui on peut parler de Sagesse. »

***

Tous les éléments qui composent la vie du Bost font partie du Chemin. Aucun n'est une corvée, une concession : « Il faut bien, c'est casse-pied comme tout mais... » Alors on le fait mal, émotionnellement et l'attitude physique n'est pas bonne. Qu'est-ce que ces attitudes infantiles dont j'ai été si souvent témoin depuis six ans? Ce n'est pas « l'aspect casse-pied du Bost », c'est aussi important que d'écouter des causeries. Ce qui fait un ashram, c'est cette mise en œuvre de la totalité de vous-mêmes : le bon sens, le cœur à l'ouvrage et l'intelligence du corps. Un ashram est à l'image de l'existence. Il y a des gens qu'on aime et des gens qu'on aime moins, des anciens qui ont autorité pour nous donner certaines instructions, des condisciples qui font mieux que nous, d'autres qui font moins bien que nous.

Le Bost est un résumé de l'existence. Cette bénédiction vous a été donnée puisque le Bost, au lieu d'attirer uniquement des intellectuels — comme c'était le cas auprès de Swâmiji (nous avions tous fait des études supérieures) — concerne des aristocrates et des ouvriers d'usine, des professeurs, des employés, des secrétaires, des médecins, des hommes d'affaires. C'est un résumé de l'humanité occidentale, les sexes diffèrent, les milieux d'origine, les âges, les capacités diffèrent.

Voilà une opportunité de se situer par rapport aux autres. Le Bost est à l'image de la vie et vous n'êtes pas dépaysés comme au sein d'un monastère de trappistes. Dans l'atmosphère sereine et pieuse du monastère, il y a un danger. Comme vous n'êtes pas vraiment moines trappistes, vous avez les « avantages » sans avoir les « inconvénients » et, quand vous retournez dans la vie ordinaire, finie la paix du cloître. Au Bost, il n'y a pas la paix du cloître : il y a le chien qui aboie la nuit, l'aspirateur qui fait du bruit quand je voulais rester silencieux dans ma chambre, la personne supposée m'aider à faire la cuisine et qui ne m'aide pas du tout comme je m'y attendais. Comme c'est intéressant! Sainte Thérèse d'Avila, elle qui s'élevait en lévitation, a dit : « Mes sœurs, vous trouverez Dieu dans les casseroles de la cuisine. »

Encore plus au Bost où vous ne vivez pas le mysticisme, les prières, les veilles nocturnes de Thérèse d'Avila. Bien sûr, ce n'est pas dans l'aspirateur que vous trouverez Dieu, mais dans la juste façon de passer l'aspirateur. Il n'y a pas de grandes actions et de petites actions, il n'y a pas d'actions extraordinaires et d'actions médiocres. Il y a les actions qui sont accomplies de façon médiocre ou de façon extraordinaire. Le couple de Portugais a nettoyé la petite maison de manière parfaite. C'était admirable de les voir faire, c'était grand, c'était noble. Au Bost, vous vous exercez pour retourner dans l'existence, où vous allez retrouver votre vie de mère, d'épouse, de secrétaire, de professeur, d'artisan, de cadre, de directeur.

Dans l'enseignement Gurdjieff, le mot clé était le mot *faire :* « L'homme ne fait rien, tout arrive; et ce qui est vraiment miraculeux, c'est d'être capable de faire. » J'ai retrouvé cette même vérité chez Swâmiji avec le verbe anglais « *to do* » que je traduis donc par agir pour pouvoir jouer sur les mots agir et réagir. Être vraiment capable d'agir, être un agissant, c'est un grand accomplissement. Mais, si cela ne doit pas rester simplement des mots, en quoi consiste le fait d'être un agissant? Cela consiste d'abord, pour s'entraîner, à faire au sens de fabriquer, fabriquer quelque chose de vos mains ou bien faire la vaisselle, faire le ménage et le faire bien.

C'est le mode d'emploi de l'Enseignement. Profitez de ce que vous êtes ici pour vous entraîner, vous exercer dans de bonnes conditions pour pouvoir ensuite mettre en pratique dans votre existence. Il est plus facile au Bost de se souvenir de l'Enseignement, de se souvenir de la vigilance et on est moins emporté. C'est aussi un lieu différent de l'existence ordinaire, il y a une certaine atmosphère, une aide mutuelle que vous vous apportez, et les efforts de chacun profitent à tous. Quand quelqu'un se conduit de façon juste, il est d'abord un peu jalousé et ensuite la meilleure part de vous reconnaît et accepte la leçon. Le Bost est à la fois un endroit proche de la vie ordinaire et un endroit différent où la mise en pratique de l'enseignement est favorisée.

Ce que j'ai dit aujourd'hui paraît terre à terre mais je vous promets que c'est essentiel : allez dans un monastère zen et voyez les moines zen passer le balai dans les interminables couloirs de ces bâtiments de terre; allez voir une équipe de moines tibétains reconstruisant un petit monastère, comme je l'ai vu à Ghoom, près de Darjeeling, chez Chatral Rimpoché; allez voir les moines trappistes. La seule façon de ne pas rêver la spiritualité, c'est de l'incarner dans la manière dont vous frottez une assiette ou dont vous êtes conscients en jetant la quantité nécessaire de produit dans l'eau de la lessive au lieu d'en user trop ou trop peu.

Et je vais conclure sur une parole que j'aime beaucoup, elle est de Rinzaï (Lin-Tsi en chinois, Rinzaï en japonais), un des grands maîtres du zen ou plutôt du tch'an. Un groupe de disciples discutait pour savoir ce qui était le plus miraculeux des deux grands « pouvoirs », marcher sur les eaux ou s'élever dans les airs en lévitation. Rinzaï s'approche, les entend discuter et intervient avec la puissance du maître zen : « Minables tondus! ce qui est réellement miraculeux, c'est de marcher sur la terre! »

Voilà une parole de gourou.

8

JE SUIS

Si vous vous en tenez uniquement aux mots, je vais paraître contredire ce que j'ai souvent répété sur le non-égoïsme et le passage de « moi seulement » à « moi les autres » puis « les autres et moi » et « les autres seulement ». Il faut être circonspect avant de décider qu'on a bien compris le sens d'une parole. Ceux qui abordent un enseignement, qui rejoignent un maître, où que ce soit, sentent bien que certains éléments de compréhension et de connaissance leur manquent pour vivre comme ils le voudraient. Ils se rendent compte qu'ils ont besoin d'être enseignés, et ils se tournent vers un gourou quel qu'il soit. Or tous les Enseignements, d'une manière ou d'une autre, nous disent que nous vivons dans l'erreur, que la vérité nous échappe et que nous avons besoin de quelqu'un qui vienne à notre secours pour nous sauver de cette erreur. Erreur, illusion, aveuglement, ignorance, sommeil — ce sont des mots qui nous amènent à douter de notre capacité à comprendre et à agir.

Non seulement nous sommes dans l'ignorance mais nous sommes prisonniers d'une fausse connaissance. Non seulement nous sommes dans l'aveuglement mais nous sommes trompés par une fausse vision. Il vaudrait mieux ne rien voir — parce qu'au moins on ne pourrait pas s'illusionner — que de voir de travers ou de voir autre chose que ce qui est. Si vous en êtes tant soit peu convaincus, si vous avez quelques indices que d'autres ont accompli un chemin de transformation, comprennent ce que vous ne comprenez pas, voient ce que vous ne voyez pas, vous leur faites confiance. Et du fait de cette fausse vision, l'Enseignement sur certains points sera tout à fait étonnant pour vous — avant de vous paraître évident parce que vous en aurez l'expérience. Quand cette fausse vision s'écroule, c'est d'abord surprenant, mais au bout de quelque temps, vous serez prêts à admettre que des paroles déroutantes puissent être vraies, même si ces paroles contredisent une expérience que vous n'auriez pas eu par vous-même l'idée de mettre en cause. Après tout quand, en classe de seconde, un professeur de physique explique aux jeunes lycéens que la matière est faite de particules dans du vide et que si toutes les particules solides qui composent un corps humain étaient agglomérées ensemble sans le vide qui les sépare, le corps humain ne serait pas plus gros qu'une tête d'épingle, ce genre d'affirmation est tout aussi surprenant.

De même un gourou est amené à vous dire des paroles révolutionnaires — quand ce n'est pas révoltantes. Il est indispensable de les vérifier par vous-même sinon vous tomberez dans le péché de paresse, qui consiste à penser à travers un gourou : le gourou l'a dit. Et imaginez même que vous ayez mal entendu le jour où il vous a parlé, vous transformez en vérité dogmatique une parole que vous aurez entendue et notée de travers. Il y a quelques années, certains ou certaines qui venaient au Bost m'ont montré les notes qu'ils rédigeaient après les réunions. C'était tout à fait curieux. Des personnes sincères, normalement intelligentes, ramenaient cet Enseignement à leur expérience ordinaire, même si j'avais apporté des éléments radicalement nouveaux ou bien notaient des phrases incompréhensibles pour moi et dont je ne voyais pas du tout à partir de quelles paroles elles avaient pu être élaborées.

« C'est le gourou qui l'a dit! » D'abord est-ce vraiment le gourou qui l'a dit? Deuxièmement est-ce que je comprends bien ce que signifient ces paroles?

***

Un très vieil ami à moi, un médecin, qui vient maintenant au Bost, avait rencontré une fois Swâmi Prajnanpâd quand celui-ci séjournait en France, à Bourg-la-Reine, en 1966. Après la mort de Swâmiji (1974), je lui ai demandé s'il avait pris des notes. Il m'a montré celles-ci et j'ai lu cette phrase en anglais : « *You are not for your patients, your patients are for you* », « vous n'êtes pas pour vos malades, vos malades sont pour vous ». J'ai d'abord été étonné et je me suis demandé si mon ami n'avait pas tout simplement inversé la parole de Swâmiji. J'étais habitué à un langage avec lequel vous commencez à être familiers vous aussi : « Non pas c'est mon fils, mais je suis son père »; « non pas j'ai un fils mais je suis un père »; « non pas l'autre est pour moi mais je suis pour l'autre »; ou encore : « l'autre ne sera jamais un avec moi mais moi je peux être un avec l'autre », langage de non-égoïsme que vous avez entendu et lu abondamment depuis six ans.

Mais le docteur m'a affirmé : « Je suis certain, je me souviens très bien de cette phrase. Swâmiji m'a bien dit » : « *You are not for your patients, your patients are for you* » « vous n'êtes pas pour vos malades, vos malades sont pour vous ». J'ai réfléchi à cette parole jusqu'à ce que je puisse la relier avec tout un aspect de l'enseignement de Swâmiji qui ne m'avait pas été personnellemnt transmis par une formule semblable.

C'est très important. Bien entendu, je maintiens ce que j'ai dit et écrit sur être et avoir. Il n'y a pas un mot à changer à ce qui a été publié. Mais nous revenons au thème central, sur lequel ou à partir duquel tous les malentendus deviennent possibles si on quitte tant soit peu la compréhension vivante. Ce thème central, il tient en deux mots : JE SUIS, ou même en un mot : JE. A partir de là chaque parole d'un gourou peut être mise en contradiction avec une autre parole du même gourou ou d'un autre gourou et on peut même opposer le Bouddhisme et l'Hindouisme sur la question de l'atma et l'anatma, du Soi du Vedanta et du Non-Soi du Bouddha, ou encore le « je » et l' « ego », jusqu'à ce que vous soyez perdus devant tant de contradictions. Et pourtant la Réalité Suprême est appelée atman, le Soi. Que les mots sont dangereux. Seuls, à la surface de la terre, les hommes ont un langage élaboré et structuré mais c'est avec ces mots que les hommes peuvent tellement s'opposer et vivre dans l'enfer de la tour de Babel, de la « confusion des langues ».

Atman signifie le Soi. Alors si je dis « moi », c'est affreux, et si je dis « Soi », c'est merveilleux? Le Soi est le fin du fin et le moi le pire du pire? C'est tout de même curieux. Et quelle différence y a-t-il entre le Soi et le moi? Est-ce qu'il peut y avoir un Soi sans le moi, un moi sans le Soi? D'autant plus que certains auteurs traduisent atman, en anglais Self, par Moi, bien que le mot Soi ait prévalu en français.

Le Chemin comprend deux aspects, un aspect d'effacement de soi et un autre aspect d'affirmation de soi. Tant que vous n'aurez pas tiré cette apparente contradiction au clair, vous serez mené par le mental, les réactions, les émotions et vous ne pourrez pas vraiment progresser. Mais si vous réconciliez les termes de cette contradiction, le Chemin s'ouvrira grand devant vous, la Voie sur laquelle j'ai été guidé par Swâmiji, et qui ne demande pas de se faire moine dans un monastère tibétain ou zen ou de vivre à tout jamais auprès d'un ermite dans une grotte du côté de Rishikesh.

Le choix de ce mot Soi ou *Self* n'est pas arbitraire. La Libération est la victoire absolue du Soi, et le Soi c'est chacun de vous. Donc le Chemin représente une affirmation de soi que vous ne pouvez même pas imaginer, même pas soupçonner. Et, en même temps, le Chemin demande un effacement de tout ce qui rapetisse, corrompt, dégrade, amenuise le Soi. « *Aham asmi* », qui veut dire simplement je suis, est un mantram. « *Aham brahmasmi* », je suis le Brahman, est plus courant mais « *aham asmi* », je-suis, est une affirmation essentielle du vedanta. Pour dépasser le je-suis limité, effrayé, infantile, insatisfait, mené par les émotions, vivant dans la non-vérité comme un poisson dans l'eau et pour être libre de l'ego, il faut d'abord et inévitablement prendre cet ego au sérieux et lui permettre de vivre sans mensonge, sans refoulement, sans répression, sans compensation, sans les mécanismes tellement tortueux dont vous souffrez ou dont nous avons tous plus ou moins souffert.

Il faut que vous puissiez réconcilier deux langages apparemment tout à fait contradictoires. Que signifie cette parole de Swâmiji : « Vos malades sont pour vous, vous n'êtes pas pour vos malades »? Comment un gourou hindou prêchant le non-égoïsme peut-il dire cela à quelqu'un qui vient le voir pour la première fois? Justement, à qui Swâmiji s'adressait-il? A un homme dont l'ego était plus ou moins mal en point et qui n'avait pas pu grandir et s'affirmer parfaitement. Une affirmation de soi est nécessaire, juste et normale et il ne faut pas la considérer comme un péché, un vice ou une marque d'égoïsme.

Puisque c'est le Soi qui est le but, ce n'est pas la peine de jouer indéfiniment sur les mots, c'est quand même nous, moi pour chacun, qui est le plus important. Ce qu'il y a de plus important au monde pour chacun, c'est soi-même. Ne réagissez pas tout de suite et ne me taxez pas d'égoïsme exacerbé. Vous ne pouvez transcender ou dépasser l'ego que par le triomphe du Soi sur tout ce que le Soi peut considérer comme un adversaire. Est-ce possible? Certains l'ont tenté dans la gloire, le pouvoir, une réussite exceptionnelle, mais ils n'ont jamais trouvé cette paix définitive promise par tous les maîtres. En fait, au départ du Chemin, nous sommes tous, plus ou moins, dans une situation qui est exactement la caricature, le renversement de la vérité : un manque de confiance en soi donc de confiance en la vie, une absence de « sentiment de soi », un défaut tragique de force intérieure.

Cela provient essentiellement de l'éducation. Si un enfant n'a pas été assez aimé, reconnu, aidé, apprécié, s'il a été critiqué, blessé par des paroles désobligeantes, des comparaisons, s'il s'est senti seul, incompris, il doute de lui. Il vit sans avoir vraiment confiance en sa vie et je dirais même sans oser vivre vraiment, comme s'il n'était pas convaincu qu'il a le droit d'exister, que son existence est très importante et qu'il a sa place au soleil. Or chacun étant l'expression de l'atman, du

Soi, se nier soi-même, douter de soi, c'est nier le Soi, c'est douter du Soi, donc une attitude blasphématoire et sacrilège. Le tout, c'est de savoir quelle affirmation de soi nous allons proclamer. Est-ce une caricature, un ego inconsistant et malade ou est-ce l'aube de l'atman?

Dans les conditions ordinaires, un être humain n'ose pas, de façon normale, naturelle et aisée, s'affirmer. Je ne parle pas de tous les comportements plus ou moins pathologiques. Un être humain n'ose pas se tenir droit et exprimer : « C'est moi, et j'ai le droit de vivre et je suis immensément important. » Parce que je suis le Brahman — *aham brahmasmi* —, je suis Shiva — *shivoham.* Aucun être humain aujourd'hui n'est sûr de lui, établi en lui-même sur ses propres fondations, et chacun remplace cette véritable affirmation par toutes les compensations possibles à ce doute : l'orgueil, la vanité, la comparaison permanente avec les autres, la jalousie, la susceptibilité, la conviction de n'être jamais traité comme on devrait l'être, jamais reconnu à son juste mérite et toutes les autres formes de l'infantilisme sous le masque d'un adulte.

C'est l'inversion de la situation juste. Mais si, à cet ego sans structure, presque à cette absence d'ego, on enseigne tout de suite l'effacement, le dépassement, cela demeure non seulement incompréhensible mais impossible.

***

L'ego est comparable au jaune d'œuf quand on donne l'œuf à couver à la poule. Il y a un tout petit germe qui baigne dans une certaine quantité de jaune et de blanc. Et puis, au bout de quelque temps, quand le poussin brise la coquille, il n'y a plus trace ni de jaune, ni de blanc. L'œuf a disparu et c'est un poussin tout formé qui sort de la coquille. L'ego est dévoré peu à peu, comme le jaune et le blanc d'œuf, jusqu'à ce que le Soi se révèle. Cette image peut-être approximative se révèle assez efficace. Au départ, la vraie affirmation de soi, ou du Soi, n'est qu'un petit germe au-dedans de nous et peu à peu ce germe grandit, grandit, se nourrit — si je peux dire — de nos pensées, de nos émotions, de nos prédispositions subconscientes (nos *vasanas* et nos *samskaras*), de tout ce qui nous constitue et puis un beau jour il n'y a plus de jaune, il n'y a plus de blanc, il n'y a plus que le poussin. L'ego au sens restrictif du mot a disparu.

Voyez bien que c'est la croissance du poussin et l'affirmation du poussin qui est décrite dans cette comparaison. Vous ne pouvez pas considérer qu'un homme comme Khalifa Sahib - e - Charikar ou Kangyur Rimpoché, ou une femme comme Mâ Anandamayî, sont « tellement humbles, tellement effacés, qu'ils n'existent plus ». Au contraire ce qui nous frappe auprès de tous les maîtres, les sages ou les yogis que nous approchons, même si leur style est différent, c'est qu'ils nous donnent une impression de présence et de force intérieure très supérieure à la moyenne. Et surtout une impression de force et de présence sans restriction. Il n'y a plus aucun doute, plus aucune faiblesse, plus aucune crainte nulle part. Comprenez bien que cet effacement de l'ego, cette mort à soi-même, ne sont que l'effacement ou la mort de la limitation, de la séparation, de l'incomplétude, de la « finitude ». Si quelqu'un proclame « je suis » avec une aisance parfaite, c'est bien Mâ Anandamayî, et s'il y a quelqu'un qui, avec une aisance parfaite, proclamait « je suis », c'était bien Kangyur Rimpoché. De tous les « éveillés », vous sentez qu'ils manifestent exactement le contraire du doute, de la faiblesse, de l'incertitude, de la difficulté à être, exactement le contraire.

Dire à quelqu'un qui n'existe même pas : « vous devez mourir à vous-même » n'a aucun sens. Compte tenu de ce que notre éducation n'a pas été ce qu'elle aurait pu être, le Chemin comporte une part d'affirmation juste de soi-même, et cette part d'affirmation juste est indispensable, vous ne pouvez pas en faire l'économie. Comme disait Swâmiji : « *You cannot jump from abnormal to supranormal* » « vous ne pouvez pas bondir de l'anormal au supranormal ». Vous devez aller de l'anormal au normal et du normal au supranormal. Et ce que Swâmiji appelait « anormal » n'est pas forcément considéré comme pathologique par la psychologie moderne. Pour Swâmiji tout le monde était plus ou moins « anormal ».

Vous êtes appelés à vous manifester, à vous exprimer dans ce monde, à manifester ou à exprimer l'énergie divine dans ce monde. Et vous êtes appelés à exprimer que vous êtes. Simplement cernez peu à peu de mieux en mieux le « je-suis » partiel, forcé, qui n'est que l'inverse d'un immense doute sur sa propre existence et d'une impression poignante de ne pas compter, de ne pas avoir d'importance, de ne pas avoir de place, de ne pas être reconnu. Cette émotion tragique, fondamentale, est niée, réprimée et refoulée autant que possible, et compensée par les différentes distorsions de l'ego, vanité, prétention, mensonge, imitation, comparaison, renforçant de plus en plus la prison de l'individualisme.

***

« Je suis un père ». Si je suis un père, cela veut dire normalement que je suis aussi un mari. Donc, pour pouvoir *être* un père, *j'ai* une femme, *j'ai* des enfants. Pour pouvoir abriter ma femme et mes enfants, j'ai une maison. Pour pouvoir nourrir ma femme et mes enfants, j'ai un métier. Et tout ceci est là pour moi, pour me permettre d'être : autrement comment pouvez-vous être? Essayez de comprendre le sens de cette parole si étonnante de Swâmiji : « Vous n'êtes pas pour vos malades, vos malades sont pour vous ». C'est une grande parole, peut-être celle qui exprime le mieux un aspect important de l'Enseignement.

Osez considérer que vous êtes, osez considérer que vous existez, et que ce qui est nécessaire à votre existence vous appartient légitimement. Et faites disparaître toutes les compensations névrotiques à l'insignifiance du sentiment de soi, au doute sur soi-même, à la peur de s'affirmer. Il y a des êtres humains qui n'osent même pas exister tant ils ressentent l'impression qu'ils n'ont pas le droit d'être et qu'il n'y a aucune place pour eux dans ce monde. Ils souffrent et ils se débattent n'importe comment pour échapper à cette souffrance alors qu'au fond d'eux-mêmes l'Être suprême, le fait d'être, suprême, est en plénitude : « Nature Originelle », « Atman », il y a bien des vocables. Une partie du Chemin consiste à vous mettre au monde, à vous faire enfin être, enfin exister, enfin oser proclamer « je-suis ». Auprès de Swâmiji il n'y avait aucun doute possible. Je sentais bien que beaucoup d'écueils étaient là, beaucoup de pièges aussi, dans lesquels je risquais de tomber, mais que, fondamentalement, m'affirmer était l'acte le plus juste qui soit, un acte sacré. C'était rendre hommage à l'être, rendre hommage à l'existence. Nous avons été créés à l'image de Dieu et si nous doutons de nous, nous doutons de Dieu lui-même. Nous sommes l'atman, le Soi, et si nous doutons de nous, nous doutons du Soi lui-même. Ne confondez pas l'effacement de l'ego, l'humilité, la simplicité, la mort à soi-même du sage et le complexe d'infériorité.

Osez être.

Soyez.

Le gourou nous crée, nous met au monde peu à peu, il nous crée pour nous mettre au monde. En neuf ans plutôt qu'en neuf mois, Swâmiji m'a procréé, jusqu'à ce que j'ose, que je puisse être.

Bien entendu quand enfin on est, on n'éprouve plus aucun besoin de se comparer, ce qui est une des maladies de l'ego et du mental. On n'a plus aucun doute sur son existence. Que Monsieur Dupont me traite d'imbécile ou que Monsieur Durand me trouve génial, cela m'est égal, cela est égal pour moi. Je n'ai plus besoin de l'opinion de Monsieur Dupont ou de Monsieur Durand pour savoir si je suis certain d'être et certain d'exister, si j'ose croire en moi, croire que j'ai une place au soleil, et croire que métaphysiquement, je suis un personnage infiniment important, que je suis fils de Dieu ou, comme le disent les Hindous, une manifestation, une émanation de Dieu. Pourquoi avons-nous besoin d'être à tout prix reconnus par notre voisin ou par notre collègue, quand nous sommes si pleinement reconnus par la Réalité Suprême elle-même?

Il y a une façon juste de sentir : j'ai une femme qui est là pour moi, pour me permettre d'être un mari; j'ai un enfant qui est là pour moi, pour me permettre d'être un père; et j'ai des clients qui sont là pour moi pour me permettre d'être un médecin. Comment pouvez-vous être? Et la situation ordinaire, où Swâmiji nous qualifiait d'infirmes, estropiés, rabougris, tordus, (je vous traduis les mots anglais) est une tragique et pitoyable caricature de cette glorieuse Vérité, de cette glorieuse Liberté, de cette toute-puissance du Soi. C'est l'expression du doute, d'un doute fondamental sur soi, je ne dis même pas sur son être : sur son droit à être — alors que la définition de la Réalité, c'est « je-suis ».

Très souvent, cette caricature se manifeste par une condition que, fondamentalement, on refuse. Par exemple, combien de mères, honnêtement, sentent que leurs enfants les fatiguent, les épuisent, leur demandent trop, leur posent des problèmes ? Que c'est lourd! Combien de médecins, surtout les généralistes qu'on réveille à n'importe quelle heure de la nuit pour un rhume de cerveau ou un saignement de nez insignifiant, sentent : « Que mes patients pèsent sur moi! » Ce qui fait qu'au lieu de se donner consciemment en pâture, — comme celui qui a réalisé qu'il était l'atman, que rien ne naît, rien ne meurt, « qu'il ne mange rien et il n'est mangé par personne » — ils se sentent dévorés, le médecin par ses malades, la mère par ses enfants, chacun par ce qui compose son existence, tout en le refusant, ce qui est exactement l'inversion du don de soi et de la non-protection qui sont si évidents chez un sage.

Une parole musulmane dit : « Satan est le singe de Dieu », c'est-à-dire il agit de la même façon que Dieu, mais à l'envers. En nous Dieu affirme « Je-Suis » et Satan affirme « je-suis », mais ce n'est pas le même « je-suis ». Il y a une distorsion qui fait toute la différence. En nous Dieu affirme : « Prenez et mangez, ceci est mon sang versé pour vous, prenez et mangez, ceci est mon corps rompu pour vous », et Satan affirme : « Je suis bouffé du matin au soir par les problèmes, par les autres, par tout ce qui compose mon existence ». Or « la vie » pour chacun c'est sa vie à lui, les événements qui composent son existence, sa mère, sa belle-mère, son voisin, ses enfants, son patron, sa secrétaire, son inspecteur des contributions, son concierge, etc.

Bien sûr que le but est d'être libre de ces petitesses dérisoires de l'ego, libre du sens même de la séparation et de la dualité. Il n'y a pas un mot que je veuille changer à tout ce que j'ai dit ou écrit jusqu'à présent. C'est simplement une manière un peu différente de revenir à ce thème qui parsème mes causeries : « Moi », « Soi », « Je suis ».

***

Éliminons pour l'instant la question de *samskaras* puissants dont l'origine serait à découvrir dans des existences précédentes. En s'en tenant à cette vie-ci, cette affirmation de soi juste, indispensable pour pouvoir atteindre la sagesse, grandit ou, au contraire, est étouffée dans l'enfance. Les psychologues, les pédiatres, l'affirment aussi. Le résultat est là aujourd'hui mais que vous ayez vingt ans ou cinquante ans, c'est aujourd'hui que le Chemin s'ouvre devant vous et ce sera demain que le Chemin s'ouvrira devant vous et ce sera encore après-demain que le Chemin s'ouvrira devant vous. Une rééducation est nécessaire pour des ego tellement blessés et tellement effrayés.

Est-ce que vous sentez que vous avez le droit d'être, et que vous avez le droit à ce qui vous est nécessaire pour exister? Un des miracles que peut faire un gourou, c'est de vous donner ce que vos parents n'ont pas su vous donner, c'est-à-dire cette conviction que vous êtes très important — mais pas caricaturalement important. Je suis obligé, pour être sûr qu'il n'y ait aucun malentendu entre nous, de passer tout le temps d'un registre à l'autre et de préciser : « La phrase que je viens de prononcer peut être prise d'une manière dérisoire par l'ego, par le singe de Dieu. » Mais j'affirme que ce droit à être a une valeur métaphysique, une valeur sacrée.

Maintenant, dans le relatif, qu'est-ce qui vous est à chacun nécessaire pour vous sentir exister au-delà de vos manques, de vos frustrations, de vos doutes, de vos complexes, de vos inhibitions? Soyez tout à fait réalistes, tout à fait concrets. Qu'est-ce qui m'est nécessaire à moi, tel que je suis aujourd'hui, pour transformer ce doute en certitude et cette humiliation en humilité? Votre vraie naissance sera le jour où vous oserez sentir sans aucune restriction, « je suis », et où rien dans l'inconscient ne viendra dire : « Ce n'est pas vrai. » Oubliez la métaphysique, oubliez le moi, oubliez le Soi, oubliez tout ce que vous avez lu, ce ne sont que des mots. La vérité c'est la vie, l'être et la vie. Et l'être et la vie ne planent pas dans les nuages, l'être et la vie sont en vous, l'être et la vie sont vous.

Osez être. C'est un acte religieux, un acte de disciple, ce n'est pas un acte de mégalomane, de paranoïaque ou d'égoïste. Tout le reste est mensonge, tout le reste est caricature, tout le reste est compensation — tout le reste est dérisoire. Et osez sentir : moi. Ego ou pas ego, on verra plus tard. « Oh, je ne suis pas cet être corrompu, limité, périssable! » Pour l'instant vous êtes ce que vous êtes, vous avez conscience de vous tel que vous avez conscience de vous et, au risque de paraître me contredire encore plus, osez sentir, chacun pour soi : Moi, moi. A la face des autres, à la face du monde, moi, j'existe et j'ai le droit d'exister et je vis, et par mon existence, je proclame l'existence même de Dieu. Et si cela vous fait plaisir de dire : moi, Gilbert Ménat ou moi, Anne-Marie Charmelin, dites-le. « Oh je m'identifie à la forme physique et au nom qui est inscrit sur ma carte d'identité » — et vous allez utiliser des paroles qui sont vraies en elles-mêmes pour vous faire du tort. Moi, Gilbert. Quand vous étiez petit on vous appelait simplement Gilbert, et c'était Gilbert qui avait ou qui n'avait pas le droit d'être, qui était ou qui n'était pas reconnu, qui avait ou qui n'avait pas sa place dans le monde. Moi, Gilbert, je suis l'héritier du Royaume, je suis le fils de Dieu, je suis l'atman. Voilà la vérité.

Maintenant, qu'est-ce qui ne va pas, et si c'est « moi, Gilbert, malade », guérissons. Un être malade, très malade, ressent toujours « je-suis » et, même à travers sa maladie, affirme « je-suis ». De même pour les maladies spirituelles et les maladies psychiques. Je suis malade et ma dignité veut que je guérisse — je parle spirituellement, parce qu'on peut guérir spirituellement en étant un grand infirme. Mais commencez par oser prendre conscience de vous et affirmez : « je-suis », et je vais exister d'une manière conforme à ma potentialité et à ma dignité d'homme, guérir spirituellement, guérir de la peur, de la faiblesse, de la jalousie, de la timidité, de l'agressivité, du doute, de toutes ces infirmités émotionnelles et mentales — non au sens psychiatrique mais au sens védantique.

Bien sûr que, dans l'inconscient — je dis bien dans l'inconscient —, des voix vont essayer de nier cette toute simple affirmation : « je-suis ». Dans l'inconscient des voix prétendent : « je ne suis pas ». Ce n'est pas vrai : vous êtes. Mais parfois l'inconscient ne peut plus le croire — parce que vous n'avez pas été vraiment accepté par votre mère qui a renâclé devant cette grossesse, parce que votre mère n'a pas été en mesure de s'occuper de vous comme il l'aurait fallu à un moment ou à un autre de la petite enfance, parce qu'un peu plus tard votre père vous a accablé pour quelques mauvaises notes, parce qu'on vous a tout le temps comparé à votre frère ou à votre cousin. Et, peu à peu, vous avez gravé, enfoui en vous : « Je ne suis pas, je n'existe pas, je ne suis rien; ce n'est pas pour moi, c'est pour les autres; les autres y ont droit, je n'y ai pas droit; les autres sont reconnus, je ne suis pas reconnu. »

Et, comme la force de vie en vous ne périra jamais, le résultat c'est que, ne pouvant pas être et vivre de façon juste, vous êtes condamnés à être et vivre de façon fausse à travers la susceptibilité, la vanité, le chantage affectif, les pleurnicheries pour vous rendre intéressants et la souffrance, en ayant l'impression que plus vous souffrez, plus vous manifestez que vous existez ou plus quelqu'un, fût-ce Dieu lui-même, va s'intéresser à vous. Or Dieu paraît bien cruel parce que très souvent il ne paraît guère s'intéresser aux gens qui souffrent et qui continuent à souffrir. La guérison spirituelle commence quand vous affirmez : « je suis malade ». Quand vous affirmez je suis malade, vous affirmez : je-suis. Premièrement je suis et j'ai le droit d'être, et je suis destiné à être; deuxièmement je suis spirituellement malade et je viens pour guérir. C'est l'attitude fondamentale, qui, elle, est manifestement métaphysique : *aham asmi,* je suis; *shivoham,* je suis Shiva; *aham brahmasmi,* je suis le Brahman. Concrètement, dans la *maya,* le monde phénoménal qui nous dupe pendant un certain temps, la psychologie vient en renfort de la métaphysique.

En quoi consiste l'étouffement en vous du sentiment d'être, pas le petit « je-suis », non, mais je suis le Soi, je suis l'atman, je suis l'existence absolue, éternelle, Être-Conscience-Béatitude, *sat-chit-ananda,* Nature-de-Bouddha? Relativement je suis laid, je suis si laid physiquement que jamais une femme ne s'intéressera à moi, ou je suis si laide physiquement que jamais un homme ne s'intéressera à moi. Je suis si bête, si incapable d'avoir de bonnes notes, si mauvais élève que tout le monde me trouve minable, lamentable. Oh, oui Belmondo a le droit de vivre, Giscard d'Estaing a le droit de vivre, mais pas moi. Et c'est là où le Chemin, l'Enseignement viennent à votre aide, pour libérer cette conviction que vous avez le droit d'être, cette conviction qui seule peut vous donner la paix et le bonheur. Si, dans la pauvreté et la misère, vous êtes convaincus de ce « je-suis » vous serez tout à fait heureux mais si, dans l'opulence, vous doutez de votre « je-suis », vous serez tout à fait malheureux.

***

Pour libérer cette affirmation, beaucoup d'habileté est parfois nécessaire. Il faut faire taire l'une après l'autre toutes les voix profondes qui proclament : « ce n'est pas vrai, je ne suis pas. » Entendez-le de la façon la plus simple. Vous me demandez : « qui va dire : moi, j'existe »? Qui, le moi? l'ego? le Soi? et je vous réponds : Non, non, oubliez tout cela. Qui va dire : « moi, j'existe »? *Vous,* parce qu'en vérité *vous* existez, et votre existence même proclame « je-suis », fût-ce « je suis malade », fût-ce « je suis malheureux », fût-ce « je suis désespéré ». L'être est à la source de chaque instant de la vie de chacun. Mais parfois ce « je-suis » si naturel, si évident est — ou plutôt paraît être, parce que dans le fond du fond l'atman est toujours intouché — blessé, meurtri, infirme.

Certains êtres survivent avec un « je-suis » qui est presque tué psychologiquement. En fait, ils vivent et ils sont. Mais, dans leur conscience d'être, tout est doute, blessure, souffrance, aliénation. Osez l'entendre de la façon la plus simple, mais puissiez-vous l'entendre : « Reprenez confiance, vous allez guérir, vous avez le droit d'être ». C'est peut-être la plus grande parole qu'un gourou puisse prononcer, à condition qu'un moment vienne où nous l'entendons, où sa parole nous touche jusqu'au fond de notre cœur. Le gourou nous regarde dans les yeux et nous dit : « Vous êtes très important, tout à fait important, reconnu, respecté, votre existence a une valeur absolue ». Et là, ne compliquez pas, ne finassez pas : « Mais l'existence de quoi? de l'ego? du corps subtil? du corps causal? d'anandamaya kosha? » Ne compliquez pas votre existence. Oubliez provisoirement ces points d'appui d'une démarche plus méthodique que sont la théorie des « corps », la théorie des « *koshas.* » (Revêtements du Soi suprême.)

Ce sentiment d'être grandit à mesure qu'il guérit, comme le poussin grandit en dévorant le jaune d'œuf. Comme le petit germe qui grandit à l'intérieur de la coquille, ce « je-suis » grandit en vous en se nourrissant de ce qui, aujourd'hui, paraît au contraire vous dévorer, c'est-à-dire de ce qui vous constitue et ce qui constitue votre existence. C'est comme cela que le Soi s'épanouit, jusqu'à ce que toutes les limites et les impuretés aient disparu, jusqu'à une existence qu'on peut appeler absolue. Sur cette existence absolue du Soi on a beaucoup dit ou écrit. Mais c'est de vous qu'il s'agit. Le point de départ c'est vous, le point d'arrivée aussi. Vous verrez bien comment vous allez grandir, vous verrez bien comment vous allez dépasser le sens de la séparation, le sens de la limitation. Vous allez devenir infinis, vous allez découvrir que votre propre conscience est aussi vaste que l'univers entier.

Vous savez, auprès de Swâmiji, il m'a fallu des années pour croire en moi. Maintenant je peux comprendre à quel point je ne croyais pas en moi, à quel point je doutais — et tout le monde doute. Par conséquent j'étais obligé de donner une importance exagérée au peu qui me rassurait. J'étais assez bon élève, je passais toujours dans la classe supérieure sans redoubler, j'ai eu mon baccalauréat à seize ans. Et puis je suis rentré en hypokhâgne pour « faire Normale Supérieure » et, au bout de trois mois d'hypokhâgne, j'ai vu que je ne pouvais pas suivre, je m'essoufflais. Ah, j'ai compris que même ce point d'appui intellectuel me trahissait : je ne suis même pas si doué intellectuellement que je le croyais parce que j'ai été premier en français, second en philo; avec ceux qui sont vraiment forts je ne peux plus me mesurer. Alors j'ai commencé à compenser, par n'importe quoi — et je ne vous donne là qu'un exemple, il y en aurait beaucoup d'autres.

Si nous disséquons un corps subtil et non plus un corps physique, nous retrouvons une grande complexité ou, si vous préférez, une grande richesse d'émotions, de peurs, de désirs réagissant les uns sur les autres. Tout devient compliqué, plus rien n'est aisé, naturel, et cela parce que nous n'osons pas nous affirmer. Nous ne pouvons pas proclamer : « j'existe, c'est moi, j'ai le droit d'être ». Et entendez bien cette phrase de Swâmiji : « Mes patients sont pour moi, pour me permettre d'être un médecin, pour me permettre de grandir. Mon dharma est d'être médecin, donc il faut que j'aie des malades à soigner, sinon je ne suis plus médecin; donc les malades sont pour moi ». Tant mieux pour eux s'ils guérissent, mais mes malades sont pour moi — parce que c'est de vous qu'il s'agit.

Soyez intelligemment égoïstes, et l'ego peu à peu deviendra le Soi. Osez, osez vous affirmer : « Je suis un père et je vais réussir l'éducation de mes enfants. Je suis un père, je suis un époux, je suis un médecin, je suis un directeur, je suis une secrétaire, je suis un maçon, c'est moi ». Et je suis un être divin, voilà la vérité, je suis Shiva, je suis l'atman. Si le sentiment de soi réel grandit, les compensations inutiles tomberont, les susceptibilités infantiles tomberont.

Mais proclamez ce que vous êtes, pas ce que vous voudriez être parce que, cela, c'est un mensonge. J'ai plusieurs fois fait référence à cette comparaison (véridique) que Swâmiji m'avait donnée un jour : un petit garçon indien dont le père était médecin s'était emparé du stéthoscope et le traînait derrière lui en proclamant : « je vais soigner les malades pour gagner de l'argent ». Combien d'adultes sont aussi infantiles et aussi éloignés de la vérité que cet enfant. N'affirmez pas ce que vous n'êtes pas, comme le fait l'ego à longueur de journée pour essayer d'améliorer un peu la situation — affirmez ce que vous êtes. Et en affirmant ce que vous êtes, peu à peu vous affirmerez le Soi lui-même et les limites, les « finitudes » disparaîtront. Un ego doutant trop de lui ne peut pas réaliser l'atman. Jamais. Tout ce qu'il pourra, c'est rester dans sa peur, sa petitesse, sa vulnérabilité, sa faiblesse, et espérer que quelque chose de miraculeux va lui être donné du dehors, par la grâce du gourou, par Dieu, par le Christ, alors que la source miraculeuse est au-dedans de vous.

***

Si vous entendez bien ce que je dis, il n'y a aucun danger d'orgueil. L'orgueil, c'est l'autre visage du doute. Si vous êtes sûr de vous, il n'y a aucun orgueil. Il n'y a d'orgueil que s'il y a un doute qu'on est obligé de compenser par cette vanité. C'est ce qui est étonnant à remarquer chez un maître quel qu'il soit, c'est qu'on sent en lui une affirmation très forte de sûreté, mais on n'a pas l'impression d'un orgueil, même si certaines proclamations pourraient sembler orgueilleuses. Tous les maîtres que j'ai approchés agissent comme si c'était une évidence, un postulat qui n'est même pas discutable, qu'ils sont, qu'ils voient clair, que ce qu'ils disent est vrai. Plus le moindre doute, plus le plus petit soupçon de complexe de quoi que ce soit.

Si vous exprimez un fait dont vous êtes certain, si, simplement, vous affirmez ce qui est, est-ce qu'il y a là de l'orgueil? Non. Il n'y a d'orgueil que si, à travers cette affirmation, vous voulez masquer un doute ou une infériorité. Alors vous allez me dire avec orgueil : « J'habite l'avenue Foch à Paris » (pour ceux qui connaîtraient mal Paris c'est l'endroit où les appartements sont les plus coûteux). Mais si vous n'avez aucun doute sur votre sentiment de soi et qu'il se trouve que vous habitez avenue Foch, vous précisez : « J'habite avenue Foch » mais vous diriez aussi bien : « J'habite rue de Belleville ». L'orgueil ou, au contraire, l'humiliation meurtrie sont le concave et le convexe, les deux faces de la même attitude, l'expression de ce manque de conviction et de ce doute fondamental sur soi-même.

Ce qui n'a pas été accompli dans l'enfance, c'est à chacun

de l'accomplir maintenant, intelligemment. Un enfant prétentieux n'affirme pas la réalité de son être, il affirme son doute. Ce n'est pas de cela que je parle aujourd'hui : « La maîtresse a dit que mon dessin était le plus joli, la maîtresse a dit que mon dessin était le plus joli, la maîtresse a dit que mon dessin était le plus joli. » Cela trahit que la veille on lui a dit qu'il était le plus nul en gymnastique. Mais si vous savez que vous êtes le Soi, où l'orgueil peut-il bien intervenir? Et où l'humiliation peut-elle bien se manifester?

Et je vais vous dire plus : « Si vous avez, osez avoir. » La plupart des êtres humains n'osent même pas avoir ce qu'ils ont. Quelque part ils doutent que c'est vraiment pour eux, qu'ils y ont vraiment droit. Swâmiji m'avait dit que la plupart des hommes qui ont pris le pouvoir — Napoléon, par exemple — ne l'ont pas gardé parce qu'ils n'ont jamais cru qu'ils y avaient vraiment droit et que, au contraire, la plupart des souverains qui sont nés comme princes héritiers sont tellement imprégnés de la conviction que leur pouvoir est légitime, qu'ils ont conservé celui-ci. Ils n'ont pas attiré de catastrophe. Ils ont été portés par une reine qui savait qu'elle mettait au monde le futur roi, ils ont grandi entourés d'influences, de vibrations même : « Altesse, votre Altesse ». Cela devient évident pour eux.

Tandis que Napoléon, qui a grandi dans les querelles de famille avec les Pozzo di Borgo, qui n'était même pas très sûr que ce ne soit pas les Pozzo di Borgo qui aient le droit d'exister plutôt que les Bonaparte, Napoléon s'est trouvé maître de l'Europe et a tout perdu. Fondamentalement, il ne pouvait pas croire qu'il avait le droit d'épouser Marie-Louise, qui était de descendance impériale. Le coup fatal pour lui a été de parvenir à épouser non plus Joséphine de Beauharnais mais la fille d'une tête couronnée. A partir de ce moment-là, ce fut la fin : « je ne suis pas à ma place, ce n'est pas normal, ce n'est pas juste », disait l'inconscient. Il a commencé les erreurs, et il a tout perdu. Adolf Hitler, Mussolini, ceux qui n'étaient pas nés pour régner ont aussi attiré une tragédie qui leur a fait perdre le pouvoir.

Mais Swâmiji n'avait pas pour but, en tant que gourou

hindou, de m'enseigner un peu d'histoire de France. Il me demandait : « A quoi est-ce que vous, Arnaud, vous croyez? Vous croyez vraiment que vous êtes un père, que vous êtes digne d'être un père, ou que ce n'est pas pour vous d'avoir des enfants? Vous croyez que vous êtes réalisateur à la Télévision? Vous croyez que c'est normal que vos films soient programmés, ou est-ce qu'au fond de vous-même vous pensez que c'est bon pour les autres mais pas pour vous? »

Certains ne se croient pas vraiment dignes d'avoir l'existence qu'ils ont. Et puis ensuite ils se plaignent et compensent par des rêves plus ou moins extraordinaires : « Non, non, je ne suis pas digne d'avoir ces moyens financiers ». Et alors? Je ne suis pas digne de soigner des malades si je suis médecin? Je ne suis pas digne d'enseigner des élèves, si je suis professeur? Ce n'est pas pour moi, ce n'est pas pour moi? Comment voulez-vous qu'un ego qui doute de lui à ce point puisse s'épanouir et réaliser son identité avec le Soi? Le Soi affirme : « Je suis tout, je suis tout-puissant, je suis indestructible, je suis ce qu'il y a de plus grand dans l'univers, je suis la Réalité suprême » L'ego affirme : « je suis un pauvre être, frustré, hésitant, incertain. » Et, bien entendu, il compense par des rêves, des imaginations, de la souffrance, la perpétuelle comparaison avec les autres qui sont mieux traités et mieux considérés.

***

Le langage du vedanta non-dualiste enseigne que l'essence suprême d'un être humain n'est pas autre que la Réalité divine. Si un être religieux avait l'audace de dire un blasphème quelconque : « j'emmerde Dieu », ou d'aller dans les églises pour insulter les crucifix, il aurait la conviction de commettre vraiment un sacrilège. Mais celui qui doute de lui commet un pareil sacrilège. Il attente à l'atman, il insulte l'atman, le Soi suprême qui est sa véritable réalité. « *That twam asi,* cela tu l'es », dans la Chandogya Upanishad, s'adresse à chacun.

Si vous doutez de vous, vous doutez de Dieu, si vous pensez

du mal de vous, vous blasphémez. Et si vous affirmez l'ego dans sa petitesse, si vous vous vantez, c'est encore une façon de blasphémer, c'est oser croire que cela ajoute quelque chose à l'atman de dire : « je suis ancien interne des hôpitaux de Paris ». Quelle dérision, affubler Dieu du titre d'ancien interne des hôpitaux de Paris alors que Dieu est le maître tout-puissant, créateur de cet univers! L'atman est brahman : *ayam atma brahma.* Cet atman est brahman. Le Soi de chacun est l'Absolu. Si vous doutez de vous, vous doutez de Dieu et vous blasphémez et si vous vous vantez ou si vous vous enorgueillissez d'une de vos qualités relatives, vous vous moquez de Dieu également, parce que vous lui attribuez un titre dont Il n'a que faire. En quoi l'atman que vous êtes a-t-il besoin d'être glorifié par un titre quelconque?

Parce que vous n'êtes pas habitués à ce mot atman et que vous ne le ressentez pas comme le ressent un hindou qui a grandi dans le contexte culturel sanscrit, puisque vous êtes habitués au mot Dieu, employez le mot Dieu. *Aham brahmasmi,* signifie je suis Dieu. Et ensuite vous éprouvez le besoin de rajouter quelque chose? C'est cela qui est grotesque, offensant. On ne peut que se taire après avoir senti vibrer au fond de soi une pareille affirmation. Le « complexe d'infériorité » est un comportement antireligieux. Si vous avez un complexe d'infériorité il faut en guérir et ne pas le prendre pour de l'humilité; c'est exactement l'inverse de l'humilité.

Je vous promets qu'il y a une façon juste et qui vous conduira au non-égoïsme d'entendre cette parole : « Je suis ce qu'il y a de plus important dans l'univers et tout cet univers est pour moi, pour me permettre d'être. » Il y a une façon juste d'entendre cette parole qui vous conduira à l'humilité, à être débarrassé de l'égo, de la comparaison, de la peur, du désir, de la dualité — complètement. Mais commencez par là : Je suis l'héritier du Royaume, je suis fils de Dieu, je suis l'atman. Ces enfants sont là pour me permettre d'être un père, et cette femme est là pour me permettre d'être un époux, et ces patients sont là pour me permettre d'être un médecin, — et tout le reste de votre existence de la même manière.

Fondamentalement qu'est-ce qu'on peut voir si on a les

yeux ouverts? Des êtres humains qui doutent d'eux, qui doutent encore bien plus que Napoléon n'a jamais douté d'avoir le droit d'épouser Marie-Louise, des êtres humains qui doutent d'eux, qui doutent de tout, qui croient à peine qu'ils ont le droit d'exister, qui ne croient même pas qu'ils ont le droit d'exercer le métier qu'ils exercent, qui ne croient pas qu'ils ont le droit d'avoir quoi que ce soit, et qui compensent immédiatement par n'importe quelles affirmations stupides de vanité, de vantardise, d'amour-propre, affirmations qui sont constamment battues en brèche et mises en cause par l'existence, et qui le seront toujours.

Mais ce que j'ai dit aujourd'hui, recevez-le avec le sentiment, non avec la tête. La tête ne peut entendre que des mots compris de travers et auxquels elle donnera un sens mensonger. Le cœur, lui, peut l'entendre.

9

JE SUIS CE QUE JE SUIS

Il y a beaucoup moins de différence qu'on ne pourrait le croire entre l'existence quotidienne, même pour un débutant sur le Chemin, et le But suprême; heureusement d'ailleurs, parce que c'est ce qui permet un Chemin réel et une nouvelle manière de vivre qui peut en quelques années, en tout cas en une existence, conduire au But.

A cause de la manière erronée et mensongère dont on vit, soumis à l'illusion et au mental, il y a, d'un certain point de vue, un abîme entre le fini et l'Infini, le limité et l'Illimité, le temps et l'Éternité. Cette différence est éclatante dans une certaine approche de la spiritualité et il semble qu'entre le statut de l'homme ordinaire et celui d'un Ramana Maharshi par exemple ou d'un Bouddha, elle soit si grande qu'on ne pourra jamais arriver à accomplir vraiment ce Chemin!

Mais de l'autre point de vue, si certaines vérités vous parviennent, vous verrez comment vivre dès à présent d'une manière nouvelle qui vous convaincra que cet abîme est peut-être bien moins vaste que vous ne l'avez ressenti jusqu'ici. Certaines des « Grandes Paroles » des Upanishads sont vraies tout de suite, même celles qui paraissent avoir un sens ultime. Et pour que cette nouvelle manière de vivre vous devienne possible malgré l'inertie des habitudes du mental, le langage est important, un langage qui doit être rigoureux, et qui ne consiste pas simplement à se payer de mots ou se faire plaisir avec de belles formules auxquelles nous donnons volontiers notre adhésion.

Pour illustrer ce que je veux dire aujourd'hui, je vais m'appuyer sur la vérité ultime. Dans la Bible, Dieu donne au moins une définition de Lui, Dieu se présente, si je peux dire. C'est l'épisode du buisson ardent où il déclare à Moïse : « Je suis Celui qui suis ». Il se trouve que cette Parole de Dieu en hébreu a été diversement traduite : « Je suis Cela : Je suis. » Ou : « Ce que je suis, c'est « Je suis ». Ou encore : « Je suis ce que Je suis. » Mais ces différentes traductions tournent autour de cette affirmation : « Je suis ce que Je suis. » Et j'ai déjà signalé qu'en sanscrit « *Aham asmi* », qui signifie simplement : « Je suis » — pas : « Je suis Brahman » ou « Je suis Shiva » — est un mantram.

Vous lirez aussi dans certains textes métaphysiques que « je suis » ne désigne pas la Réalité suprême parce que « je suis » ne s'affirme que par rapport à « je ne suis pas », que la distinction entre l'être et le non-être relève seulement de l'ontologie mais non de la métaphysique et que la Réalité suprême est au-delà de cette distinction, au-delà même de l'être et que l'être est une première définition de l'Absolu.

Ne vous laissez pas troubler par la métaphysique ni la théologie, même si j'ai rappelé cette définition que Dieu donne Soi-même à Moïse. Est-ce que nous pouvons admettre un « Je suis » au-delà de tout contraire, au-delà de toute opposition, au-delà de toute polarité ou bipolarité entre l'être et le néant, le « je suis » et le « je ne suis pas? »

Les Upanishads ou le Bouddhisme peuvent être considérés par les Occidentaux comme des systèmes philosophiques parmi d'autres. Mais pour les Orientaux, il n'est pas question de système philosophique, il s'agit de tenter d'exprimer en mots, pour guider d'autres hommes sur un Chemin, une Réalité qui peut être découverte en pleine certitude, qui peut être, comme on dit en anglais, « réalisée ».

Maintenant, vous allez voir que ce qui pourrait apparaître comme l'extrême pointe de la Connaissance ésotérique vous concerne en fait tous, directement, dès aujourd'hui. Et essayez de voir comment ce que nous appelons le « mental », le fonctionnement égocentrique de la pensée soutenue par l'émotion, vous écarte de la Vérité ou de la Réalité. A cet égard, la précision du langage vous aidera beaucoup. Vous ne mesurerez que peu à peu combien les mots pensent à votre place. Vous avez entendu penser les grandes personnes autour de vous quand vous étiez enfant — penser, c'est-à-dire vivre dans *son* monde au lieu de vivre dans *le* monde. Certaines formules de langage se sont gravées en vous; et elles conditionnent aujourd'hui votre manière d'appréhender la Réalité. J'ai dit souvent combien j'ai été impressionné quand j'ai su que non seulement en sanscrit mais dans les langues modernes de l'Inde comme le bengali ou le hindi, l'auxiliaire « avoir » n'existait pas. Et il n'est pas possible que le mental d'un être qui n'utilise pas l'auxiliaire « avoir » soit le même que celui d'un être qui l'utilise. Mais nous, nous avons été imprégnés par la langue française et, si nous avons étudié l'anglais, nous avons immédiatement appris *« to have »* et *« to be »*. Notre pensée a été conditionnée par l'usage de la langue. Nous employons des formules auxquelles nous nous identifions et qui nous maintiennent dans une fausse vision de ce monde qui nous entoure, mais dont nous pouvons brusquement nous réveiller.

L'image traditionnelle la plus connue de ce monde illusoire, c'est le bout de corde que, dans la pénombre, nous prenons pour un serpent. Il ne faut pas que vous l'entendiez uniquement comme une célèbre illustration. Il faut vous dire : « Cela s'applique à moi; c'est pour cela que j'éprouve des difficultés, pour cela que je n'ai pas la paix du cœur, que je ne me sens pas libéré, que je me sens toujours soumis à la multiplicité, au conflit, au temps, à la causalité. Tous mes malheurs viennent de ce que je n'ai pas la vision juste. La façon dont je vois le monde, dont je me vois moi-même, dont je suis conscient de moi-même et de mon existence est erronée. » On l'a appelée aveuglement, ignorance, sommeil. Le langage que nous utilisons contribue à nous maintenir dans cet aveuglement, cette illusion et ce sommeil. Et un des obstacles pour échapper à ce statut d'esclavage se trouve dans la manière dont nous utilisons couramment le verbe « être ».

Si l'affirmation suprême, celle de Dieu Soi-même, c'est « Je suis ce que Je suis », si, pour les chrétiens, l'affirmation suprême du Christ, c'est : « Avant qu'Abraham fût, Je suis », n'importe lequel d'entre vous, aussi débutant soit-il sur un Chemin d'Éveil — et même en dehors de tout Chemin d'Éveil —, peut dire aussi : « Je suis. » Rien que cela, si vous l'entendiez vraiment, devrait vous laisser le souffle coupé. Dieu dit : « Je suis » et moi aussi, je peux dire : « Je suis. » Et d'ailleurs vous le dites toute la journée! Mais alors, je tiens le langage même de Dieu? Eh oui!

Mais que signifie exactement : « Je suis. »? L'enfant apprend très vite à dire « je suis ». Pour commencer, la plupart des petits enfants parlent d'eux à la troisième personne. Ils comprennent leur prénom, ils comprennent que c'est eux qui sont désignés par Gérard, Mimi ou Dédé et ils commencent par parler d'eux à la troisième personne. Ensuite ils adhèrent à cette première personne et, quand ils utilisent « je suis », on dit qu'ils ont trouvé leur propre identité.

Chaque fois que vous employez l'auxiliaire « être » à la première personne, vous tenez le langage même de Dieu, si vous acceptez que je me réfère à l'Ancien Testament, ou, si vous voulez que nous nous en tenions strictement au vedanta hindou, vous employez le mantram : *« Aham asmi »* et vous affirmez l'Être, vous affirmez la Réalité. « Je suis » est la Parole la plus sacrée que vous puissiez prononcer puisque c'est Celle même que Dieu a prononcée. Oui, chaque fois que vous dites : « Je suis », cela illustre ce que j'ai dit au début de cette réunion : la Réalité suprême, l'extrémité du Chemin, d'un certain point de vue, est bien moins éloignée de vous que vous ne l'imaginez.

Avant d'entrer un peu plus dans les détails, je voudrais rappeler aussi pour ceux qui connaîtraient tant soit peu l'Hindouisme et notamment le vedanta, qu'un des passages les plus souvent cités des Upanishads commence par *« Asato ma sat gamayo »* : de *« asat »* conduis-nous à *« sat »* (le petit mot sanscrit *« sat »*, avec le « a » privatif comme en français donne *« asat »*). On traduit parfois par : « du non-vrai, conduis-nous au vrai », ou bien : « du non-être conduis-nous à l'Être », ou bien : « de l'irréel, conduis-nous au Réel », ou bien encore : « de ce qui n'est pas, conduis-nous à ce qui est ». Et toutes ces traductions sont justes.

Effectivement, si le langage que nous utilisons a un sens autre que ce qui convient à notre mental et nous maintient dans l'aveuglement, la Vérité, c'est ce qui est et la non-vérité, c'est ce qui n'est pas. La Vérité, c'est ce qui est. Entendez bien ces mots. Ils sont décisifs.

Ce petit mot sanscrit « *sat* » est très important. La Vérité, c'est ce qui est. Swâmiji employait beaucoup en anglais le mot vérité, « *truth* ». Les Hindous disent aussi « *seeker of truth* », « chercheur de Vérité ». Qu'est-ce que cette recherche de Vérité ou cette recherche du Réel, par rapport au monde irréel dans lequel on vit. L'opposé de Vérité, dans le langage de Swâmiji, n'était pas le mot « *lie* » (qui signifie « un mensonge » au sens ordinaire du mot), c'était « *untruth* ». Maintenant, si vous voulez considérer que « *untruth* », « non-vérité » pourrait être traduit par « mensonge », pourquoi pas? « *Untruth* », « non-vérité ». Entre nous, n'ayons pas peur des mots, « *untruth* » — « non-vérité », veut dire « mensonge ». Seulement généralement, nous employons le mot « mensonge » pour les mensonges conscients. Ces mensonges délibérés, plus ou moins conscients, ceux qu'on punit le plus sévèrement chez un enfant, ne sont hélas pas les plus graves. Ce qui est grave, c'est le mensonge dont vous êtes dupes vous-mêmes. Le mot « mental » a la même origine que « *mens* », « *mentiri* » en latin ou « mensonge », comme « *manas* » en sanscrit. L'état ordinaire de conscience est un état de non-vérité, de mensonge — même si c'est un mensonge apparemment sincère, de bonne foi. Tout le mal, ou tout le Malin comme disait le Christ, donc toute la souffrance, vient de ce que vous vivez dans un monde de mensonges, même quand vous croyez connaître la vérité.

Ces mots « *truth* » et « *untruth* », vérité et non-vérité, considérez-les comme synonymes de l'irréel et du réel ou ce qui n'est pas et ce qui est, le non-être et l'être. Je pense que, jusqu'à présent, ce n'est pas très difficile à suivre, et cela peut transformer votre existence. D'abord, la changer dès les jours qui viennent et, un beau jour, la transformer à tout jamais par ce qu'on a appelé « Éveil », « *Enlightenment* », « Illumination ». C'est comme si vous allumiez la lumière dans une pièce obscure. Vous avez trouvé l'interrupteur, vous réussissez à allumer et, bien sûr, toute votre vision est différente.

Vous vivez dans un monde de sensations, d'émotions, de pensées, de compréhension, de vision des choses, qui est non vrai, irréel, parce qu'il est fabriqué par le mental. Les cordes sont prises pour des serpents et — ce qui est encore plus dangereux — les serpents pour des cordes. C'est l'Enseignement suprême des Upanishads, celui du sommeil et de l'éveil, de l'aveuglement et de la vision, de l'ignorance et de la connaissance — et il vous concerne tout de suite. Et c'est sur ce point central de l'Enseignement que la question du langage est si importante.

***

Chaque fois, et comme c'est fréquent, que vous dites « je ne suis pas... » quelle que soit la suite de la phrase, vous choisissez l'erreur. Comprenez-moi bien parce que c'est crucial. Il est évident que, pour la nécessité de la conversation, vous continuerez à utiliser de temps en temps une phrase commençant par : « je ne suis pas ». Mais essayez d'abord d'utiliser cette expression beaucoup moins souvent et, ensuite, de voir en toute clarté que c'est un mensonge. Si courante que soit cette formulation, c'est un mensonge et c'est parce que cette manière de parler est si usitée, que l'humanité vit dans cette non-vérité, cet irréel et cet aveuglement. C'est surprenant à entendre! Eh bien voilà qui fait un lien immédiat entre votre existence quotidienne et l'Éveil suprême et c'est par ce genre de constatation que vous pouvez véritablement progresser, au lieu que vos vies soient partagées — hélas —, une vie dans laquelle en fait rien n'est changé — au bout de trente ans de « spiritualité » vous en êtes toujours au même point — et une autre vie qui, elle, se déroule entre les monastères zen et les ashrams hindous, la Bhagavad Gîta et les Upanishads, les conférences de Krishnamurti et les traductions des maîtres soufis ou taoïstes.

Tout de suite, ce soir, demain, pour vous tous, la vérité peut commencer à imprégner votre existence. Alors vous êtes sur le Chemin. Écoutez encore une fois cette étonnante et choquante affirmation : Chaque fois que vous dites « je ne suis pas... », vous dites une monstruosité. « Je ne suis pas bien en forme » — je ne suis pas. « Je ne suis pas doué pour la musique » — je ne suis pas. « Je ne suis pas heureux » — je ne suis pas. Vous affirmez quoi? Je ne suis pas. Eh bien, vous affirmez le contraire de « Je suis ». Et n'allez pas croire que je m'amuse ou que je veux choquer. Dieu affirme : « Je suis »; le vedanta enseigne : « Je suis. » La Réalité *est,* sans distinction d'être et de non-être. Et à longueur de journée, votre pensée est fondée sur l'utilisation d'une expression irréelle, mensongère, non vraie, *« asat »,* qui consiste à dire : « je ne suis pas... » — quelle que soit la suite de la phrase.

C'est extraordinaire de découvrir cela. Alors voilà un homme imprégné de vedanta, qui connaît par cœur ces mots *« Asato ma sat gamayo »,* « de ce qui n'est pas conduis-nous à ce qui est », qui formule peut-être avec ferveur cette prière dans le hall de Ramana Maharshi, auprès de Mâ Anandamayî ou sur sa natte de méditation, et qui, cinq minutes après, recommence à s'exprimer en disant : « je ne suis pas... ». « Je ne suis pas musicien », « je ne suis pas beau », « je ne suis pas heureux » et ainsi de suite. Comment peut-on se contredire à ce point? Alors permettez-moi cette traduction du célèbre verset *« Asato ma sat gamayo »* : « de je ne suis pas, conduis-moi à je suis ».

En fait, la parole porte : « conduis-*nous* » et Swâmiji insistait beaucoup, sur ce que, déjà, ce « nous » au lieu de « moi » permet au jeune hindou qui s'imprègne des textes des Upanishads de dépasser l'individualisme le plus strict. Dire « nous », c'est déjà participer à une communauté. Le Notre Père dit : « donne-nous aujourd'hui » et pas : « donne-moi aujourd'hui ». Le célèbre mantram de la Gayatri dit aussi : « conduis-nous », « éclaire-nous ». Mais, pour l'instant, nous allons légèrement modifier la formulation et dire : « conduis-moi ». « De je ne suis pas, conduis-moi à je suis. »

Est-il logique de dire avec ferveur : « De je ne suis pas,

conduis-moi à Je suis » et, quand vous avez fini votre méditation sur ce thème, de recommencer à utiliser à longueur de journée l'expression négative : « je ne suis pas »? C'est une inconséquence. Mais le mental vit d'inconséquences et de contradictions qui vous échappent, comme si d'un côté vous vous ruiniez en ouvrages sur les méfaits de la nicotine et du goudron et de l'autre vous ayez tout le temps la main sur votre briquet et votre paquet de cigarettes sans que vous voyiez là une contradiction.

« De je ne suis pas, conduis-moi à je suis. » Voyez concrètement ce qu'il y a d'aberrant, de scandaleux même, à utiliser cette expression : « je ne suis pas »... même si, pour l'usage courant, vous êtes bien obligés de temps en temps de l'utiliser. Réalisez combien c'est grave. Et croyez-moi, la plupart de ces causeries intimes sont le fruit de vingt-cinq ans de tâtonnements, de recherches et de contacts avec des maîtres tibétains, hindous, soufis et des moines zen. Vingt-cinq ans pour en arriver à prétendre quelque chose d'aussi étonnant : dire « je ne suis pas... » — « je ne suis pas en forme », « je ne suis pas en bonne santé », « je ne suis pas heureux » — c'est une parole blasphématoire. C'est affirmer le non-être, affirmer ce qui n'a aucune existence, aucune réalité.

« Je ne suis pas heureux »; si vous n'êtes pas heureux, il s'agit d'un bonheur qui n'existe pas. Est-ce que vous pouvez affirmer ce qui n'est pas? Et demandez-vous ce qui se passerait si, chaque fois que vous vous surprenez en train de dire : « je ne suis pas », vous pouviez retourner la proposition pour affirmer : « je suis ». Quand vous dites : « je ne suis pas », vous mentez; vous affirmez l'irréel, vous affirmez ce qui n'est pas : c'est vous-même qui le dites! Et vous vous maintenez dans le monde des contraires, le monde des « paires d'opposés », comme on dit en Inde, alors que la Sagesse ou l'Éveil est unanimement décrit comme la transcendance du monde des opposés, au-delà de ces dualités : bon et mauvais, agréable et désagréable et même bien et mal. Et chaque fois que vous dites : « je ne suis pas », vous créez un monde d'opposés entre « je suis » et « je ne suis pas »; heureux-malheureux, en bonne santé-malade, riche-pauvre. Et vous restez prisonniers de cette opposition. Au niveau relatif ordinaire, cette opposition subsiste, en ce sens qu'on peut bien dire qu'à la fin de sa vie, Ramana Maharshi n'était pas en bonne santé puisqu'il mourait d'un cancer. Mais du point de vue de l'Éveil, du point de vue du Soi, cette distinction est dépassée. C'est cela la Libération.

C'est chrétien, judéo-chrétien, aussi de parler comme je le fais, puisque Adam et Ève ont été exilés du Paradis primordial pour avoir goûté le fruit de l'arbre « de la Connaissance du Bien et du Mal ». Réintégrer la condition primordiale d'avant la chute, ce à quoi nous appelle le Nouvel Adam, le Christ, c'est retrouver l'état de conscience originel, en-deçà de la distinction entre le Bien et le Mal. Cet état de conscience originel, il est en vous tous, à l'instant même, au plus profond de vous mais vous n'êtes pas situés dans cette Conscience profonde. Au plus profond de vous, il existe une Conscience, un « Je suis », absolument non affecté, libre par rapport à ces « paires d'opposés » ou dualités. Libre de la santé et de la maladie, libre de l'union et de la séparation, libre du succès et de l'échec, libre de la peine et de la joie, libre de la naissance et de la mort. Et prétendre : « je ne suis pas », c'est maintenir la plus grande des dualités possibles entre « je suis » et « je ne suis pas ».

La Vérité n'a pas de contraire, à tous les niveaux. Depuis le niveau relatif immédiat, aujourd'hui, jusqu'au niveau suprême de l'Éveil, la Vérité n'a jamais de contraire — jamais. Elle est au-delà des contraires, elle est neutre. Ou, comme me l'a dit une fois Swâmiji, un « positif absolu en face duquel n'existe aucun négatif ». Cette Réalité ou Vérité à laquelle vous avez droit par votre naissance d'homme, à laquelle vous pouvez commencer à avoir accès dès maintenant, c'est une Réalité qui est, sans un second. Voilà encore une des plus grandes affirmations des Upanishads : *« One, without a second »*. C'est la définition du Brahman, c'est la définition du Réel. Le Bouddhisme Mahayana dit : « Il n'y a pas de place pour deux, dans l'Univers ». Et j'ai retrouvé cette parole chez certains soufis d'Afghanistan. Nous revoilà dans la métaphysique et votre mental est peut-être un peu débordé. « Mais comment, il n'y a pas de place pour deux dans l'Univers? Il y a déjà moi, ma femme, mes trois enfants, ça fait déjà cinq, sans chercher plus loin! » Ne « pensez » pas. Regardez et voyez.

Le langage qui essaie de témoigner pour la Réalité suprême, celle de l'Éveil ou de la Libération, a été exprimé par cette affirmation : « Un, sans un second ». C'est vrai tout de suite, toujours. Ce qui est — la Vérité, le Réel — est toujours « un sans un second ». Et le mental, lui, ne cesse pas de créer un second. Sur ce point-là, je me suis longuement expliqué dans mes précédents livres, notamment *Au-delà du Moi.* Chaque fois que vous affirmez : « je ne suis pas », vous mentez et vous créez un second.

Par exemple, je suis malade. Si je dis : « je suis malade », j'affirme : « je suis » et c'est cela l'essentiel. Si je dis : « je ne suis pas en forme aujourd'hui », j'essaie d'affirmer ce qui n'est pas, c'est-à-dire un « en forme » qui n'a aucune réalité ici et maintenant. Dire : « je ne suis pas en forme », c'est poser comme la réalité le « en forme », et ensuite immédiatement le nier. « Je ne suis pas en forme », c'est dire : la réalité, c'est « en forme », en bonne forme, en pleine forme, et ensuite je le nie. Mais quelle attitude inconséquente, contradictoire, aveugle! Quelle incohérence! Je pose un « en forme » qui n'existe pas et tout de suite après je le nie. Et alors, qu'est-ce que j'affirme? J'affirme ce qui n'est pas. « Je suis » est un mantram sacré et : « je ne suis pas » est le pire des blasphèmes. Et vous qui avez le droit de dire : « Je suis », fût-ce « je suis malade », fût-ce « je suis fébrile », vous préférez dire : « je ne suis pas ». Si vous regardez bien, vous verrez que c'est beaucoup plus important encore qu'il vous paraît. Vous verrez un jour que c'est une clé toute simple, mais qui n'a pas de prix, pour échapper au monde du mental et de l'irréel.

Surprenez-vous en train de penser selon cette ligne : « je ne suis pas ». Voyez ce que cela a de choquant; voyez comment c'est tourner le dos au Chemin. Et vous ne pouvez pas non plus, de tout votre cœur, marcher en direction de Lille, tout en criant très fort : « allons à Marseille, allons à Marseille! » C'est encore d'une incohérence, d'une inconséquence totales.

Presque dès les débuts de l'utilisation du langage, votre pensée et votre compréhension ont été emprisonnées dans l'utilisation de cette expression mensongère : « je ne suis pas ». Retournez l'expression et établissez-vous dans la Vérité. « Je suis ». Et essayez de vous exprimer toujours de manière positive et jamais de manière négative.

La Libération, c'est le positif suprême, c'est l'affirmation glorieuse du Soi. C'est important; si vous vous contentez d'écouter cette réunion et que vous ne faites rien demain, à quoi cela vous a-t-il servi de venir et à quoi cela a-t-il servi que je parle?

Il est certain que pour les besoins de la cause, vous serez obligés extérieurement, avec vos lèvres, d'employer encore de temps en temps l'expression « je ne suis pas ». Mais soyez-en conscients et comprenez que chaque fois que vous osez dire : « je ne suis pas », vous tournez le dos au Chemin. Vous niez. Et vous vous niez vous-mêmes, puisque vous dites cette parole terrifiante : « je ne suis pas ». Je ne veux pas entendre la suite! Vous avez dit : « je ne suis pas... » Et si vous commencez à finasser, vous allez retomber dans les pièges du mental. Le mental a une arme excellente, c'est sa plus grossière mais celle qui marche le mieux : « c'est intéressant ce que dit Arnaud, mais enfin il ne faut pas être trop rigide, il faut être un peu plus souple, il faut en prendre et en laisser ». Alors le mental a tout de suite gagné.

Mental = mensonge. Dans vingt ans vous allez continuer à dire que l'Enseignement de Swâmi Prâjnanpâd c'est *« manonasha »*, destruction du mental. Vous pouvez détruire le mental en deux ans, pas en vingt ans. Mais il faut une vigilance, la vigilance... Si vous naviguez avec des vagues et beaucoup de vent, vous ne pouvez pas prendre un bain de soleil sur votre bateau, il vous faut vraiment être là, présent. Si vous conduisez sur une route non goudronnée, effondrée, glissante, et à peine plus large que la distance entre deux roues et un ravin à droite dans un petit royaume de l'Himalaya après la mousson, vous ne pouvez pas non plus rêvasser en conduisant. Vous ne pouvez pas être engagés sur le Chemin et laisser passer les jours, les mois, les années en rêvassant. Tout ce que j'ai dit demande de la vigilance.

Des mots, passez à la compréhension et que ce ne soit plus Arnaud qui le dise; vous le reprenez à votre compte. « *Digest, assimilate, make it your own* », disait Swâmiji, « Digérez, assimilez, faites-en votre propre bien, votre propre substance, votre propre être » pour que cet Enseignement vous l'ayez dans le sang, comme on dit.

Du point de vue du Chemin. « je ne suis pas... » est une parole monstrueuse. Vous vous niez vous-mêmes! Vous affirmez l'irréel. Retournez tous les « je ne suis pas » en « je suis ». Mais faites attention que votre expression « je suis » ne soit pas subtilement une manière de dire « je ne suis pas », ou d'impliquer inévitablement le « je ne suis pas », parce que votre « je suis » n'est pas pur. « Je suis..., mais ce n'est pas juste »; « je suis... mais je le regrette »; « je suis... mais je devrais être autre chose »; « je suis..., mais ça m'ennuie bien ». Il y a mille et une manières mensongères de dire : « je suis », d'avoir l'air de mettre l'Enseignement en pratique, de ne pas le mettre en pratique et ensuite de pouvoir triompher que ça ne marche pas. Ça marche.

Alors, premier point, nous commençons par le plus grossier : remplacez « je ne suis pas » par « je suis » dans votre pensée, avant de le faire dans votre langage. Chaque fois que vous pensez, que vous ruminez, que vous ressassez, que quelque chose vous obsède, vous pensez avec des mots. Pensez de manière positive. Peu à peu, vous échapperez à la pensée, au sens péjoratif du mot. La pensée, ce que Swâmiji appelait « *thinking* », est le fonctionnement de ce « mental » qui peut être « détruit ». Vous connaissez tous cette sculpture : « le penseur de Rodin », complètement replié sur lui-même au point qu'aucune des énergies ne peut circuler. C'est l'anti-yoga. J'ai toujours imaginé qu'on puisse juxtaposer une belle statue d'un Bouddha en padmasana, en méditation, et le penseur de Rodin si contracté...

« Penser », « *to think* », est un mot péjoratif du point de vue du Chemin. Voilà encore une affirmation étonnante pour nous qui considérons le penseur comme un grand homme. Pourtant, j'ai la conviction que ce que je vous dis est fondamental. Le mental, qui doit être détruit *(manonasha)*, consiste à penser. *« Thoughtlessness »,* c'était la conclusion d'une lettre de Swâmiji, c'était le But suprême : l'absence de pensée, le fait de ne plus penser. Alors, par quel mot Swâmiji remplaçait-il le verbe « penser »? Par le mot « voir ». J'ai mis longtemps à être complètement convaincu. Il me semblait qu'il y avait deux manières de penser, la manière juste qui est celle de la *« buddhi »,* la vraie intelligence, et la manière stupide qui est celle du mental, aveugle et émotionnel. Eh bien maintenant, je suis d'accord avec l'Enseignement traditionnel, et avec cette fantastique expression « disparition de la pensée ».

Dans le cœur, le sentiment au lieu de l'émotion. L'émotion est la stupidité du cœur; le sentiment est l'intelligence du cœur. Et il n'y a pas d'intelligence à laquelle le sentiment, le cœur, ne participe pas : ressentir, en anglais *« to feel », « feeling »,* mais pas à travers l'émotion, ressentir avec le sentiment. Et, dans le cerveau, dans l'intellect, *« to see »* ou *« seeing »*, le fait de voir et non plus de penser. Le mental pense et la *buddhi* voit. La pensée, elle, ne peut évoluer que dans le monde des contraires, le monde des opposés, que vous êtes appelés à dépasser. La pensée accepte, refuse, accepte, refuse, selon ses propres critères, ses propres préférences. La pensée ne fonctionne que dans la dualité; la pensée a affirmé une fois pour toutes, « c'est bien d'être en bonne santé, c'est mal d'être malade ». Et elle ne sort plus de ces oppositions. Alors que la vision vous permet de dépasser les oppositions pour atteindre la neutralité, au-delà des opposés, au-delà du bon et du mauvais, au-delà du bien et du mal, et vous permet d'atteindre l'Être, en face duquel ne se dresse aucun non-être — ou la Réalité, ou la Vérité, *« truth »,* ce qui est, *« sat ».* Seule la vision pure vous permet de passer d'un monde irréel au monde réel. Voir sans faire intervenir, même à l'arrière-plan, ce qui n'est pas.

D'une manière absolue, nous ne devrions dire ni : « je suis en bonne santé », ni : « je suis malade », parce que c'est toujours rester dans le domaine des contraires auquel nous prétendons vouloir échapper si nous voulons atteindre le nirvana, le Royaume des Cieux, la vie éternelle, l'Atmân. « Je ne suis pas en bonne santé », c'est affirmer : « je ne suis pas », c'est faire intervenir une bonne santé que vous niez à l'instant même où vous la faites intervenir. Et dire : « je suis malade », c'est encore « malade » par opposition à « en bonne santé », en sous-entendant « je suis malade mais il vaudrait mieux que je sois en bonne santé ».

Êtes-vous capables de dire « je suis malade » d'une manière neutre, et que le sentiment qui accompagne « je suis malade » soit un sentiment neutre? Positif absolu. J'affirme ce que je suis : « je suis ce que je suis ». Faites attention à ce que votre « je suis ce que je suis » soit pur.

Si en disant : « je suis malade », vous considérez « malade » d'un point de vue uniquement technique : « malade » implique de la température ou un dérèglement de certains fonctionnements physiologiques, vous pouvez dire « je suis malade ». Mais soyez vigilants parce que l'émotion, à l'arrière-plan, crée immédiatement un second : « moi en bonne santé ». Lequel second n'a aucune réalité ici et maintenant. Il serait plus juste de dire : « je suis fébrile », c'est un fait et j'énonce ce fait. « Je suis fébrile, j'ai 40° de température ». Et j'affirme : « je suis ce que je suis ». Mais la vie consiste à ne pas être ce que l'on est. « Je suis fébrile »; c'est tout! Et tout le reste vient du mental, « tout le reste vient du Malin ».

Si vous n'entendez pas ce que je tente de dire aujourd'hui, le Chemin ne commencera jamais. Vous resterez prisonniers d'un langage, lequel vous rend prisonniers des pensées.

« Je suis ce que je suis », sans un second. « Je suis » : à l'instant même, vous avez affirmé l'Être. Vous avez parlé comme Dieu Lui-même et vous avez affirmé la Réalité telle qu'elle s'exprime sur le plan relatif. Le Brahman, la Réalité suprême, le Non-Manifesté, se manifeste par un nombre indéfini de formes et de changements, dans le temps, dans la multiplicité et dans la dépendance, c'est-à-dire la causalité. Et vous avez pris jusqu'à aujourd'hui l'habitude fausse et mensongère de tenir compte de ce qui n'est pas autant et plus que vous ne tenez compte de ce qui est. Ce qui n'est pas, c'est l'absence de température le jour où vous avez de la température; c'est, comme vous dites, la santé le jour où vous êtes malades. « Je suis ». Et un « je suis » honnête, véridique qui est déjà la voix de Dieu en vous.

Alors là, Arnaud exagère un peu! Il va trop loin, c'est un blasphème de parler ainsi, c'est du panthéisme. Non, c'est simplement du vedanta. Et vous avez le droit, le privilège, en tant qu'être humain, de pouvoir être ce que vous êtes, tout simplement. Même pas l'affirmer parce que généralement on affirme quand on veut nier quelque chose, on affirme très fort pour mieux supprimer et étouffer la voix contraire. Vous avez le droit de ressentir : « je suis ce que je suis ».

Mais « je ne suis pas » n'a aucune réalité et aucune vérité, et vous maintient prisonniers de l'ego et du mental. Alors puissiez-vous sentir naître dans votre cœur, *« in your heart of hearts »*, « au cœur de votre cœur », puissiez-vous ressentir ce choc qui vient brusquement et qui ne s'oublie plus en découvrant la valeur sacrée de « Je suis » et l'horreur du fonctionnement ordinaire de pensée qui jongle avec ce qui n'est pas autant qu'avec ce qui est et qui, même sincèrement, fait intervenir un irréel, illusoire et mensonger.

Observez, tout à l'heure, ce soir, demain, observez chaque fois que vous pensez et que vous dites : « je ne suis pas... » Si vous êtes vigilants, vous ferez plus de progrès en une semaine que vous n'en avez fait en six ans. Il faut que vous trouviez vos propres exemples. En vous entendant parler, je pourrais vous interrompre sans arrêt :« Qu'est-ce que vous venez de dire? » — « Ah, je ne m'en étais pas aperçu ». Vous savez, comme les gens qui disent, toutes les trois phrases : « n'est-ce pas? n'est-ce pas? », ou bien : « si vous voulez, si vous voulez » — et qui ne le voient pas. Chaque fois que vous diriez : « je ne suis pas » au cours d'un entretien, je reprendrais : « je ne suis pas! » Et c'est un des aspects de cet hypnotisme qui maintient dans le sommeil, « maya ». Nous sommes hypnotisés par ce langage dualiste. Nous sommes nés dans le péché, nés dans l'aveuglement, nés dans le sommeil, nés dans l'ignorance. Nous sommes nés dans un monde qui est soumis au « Malin », au « Prince de ce monde ». Et nous pouvons nous libérer. « Le Prince de ce monde », de ce monde humain, fait que chacun vit dans son monde et non pas dans le monde, le monde réel.

Mâ Anandamayî vit dans le monde, avec un corps

vieillissant; Ramana Maharshi vit dans le monde, avec des voleurs qui viennent saccager son ashram. Mais ils ne vivent plus dans leur monde, ils vivent dans le monde réel qui, lui, n'est pas soumis au « Prince de ce monde ». Le « Prince de ce monde », c'est le mental, c'est la dualité, et c'est avant tout cette confusion entre ce qui est et ce qui n'est pas. Entre : « je suis » et : « je ne suis pas », « je devrais être... », « je pourrais être... » Si ce fonctionnement de la pensée disparaît, tout change. Et vous ne pensez plus, vous voyez. Voir n'a pas de contraire.

La vision n'a pas de contraire. La vision, elle, est toujours une sans un second. Si je fais intervenir autre chose que ce qui est, je commence à penser. Et la vision, la vraie intelligence, la « buddhi », ne consiste pas à penser mais uniquement à voir. Je *vois* en toute certitude ce qu'il faut voir et ce qui inévitablement découle de ce que je viens de voir. C'est ce que vous pouvez appeler un raisonnement scientifique ou raisonner juste. Ça n'est plus « penser », c'est uniquement « voir ». Et cette vision purement vision, de seconde en seconde, amène, induit, l'action. Je nage et je vois un jeune enfant qui tombe à l'eau dans un port, là où l'eau est tout de suite profonde. Je le vois. Je vois que sa mère montre un visage terrifié. Cela veut dire qu'elle ne sait pas nager, sinon elle aurait déjà plongé. Je vois, je plonge. Je n'ai pas à me torturer pour savoir ce qu'il faut faire. Je marche dans la rue, je vois un homme âgé s'appuyant sur deux cannes, marchant péniblement, presque infirme et je vois qu'il glisse et tombe. Je n'ai pas besoin de penser pour l'aider à se relever. Eh bien dites-vous que l'action juste, l'action « spontanée » dont parlent les Hindous et les Bouddhistes, est le résultat de voir. Simplement, cette vision est un peu plus complexe que dans des exemples aussi simples que ceux que je viens de donner mais la vérité est la même : uniquement voir. Voir ce qui découle de ce que je viens de voir et voir ce qui découle encore de ce que je viens de voir. Pas forcément voir avec les yeux physiques : même un aveugle peut « voir »? Et, un jour, voir avec ce qu'on a appelé le « troisième œil ».

Qu'est-ce que cela veut dire? Quelque chose de mirobolant? Non. C'est l'œil qui permet de voir au lieu de penser. Voir des situations, voir les éléments dont une situation se compose, voir les chaînes de causes et d'effets à l'œuvre. Et à partir de cette vision, l'action apparaît comme une évidence. L'action ne devient incertaine et douteuse que parce que, malheureusement, vous pensez. Alors vous vivez dans un monde d'incertitudes, un monde de doutes. « Qu'est-ce qu'il faut faire »? « Si je fais ça »... « J'aurais pas dû faire ça ». Vous recommencez à penser.

Entendez-moi bien : vous pouvez cesser de penser. Cela ne veut pas dire avoir un tracé plat sur l'électro-encéphalogramme; cela veut dire voir, au lieu de penser. Je vous promets une fois de plus que ce que je vous dis, je l'ai vérifié, je le prends à mon compte. « *Manonasha* », « destruction du mental ». « *Thoughtlessness* », « le fait de ne plus penser ». C'est l'affirmation des Sages hindous ou bouddhistes. Il vous faudra peut-être quelque temps pour faire la différence entre penser et voir mais au moins je vous assure que vous ne serez pas dans cette situation tragique d'avoir consacré quarante ans de votre vie à la « spiritualité » et à soixante ans d'être toujours dans la dualité, toujours dans la souffrance, toujours à rêver de quelque chose qui n'est pas.

Je me souviens qu'un jour, j'avais parlé pendant une demi-heure à Swâmiji, et avec quelle intensité, de ce qui me faisait mal, de ce qui me touchait, de ce que je considérais comme important. Au bout d'une demi-heure, il a bien fallu que je reprenne mon souffle; Swâmiji a enfin pu placer un mot et il a dit : *« only thinking »* (« uniquement de la pensée »). Inutile de vous dire que s'il me l'avait dit tout au début du Chemin, je n'aurais pas compris; s'il me l'avait dit un peu moins au début du Chemin, cela m'aurait fait tellement mal d'être rabroué à ce point qu'il m'aurait fallu quatre jours pour m'en relever. Mais j'avais un peu grandi, j'étais un peu moins infantile et il pouvait devenir un peu « dur » *(a little hard)* avec moi. D'ailleurs je l'ai dit souvent, mon plus grand amour et ma plus grande gratitude pour Swâmiji sont nés de ce que j'ai senti sur le moment comme de la brutalité, de la dureté, de la sévérité. La fermeté du gourou est son plus grand amour, parce qu'elle seule peut nous sauver vraiment de ce sinistre mental.

« *Only thinking* »; c'était quand même dur à entendre. « Uniquement de la pensée. » Il y a évidemment « penser » au sens de « gamberger », nous sommes tous d'accord que cela s'appelle déraisonner. Mais pour voir, il faut éliminer complètement ce mécanisme dualiste de la pensée : ça ne devrait pas être, ça pourrait être... c'est-à-dire « créer un second ». « *Under all conditions and circumstances, truth is always one without a second* ». Cela, ce sont les paroles du gourou : « Quelles que soient les conditions et les circonstances, la Vérité est toujours une sans un second. »

Ce n'est pas seulement « un seul Brahman sans un second » des Upanishads, c'est tout de suite, dans le relatif, la Vérité métaphysique qui devient actuelle. Le relatif révèle l'Absolu, la distinction entre relatif et Absolu se dissipe et le monde ordinaire devient le monde réel. Vous n'êtes plus dans votre monde, fait de contraires, d'opposés, de ce que vous aimez et de ce que vous n'aimez pas : vous êtes enfin dans le monde. Tant que vous « pensez », vous êtes dans votre monde. Dès que vous « voyez », vous êtes dans le monde et raisonner intelligemment, c'est voir, voir, voir.

Les Sages des Upanishads sont appelés « *rishis* » et, en anglais, vous voyez traduit communément « *rishi* » par « *seer* » : « celui qui voit », un « voyant ». Qu'est-ce qui vous empêche, vous, de voir au lieu de penser? Alors, voyez d'abord avec vos yeux de chair. Je vois une porte blanche, je vois une poignée, je vois une moulure en bois. Et puis essayez de voir plus que ces objets sensibles; essayez de voir le monde dans son dynamisme, dans son mouvement; essayez de voir le changement, la multiplicité, essayez de voir Brahma-Vishnou-Shiva à l'œuvre — sans penser. Et voir, c'est affirmer que ce qui est, est. Souvenez-vous de *A la recherche du Soi.* « Pour une forêt en automne, c'est complètement raté, mais pour une forêt en hiver, c'est très réussi ». Eh bien oui, ce qui est, est. Pour un vase chinois très coûteux, intact sur ma cheminée, c'est complètement raté mais pour un vase chinois brisé par terre, c'est très réussi. Ce qui est, est.

Aujourd'hui, je m'exprime d'une manière un peu différente : ce que je suis, je le suis. « Je suis ce que je suis », c'est tout. Sinon, je crée un second et je commence de nouveau à nier la réalité. Affirmez toujours! Toujours, affirmez la réalité. C'est l'acte sacré entre tous. Et l'acte blasphématoire entre tous, c'est de nier la réalité. Considérez que la réalité, c'est la volonté de Dieu. Et je ne peux pas la nier, sans être dans une attitude de péché, sans être soumis au « Prince de ce monde ».

Cette parole : « je suis ce que je suis » est miraculeuse. Et, quand je dis « miraculeuse », ce n'est pas une façon de parler. Si je dis « miraculeux », je le dis avec une totale conviction. Par rapport aux lois ordinaires qui sont celles du Prince de ce monde et qui sont celles du mental et de la dualité, si vous osez affirmer que ce qui est est, et affirmer ce que vous êtes, c'est miraculeux. Tout change. Vous découvrez le Centre en vous, la souffrance disparaît, la vie est éclairée et illuminée. Enfin, vous vous êtes trouvés vous-mêmes; enfin, vous êtes nés ou re-nés d'Esprit et d'Eau. Enfin vous sentez : je suis sur le Chemin.

Lorsque vous n'êtes pas sur le Chemin, vous avez beau essayer de vous mentir, vous savez bien que vous n'êtes pas sur le Chemin. Vous continuez à être tristes, découragés, facilement emportés par les déceptions de la vie. Qu'est-ce qui peut encore décourager, qu'est-ce qui peut encore atteindre un être qui sait qu'il est sur le Chemin? Plus rien. C'est parce que tant de gens qui ont consacré leur vie à l'ésotérisme ou à la spiritualité savent qu'ils ne sont pas sur le Chemin, qu'il y en a tant qui au bout de trente ans d'ashrams sont toujours malheureux. Moi je savais bien que je n'étais pas sur le Chemin, même après avoir passé plus d'un an de ma vie auprès de Mâ Anandamayî. Je savais que la voie existait mais je savais que je n'étais pas sur la voie.

C'est déjà très important de savoir que le Chemin existe. La vie n'est pas absurde. Je l'ai pressenti dès que j'ai commencé à lire des ouvrages dans ce domaine, dès que j'ai connu l'Enseignement Gurdjieff, que j'ai lu « Fragments d'un Enseignement inconnu ». Mais j'avais encore des moments de doute. Puis quand j'ai rencontré Mâ Anandamayî en 1959, je n'ai plus pu douter. « Nous avons vu et nous avons cru ». Et puis, 1963, 1964, cela a commencé à monter très fort : je sais bien que je ne suis pas vraiment sur le Chemin, il y a quelque chose qui ne va pas. Quand j'ai rencontré pour la première fois le monde des gourous tibétains, c'est-à-dire novembre/décembre 1964 et janvier 1965, j'ai senti si fort : je suis un « outsider », je suis au-dehors. C'est ce qui m'a poussé à rejoindre un certain Swâmi dont je gardais l'adresse depuis six ans, en me gardant bien d'y aller parce que je pressentais ce qui m'attendait.

Et j'ai compris, quand j'ai approché Swâmiji, qu'il existait un Chemin possible pour moi, pas seulement pour des Tibétains capables de donner leur vie à un monastère. Puis j'ai recommencé à souffrir en me rendant compte que je n'étais pas sur la voie. Un jour vous sentirez, et cela changera tout, je vous le promets, que vous êtes vraiment sur le Chemin, l'unique Chemin qui pour vous peut prendre la forme des livres d'Arnaud mais qui prend pour un Japonais la forme des maîtres du Tchan et du Zen, ou pour un chrétien celui de la soumission à la volonté de Dieu. Vous êtes sur le Chemin quand vous êtes dans la vérité, dans l'affirmation positive de ce qui est. « Je devrais être, je pourrais être, je regrette de ne pas être... » Mensonges. Vous sortez du monde, vous sortez de vous-même, vous sortez de la seule Réalité, de votre seul point d'appui. Si vous sortez de : « je suis ce que je suis », vous sortez de la Vérité.

Il n'y a rien d'autre à dire. Tout le reste peut être récupéré par le mental. Dieu peut être récupéré par le mental. Il l'a été tant et plus à travers les siècles. Mais le mental ne peut plus récupérer l'affirmation positive de la Réalité : « je suis ce que je suis ». Enfin, vous marchez sur un sol ferme. Enfin vous cessez de vous nier vous-même, de créer le conflit, le doute, l'incertitude. Surprenez-vous en train de penser ou de dire : « je ne suis pas ». Voyez comment vous pouvez inverser la proposition pour dire : « je suis » — sans discuter. « Je suis », oui ou non. Et affirmez-le de tout votre cœur parce que c'est ce que vous avez de plus précieux.

Tout le reste est imaginaire, illusoire et mensonger. « Je suis paralysé ». Vous avez affirmé « je suis », « je suis ce que je suis ». Et c'est tout le secret de ceux que vous avez peut-être approchés et que vous avez reconnus comme des Sages. Ils incarnent ce que je dis aujourd'hui. Prenez la question sous tous les angles, regardez, vous verrez : ils sont ce qu'ils sont. J'ai rencontré des sages infirmes, j'ai rencontré des sages paralysés, j'ai rencontré des sages malades mais, parce qu'ils affirmaient « je suis ce que je suis », ils témoignaient pour « Je suis ». Et le simple fait d'entrer en contact avec eux nous aidait un peu à nous situer dans notre propre « Je suis » réel et véridique.

Voyez toutes les expressions de langage, par conséquent de pensée, qui sont uniquement l'application du thème d'aujourd'hui. Il y a une façon de dire : « je suis nul en Maths » qui signifie : « je ne suis pas bon en Maths ». Et voilà de nouveau le mental à l'œuvre. « Je suis 25e sur 26 à la dernière composition de Mathématiques ». Là vous avez affirmé « je suis ». Eh bien, vous serez un sage peu doué en Mathématiques. Encore plus qu'un physicien, Swâmiji était, paraît-il, un grand mathématicien mais je suis persuadé que Ramdas n'était pas du tout un mathématicien; il a même expliqué une fois devant moi qu'il n'arrivait guère à faire des comptes quand, dans son ancienne vie, il était patron d'une petite entreprise dont il avait hérité. Vous serez un sage non mathématicien! Est-ce que vous voulez être un mathématicien ou un sage? Le Chemin ne peut pas vous promettre que vous deviendrez un mathématicien! La névrose qui fait que les chiffres vous donnent le vertige disparaîtra mais cela ne fera pas de vous un mathématicien.

Or regardez ce que vous faites pour vos propres enfants, vous n'arrêtez pas de les exiler de ce « je suis » en les plongeant dans le « tu pourrais être », « devrais être », « aurais dû être », « tu n'es pas »... C'est-à-dire que, vivant dans le mental, vous élevez vos enfants dans le mental et c'est un enfer éternel. A moins que le Christ ne descende aux enfers pour sauver ceux qui sont perdus. Et vous-mêmes vous avez été, depuis votre enfance, endormis, hypnotisés par le mode de conscience que j'ai dénoncé aujourd'hui : « Tu n'es pas ». La vraie éducation consisterait à dire à l'enfant : « tu es... » et à lui apprendre « je suis ». « Tu es ce que tu es ».

A partir de ce retour à la vérité, la croissance commence. Peut-être pas la croissance du mathématicien... Bon, eh bien il ne passera pas un bac C ou il ne passera peut-être pas le bac du tout parce qu'il n'ira jamais plus loin que la 3e. Mais cela n'est pas du tout exclusif de la Sagesse. « Tu es ce que tu es »; « je suis ce que je suis »; « il est ce qu'il est »... Vous pouvez conjuguer le verbe être. Mais vous avez été élevés dans le mental, donc dans le mensonge, par des gens qui vivaient dans le mental et le mensonge, même s'ils étaient très honnêtes et qu'ils n'auraient jamais menti au sens ordinaire du mot.

Si vous avez des enfants, essayez de ne pas trop les empoisonner, de les faire vivre dans le réel et non pas dans l'irréel, dans ce qui est et non pas dans ce qui n'est pas, dans le vrai et non pas dans le non-vrai. « Mon fils est ce qu'il est » — ici et maintenant. Vous ne savez pas si dans quinze jours, il n'y aura pas un changement. « Oui, mon garçon, oui ma fille, tu es ce que tu es, oui... » — Alors l'enfant se sent être et peut commencer à grandir; il ne grandira peut-être pas en mathématiques mais il grandira en stature, en croissance, en sagesse, en non-égoïsme, en ouverture. Il sera ce que Swâmiji appelait « *self established and self possessed* ». Voilà un des buts de l'éducation : faire de l'enfant un petit être « établi en lui-même, dans son propre soi », « en possession de lui-même », l'enfant qui vous regarde bien droit dans les yeux. Aidez vos enfants à être ce qu'ils sont. Et la croissance s'en suivra inévitablement. Ce ne sera peut-être pas l'enfant dont vous avez rêvé — vous aviez rêvé que votre enfant serait un grand artiste, c'est un grand scientifique! Vous aviez rêvé que ce serait un grand scientifique, il fait le Conservatoire de piano! Mais au moins, il sera, il existera, il vivra.

Et vous-mêmes, redonnez-vous une éducation à cet égard. Maintenant, j'ai le droit d'être. Finies, ces paroles anti-métaphysiques, antispirituelles, mensongères : « je ne suis pas... » — « Je suis! » Sobrement. La Vérité et le respect sacré de la Vérité. Alors, vous découvrirez ce qui est au-delà des contraires. Il y a un « fatigué » qui est le contraire de « reposé » et il y a une réalité qui n'a pas de contraire, qui n'est pas le contraire d'autre chose, et c'est cela que vous cherchez. Vous ne la trouverez pas seulement en méditation, quand toutes les pensées s'arrêtent, dans un « samadhi » quelconque, à condition encore que vous soyez capables d'arrêter les pensées et d'entrer en « samadhi ». Vous la découvrirez dans la réalité relative qui est toujours à votre disposition pour devenir la Réalité absolue. Un « je suis » pleinement d'accord avec la vérité parce que rien d'autre n'existe que celle-ci. Et « je suis fatigué » cesse d'être pénible; « je suis fatigué » cesse d'être le contraire de « je suis reposé » ou « je suis en pleine forme ». « Fatigué » devient neutre. « Tout est neutre, et vous, vous qualifiez de bon et de mauvais ».

Tout cela est vrai et c'est le Chemin le plus rapide. Et ça paraît clair. Bien sûr, je le dis à l'aide d'un vocabulaire simple. Quand nous avons découvert Swâmiji et quand nous avons commencé à comprendre, nous nous sommes dit : « c'est fantastique! » Ces petites phrases, cette puissance de clarté à laquelle il n'y a rien à répondre. Voilà qui me conduit à la neutralité. Un « Je suis fatigué », qui est neutre. Et si ce « fatigué » est vraiment neutre, le « je suis » s'affirme également neutre, libre. Et ce qui peu à peu se dégagera, dominera, c'est « Je suis ». Et ce « je suis », c'est la porte directement ouverte sur le Soi, c'est la porte directement ouverte sur le Réel.

Voyez le lien entre la plus haute métaphysique des Upanishads et du vedanta et votre existence ce soir et demain. Pour moi, le grand apport de Swâmiji a été de faire passer la Vérité métaphysique dans l'immédiat de ma journée qui allait venir si j'avais mon entretien du matin, ou du lendemain si j'avais mon entretien le soir. Cela devient vrai tout de suite, libre à moi de continuer à écrire des bouquins de métaphysique ou de m'engager sur le Chemin réel. Et de sentir que tout est dans ce « je suis », sans rien d'autre.

Et si vous pouvez dire : « je suis », en vérité, si vous pouvez le sentir, tout l'Univers proclame simplement « je suis ». Si vous échappez à la dualité en vous-même, l'Univers entier échappe à la dualité. Tout dit simplement : « je suis ». Vous, vous dites : « je suis » et l'Univers entier dit « je suis ». « Je suis beau », « je suis laid », « je suis méchant », « je suis bon » s'efface. Si cela s'efface en vous, cela s'efface au-dehors. « Je suis, tu es, il est. » Vous vivez enfin dans le monde de l'Être. « *Asato ma sat gamayo* », « de l'irréel conduis-nous au Réel », « du non-vrai, conduis-nous au Vrai », « du non-être, conduis-nous à l'Être », « de ce qui n'est pas, conduis-nous à ce qui est »; « de je ne suis pas, conduis-nous à je suis ». Noubliez pas qu'en dehors d'un cadre général comme celui que j'ai donné, chaque Chemin s'accomplit ensuite non plus dans le général mais dans le particulier. Et chacun pour soi doit vivre et mettre en pratique. J'ai cité plusieurs fois Ramana Maharshi aujourd'hui. Un Européen lui avait demandé un jour avec insistance un mot qui résumerait tout son Enseignement et le Maharshi avait répondu : « Practice », « pratiquez ».

10

« JE NE SUIS RIEN »

Pour l'instant, vous pouvez confondre les deux mots « être » et « exister », qui ont pourtant un sens différent. J'ai le droit d'être, j'ai le droit d'exister, c'est tout à fait certain mais c'est là, dans cette affirmation essentielle, que se situe l'erreur d'où naissent l'ego, le mental, la prison et la souffrance.

La Manifestation entière, tout ce que vous pouvez regarder en ouvrant la fenêtre, proclame : « Je suis. » Et ce n'est pas dans l'humiliation et la suffocation intérieure que vous trouverez l'atman. Mais là où l'ego se trompe, c'est en voulant à n'importe quel prix être « quelqu'un » : « Moi, je ne suis pas n'importe qui ». Or notre éducation, les diverses influences que nous recevons ensuite, tout nous pousse à nous emprisonner de plus en plus dans ce : « je suis quelqu'un ». Le droit au « Je suis », qui est inaliénable mais que les complexes, les inhibitions, les frustrations viennent étouffer, le droit au « Je suis » n'est pas forcément le droit au « je suis quelqu'un ». Plus nous cherchons à affirmer : « je suis quelqu'un » plus en fait nous nous limitons et nous nous emprisonnons. Parce que si « Je suis quelqu'un » ou si « je suis quelque chose », je ne suis plus tout le reste, c'est évident. Or aucun être humain ne se sent vraiment à l'aise dans la limite; chaque être humain aspire à dépasser ses limites. Et où s'arrêter dans cette voie?

« Je suis » et « je suis quelqu'un » sont radicalement différents. Renoncez à être quelqu'un. Si nous pouvons accepter de n'être rien de ce à quoi nous cherchons à nous identifier, de ce à travers quoi nous cherchons à nous affirmer, nous pouvons être tout! Si je suis quelque chose, je ne suis que cette chose-là. Si je suis et je ne suis rien, par là même je suis la totalité. Exprimé ainsi, cela paraît un peu abstrait, et pourtant c'est une façon d'exprimer le But suprême, la Libération.

En réfléchissant à ceci — pendant des mois ou des années, pas simplement pendant une heure de causerie —, vous découvrirez l'issue à ce sens de l'ego qui est vraiment notre prison. Et cette attitude va (en tout cas apparemment) à l'inverse de l'attitude ordinaire. Eh oui! Une fois de plus, ce qui vous est demandé est une conversion complète, un retournement. « Ce qui est sagesse aux yeux des hommes est folie aux yeux de Dieu » et inversement. Ce qui est sagesse aux yeux des hommes, c'est d'essayer de s'affirmer dans son ego. Renoncer à cette affirmation individuelle devient la suprême affirmation. Parce qu'au lieu de s'affirmer comme un être limité, on manifeste la Vie ou l'Être, dépouillé des limitations.

L'affirmation individualiste ou égoïste est nécessairement une limitation. Si je peux être le premier de la classe, si je peux être celui qui nage le plus vite, je me sens confirmé dans mon être. Mais en même temps, je m'emprisonne dans mes limites parce que je trouverai toujours quelqu'un qui sera plus brillant que moi intellectuellement ou quelqu'un qui sera plus sportif que moi. Et même si je devenais champion du monde, je ne le resterais pas jusqu'à ma mort.

Peut-être avez-vous lu dans le premier livre de Denise[1] le passage où elle raconte qu'elle arrive un matin devant Swâmiji en disant avec accablement : « Swâmiji, j'ai mis en pratique et je découvre que je ne suis rien; tout ce que je croyais être s'écroule, s'effondre, je perds mes points d'appui et je ne suis rien. » Et elle raconte que Swâmiji a repris, mais sur un ton tout à fait différent du sien, non plus accablé mais glorieux : « oui! je ne suis rien! » comme un chant de victoire.

1. « De naissance en naissance » (La Table Ronde).

Dans ce « je suis quelqu'un », qui est l'affirmation de l'ego, se trouve la prison et dans le « je ne suis rien » se trouve la Libération. Parce que si mon droit à être s'exprime simplement par ce « je suis », il m'est possible d'accepter sans difficulté tous les autres « je suis ». Tandis que si je m'affirme de façon individualiste ou égoïste, les autres « je suis » qui se dressent en face de moi me font sentir ma limite et m'apparaissent comme des menaces, des concurrents, des adversaires, des causes de conflits ou de souffrances.

Si j'affirme : « je suis » et que je sois conséquent, il me faut reconnaître que tous ceux qui m'entourent — dans le monde entier — affirment aussi « je suis », chacun à sa manière. Et c'est parce que chacun s'affirme dans son individualité qu'il y a tant de heurts inévitables, d'incompréhension, de souffrances, à l'échelon individuel ou au niveau collectif quand des peuples ou des groupes sociaux se dressent les uns contre les autres.

La Voie, même si c'est une Voie de mort à soi-même, d'humilité, d'effacement de l'ego est, d'un autre point de vue, le triomphe de l'atman, le triomphe du Soi (puisque c'est ce mot que les Hindous ont choisi pour désigner la Réalité suprême) le triomphe de l'Être. Ce triomphe de l'Être sur ce qui nous paraît le menacer, le détruire, le limiter, il est éclatant dans la présence des plus grands Sages comme Mâ Anandamayî ou Ramana Maharshi ou Kangyur Rimpoché. Mais l'ego comprend difficilement que ce triomphe du Soi n'est pas l'affirmation individualisée dont nous avons pris l'habitude. C'est une affirmation bien particulière, difficile à décrire et à faire sentir, et pourtant à laquelle vous devez réfléchir pour vous orienter et comprendre quel peut être votre propre Chemin.

« Je suis », mais sans cet attachement souvent crispé à ce que nous prétendons être : « Savez-vous qui je suis? » « Oh, mais vous ne savez pas qui je suis! » « Moi je ne suis pas n'importe qui », et tout ce que nous pouvons dire concrètement : « je suis le fils du Président », « je suis le Directeur du Département Étranger », « je suis l'auteur du dernier Goncourt », « je suis le cousin du ministre », ou simplement : « je suis la sœur de Xavier », « je suis la femme de Michel ».

C'est cela qui vous donne l'illusion de gagner de la force, de faire votre place au soleil, de réussir votre existence; et c'est en fait votre poison le plus dangereux et la cause de vos souffrances. C'est un chemin vain, sans issue et auquel il faut tourner le dos de tout son être. Seulement c'est un chemin dans lequel nous nous sommes engagés dès l'enfance et il n'est pas si facile quand on est lancé à 130 à l'heure dans une direction de faire brusquement marche arrière ou demi-tour.

***

Une certaine conviction intellectuelle vous aidera mais il faut aussi que vous le sentiez avec votre cœur. C'est à partir de cette affirmation : « je suis quelqu'un », physiquement, intellectuellement, socialement, dans tous les domaines, que commencent les conflits avec les autres et, ce qui est un peu plus original à entendre, les conflits avec vous-même. Or la tragédie d'une existence, c'est la non-unification, c'est le conflit avec soi-même. Le Christ a dit : « Que peut un Royaume divisé contre lui-même? » Un être humain unifié est toujours heureux; un être humain divisé intérieurement souffre toujours.

Nous sommes composés de trois modalités particulières de l'énergie : le plan physique, le plan émotionnel et le plan mental. Et déjà si nous cherchons à nous affirmer dans notre individualité propre au niveau physique, cela peut nous mettre en contradiction avec une autre affirmation au niveau intellectuel. Par exemple, nous pouvons tout simplement être déchirés entre le désir de faire beaucoup d'exercices pour nous affirmer comme un sportif et la nécessité de consacrer notre temps à notre affirmation intellectuelle — ou vice versa. Qui n'a pas des choix à faire? Je ne peux pas à la fois préparer Polytechnique et pratiquer deux heures d'athlétisme tous les jours. Voilà déjà une première cause de conflit.

Mais le mécanisme est plus subtil et complexe. A partir de chaque mise en cause de notre expression individuelle depuis notre naissance, et encore plus quand nous avons trois ans, cinq ans, quelque chose se crispe en nous, qui va créer ce qu'on appelle en Inde un *samskara,* (une impression qui constitue notre être particulier) et une *vasana,* (une demande insatisfaite et qui subsiste comme une revanche à prendre). Ces différents aspects de nous-mêmes peuvent se trouver de plus en plus en contradiction les uns avec les autres et, chaque fois, il y a ce besoin de s'affirmer dans sa particularité, dans son individualité, et par conséquent dans sa limitation.

Ce que peuvent ensuite décrire les livres de psychologie, qui entrent dans les modalités concrètes du fonctionnement de notre psychisme, c'est toujours des formes de cette « individualisation » (je traduis par là le mot célèbre sanscrit *ahamkar,* « sens du moi », « sens de l'ego séparé par rapport au tout »). Un enfant peut découvrir assez vite que, s'il est malade, sa mère s'occupe plus de lui que de ses frères et sœurs. Et voilà une modalité d'affirmation individuelle : « je suis malade », par conséquent je deviens quelqu'un d'important.

Souvenez-vous de votre propre enfance. Vous savez bien qu'un enfant qui veut récupérer l'intérêt de la famille, redevenir la vedette, n'a qu'à être malade. Il reçoit la visite de son parrain, de sa marraine, de sa tante, de son oncle, quand ce n'est pas celle des grands-parents venus d'une autre ville pour aider momentanément sa mère qui ne peut pas à la fois le soigner et s'occuper des frères et sœurs. Et une *vasana* se forme : « je suis quelqu'un d'intéressant si je suis malade ». Bien entendu cette *vasana* est en conflit avec d'autres demandes évidentes elles aussi, qui nécessitent que vous soyez en bonne santé pour pouvoir vous manifester dans d'autres domaines. Avec cet exemple simple vous voyez au moins le principe de cette complexité d'affirmation qui conduit inévitablement à la souffrance.

Par ce *ahamkar,* ce « je suis moi », vous voici non seulement en conflit avec celui qui dit « je suis moi » en face de vous (si vous êtes deux candidats pour le même poste dans la même entreprise) mais vous voilà en conflit avec vous-même, ce qui est encore plus grave, et installé dans une vie de conflits. Là se trouve l'apport étonnant pour nous de l'Hindouisme et du Bouddhisme, qui a été si souvent mal compris par les Occidentaux et caricaturalement décrit dans les livres. Les Hindous et les Bouddhistes ont le courage d'être absolument catégoriques sur cet effacement du sens de l'individualité séparée.

Certes, on trouve bien, dans la littérature chrétienne, l'abandon de la volonté propre, l'effacement de soi, l'humilité, le renoncement à soi-même (« Ce n'est plus moi qui vis, c'est le Christ qui vit en moi ») mais aujourd'hui, cette vérité ne nous est plus proposée à nous hommes modernes dans un langage aussi fort, aussi étayé intellectuellement, aussi convaincant que celui de l'Hindouisme et du Bouddhisme. Très souvent, elle est associée pour vous à de vieux souvenirs plus ou moins décevants de votre éducation catholique ou protestante. Dans l'Hindouisme et le Bouddhisme, cet effacement de l'affirmation individuelle est présenté comme le But suprême, le suprême accomplissement de l'existence, qui va exactement au rebours de notre inclination normale, pour laquelle le « je suis quelqu'un » apparaît comme le but à poursuivre dans tous les domaines.

De cette manière, le problème est bien posé, le Chemin est clairement tracé. Ensuite, il y a les modalités, les détails; je ne prétends pas que tout puisse être résumé en quelques minutes. Plus je m'affirme, plus je m'emprisonne dans ma limite, que ce soit dans un domaine ou dans un autre ou dans plusieurs domaines à la fois. Mais je peux trouver le secret de la non-affirmation individuelle, le moyen d'exprimer : « je suis » — mais je ne suis rien de particulier, je lâche prise complètement, j'abandonne. Si vous renoncez à être quelqu'un, alors vous avez une chance de dépasser toutes les limitations et de résoudre tous les conflits. Parce que je ne suis rien, je suis tout, je suis chaque chose, je suis un avec l'Univers entier.

Bien sûr, je me suis beaucoup débattu avec ce point de l'Enseignement. J'ai assez vite senti qu'il devait être la vérité et j'ai dû mesurer la puissance de la vitesse acquise, qui continuait à me pousser dans une direction dont, en même temps, j'entrevoyais qu'elle n'était pas la direction juste; et je mesurais en moi la puissance de ces *vasanas* qui continuaient, elles, à vouloir proclamer : « je suis Arnaud Desjardins » et « Arnaud Desjardins producteur à la Télévision », « Arnaud Desjardins auteur de livres »...

Cette affirmation égocentrique peut s'exprimer professionnellement face à la société si l'on a une carrière tant soit peu publique, dans un métier comme le spectacle ou comme la politique. Mais elle peut aussi se faire chez soi et un père en arrivera à affirmer : « je suis quelqu'un » en face de son propre enfant — ce qui est très facile parce que l'enfant est faible et fragile, même s'il est têtu — et je décide « qu'il va voir ce qu'il va voir et ça ne se passera pas comme ça et ici c'est moi qui dirige » — c'est-à-dire dans ma petite famille. Vous pouvez aussi manifester cette affirmation individuelle en dehors de toute ambition de réussite mondaine, sociale ou politique.

Si vous êtes un peu attentifs, observez — et vous l'avez peut-être déjà observé — ce qu'il y a tout de même d'étonnant et de tragique à voir un homme ou une femme de trente ans, père ou mère, entrer en conflit direct et ouvert avec un enfant de quatre ans et demi et se mettre à égalité avec lui, chacun affirmant : « je suis moi ». C'est forcément l'éducation de l'enfant qui en fait les frais. Et cet enfant qui aura été « contré » gardera en lui la nécessité de prendre sa revanche et fera les mêmes erreurs avec ses propres enfants. Nous pouvons plus facilement affirmer : « je suis quelqu'un et vous allez voir qui je suis » auprès de nos « petits » qu'auprès de collègues ou de concurrents sérieux dans la vie professionnelle ou dans nos autres activités.

***

En vérité, c'est très simple. Tout est contenu dans une seule phrase à laquelle vous pouvez réfléchir pendant bien des jours : « Si je suis quelque chose, je ne suis pas tout le reste ». Si je suis blanc, je ne suis ni rouge, ni bleu, ni noir. Si je suis rond, je ne suis ni triangulaire, ni carré, ni rectangulaire. Par conséquent je sens ma limite, « tout le reste » m'échappe, m'attire ou me repousse, et je ne peux pas être vraiment en paix et satisfait. Si je ne suis — à titre personnel — rien, eh bien, par là même, je suis tout. Je suis chaque chose ou, si vous préférez, je suis un avec chaque chose. C'est l'accès à ce qu'on a appelé la Conscience cosmique, la Conscience supramentale, la Conscience supra-individuelle, les états supérieurs de conscience.

Si, y ayant réfléchi un peu, l'on se convainc de cette affirmation, le Chemin commence parce qu'on est bien obligé de se rendre compte avec étonnement que cette affirmation individuelle, qui ne peut aboutir qu'à une impasse, demeure très forte. Eh oui, elle est faite de ces *vasanas* dont parlent les Sages hindous. Ce sont les *vasanas,* les demandes que vous portez en vous, qui vous exilent du Royaume des Cieux ou du Soi et de votre souveraine liberté.

Voyez bien le paradoxe : plus je m'affirme, plus je m'emprisonne; plus je renonce à m'affirmer, plus je deviens vaste, plus je deviens libre, plus je me sens fort. « Celui qui veut sauver son âme la perdra », a dit le Christ. Celui qui est prêt à perdre son âme la sauvera. Je pourrais décrire le Chemin comme la découverte de notre difficulté à mettre en œuvre cette vérité à condition que vous l'ayez tant soit peu acceptée, c'est-à-dire que vous aspiriez à cette liberté intérieure. Une force toute-puissante nous pousse à continuer de proclamer à travers nos pensées et nos comportements : « je suis quelqu'un, je suis moi, vous allez voir qui je suis ».

L'analyse des composantes de cette force absurde constitue la presque totalité des connaissances yogiques ou psychologiques du vedanta hindou, ou du Bouddhisme. Les Hindous et les Bouddhistes vont même plus loin; ils montrent que, dans ce monde humain, nous n'échapperons jamais à la limitation et que le But suprême de l'existence est de ne plus revenir dans ce monde humain sous la forme physique. Mais, tant que ce désir d'affirmer « je suis moi » subsistera insatisfait en vous, vous reprendrez une forme physique pour continuer, d'existence en existence, cette vaine tentative de triompher là où aucune victoire définitive n'est possible.

C'est le renversement de cette démarche qu'on appelle

« Nirvana » chez les Bouddhistes et « Libération » chez les Hindous. J'ai fini de m'affirmer à titre individuel. J'ai retrouvé en moi la conscience de la Totalité et je n'ai plus de raison de continuer ce jeu sans issue. Ou alors — c'est la conviction des Bouddhistes du Mahayana — je peux continuer à revenir dans ce monde mais librement, non pour m'affirmer moi-même mais pour l'amour de la Manifestation, comme un danseur danse par amour de la danse, ou pour aider les autres. C'est ce qu'on appelle l'idéal du Boddhisatva : renaître sous forme humaine, physique, tant qu'il y aura des êtres qui tâtonnent encore dans l'erreur, l'aveuglement et l'illusion.

Mais, même en admettant que votre conviction soit réelle, même en admettant que vous ayez été touchés par l'essence unique de tout message spirituel — l'effacement de cette prison de l'individualité —, une tentation vous poursuit jusque dans votre ascèse : vous voulez devenir quelqu'un dans le domaine de la spiritualité. Le Malin est vraiment malin! « Mind is so tricky », disait Swâmiji : « le mental est si retors ». Nous fabriquons encore une impasse. « Je veux m'affirmer comme un grand disciple »; ou « je veux m'affirmer même, pourquoi pas, comme un grand Sage ». Comme le disait récemment l'un d'entre vous : « dans tous ces mouvements spirituels, ashrams et autres, tout le monde veut être général! »

Soyez honnêtes avec vous-mêmes, je pense que vous serez d'accord. Pendant des années j'ai constaté cette force en moi dont je devais bien tenir compte, et, même lorsque j'étais conscient de mes intérêts spirituels, c'est-à-dire quand je n'étais pas complètement emporté dans une poursuite amoureuse ou professionnelle, en fait — c'était me mettre en contradiction stupide avec moi-même mais c'était là — je rêvais d'être un nouveau Ramana Maharshi. Et atteindre la Libération sous la forme d'un humble et anonyme frère convers qui vit en communion permanente avec Dieu et dont la vie consiste, dans l'anonymat, à éplucher des légumes pour soixante autres moines, ne me faisait guère envie!

Là où notre mental est absurde, c'est quand il s'engage

dans un Chemin tout en venant immédiatement fausser celui-ci. Même dans un ashram hindou, cette revendication individuelle subsistait. Eh bien oui, elle ne s'efface pas tout de suite. La vérité est que la maladie de la comparaison est toujours active : « je veux m'affirmer comme un grand disciple, je veux être reconnu comme un grand disciple », avec cette pensée aberrante et monstrueuse : « je veux réussir dans la spiritualité ». Qu'est-ce que cela peut bien signifier? Je veux réussir dans la politique, je deviendrai un Chirac ou un Rocard; je veux réussir dans les affaires, je gagnerai beaucoup d'argent; je veux réussir dans le monde et je serai reçu chez les Montmorency et les Rohan-Chabot; je veux réussir dans l'art et on fera trois heures de queue pour m'entendre jouer du violon et je veux réussir dans la spiritualité.

Si nous parlons le langage de la Sagesse, votre réussite ou non-réussite n'est plus votre affaire, c'est l'affaire de Dieu ou l'affaire de la Shakti, de l'Énergie cosmique et de la marche générale de cet Univers. Cela vous est donné « par surcroît ». Si la sœur Thérèse s'était mis en tête qu'on construirait une immense basilique à Lisieux et que des pèlerins y viendraient du monde entier à cause d'elle, elle ne serait jamais devenue sainte Thérèse de Lisieux. Elle serait devenue une nonne paranoïaque et elle aurait manqué sa vie mystique. Il se trouve que maintenant Lisieux est devenu un Haut-Lieu par l'effacement même de Thérèse.

Cette ambition est la plaie de la spiritualité. L'Inde n'est nullement épargnée dans ce domaine. Des « grands Swâmis » avec de très belles robes saumon ou orange entendent être traités comme des grands Swâmis et il y a des petits sadhus que les grands Swâmis regardent avec mépris. Ne croyez pas que tout soit parfait dès qu'on foule le sol de l'Asie.

De même, on voit chez les chrétiens des ambitions de réussite tout à fait étonnantes. Certains jeunes gens font leur séminaire pour être prêtres avec l'idée bien arrêtée de devenir au moins évêques, si ce n'est pas cardinaux! Je me suis autrefois occupé des émissions catholiques du dimanche matin à la Télévision, et, approchant certains membres du Clergé, j'ai été étonné de voir leur désir de publier des livres, de savoir à combien leurs livres avaient été tirés, s'ils allaient être traduits en plusieurs langues. Ah, quel enseignement! Ils écrivent un : « Jésus-Christ pour l'homme moderne » ou un « Dieu au XXe siècle » avec une ambition humaine de tirages et de traductions. A un échelon plus subtil, cela devient le rêve d'être un grand saint, un grand mystique, un nouveau saint Jean de la Croix et non pas un frère anonyme comme il en existe dans tous les monastères.

***

Nous nous trouvons à la croisée des chemins. Qu'est-ce que je veux? Être un grand disciple de Mâ Anandamayî, une grande figure de la spiritualité ou échapper à l'affirmation individualiste de l'ego? C'est vite fait de se dire : « Oh, moi, mes ambitions sont spirituelles, je ne cherche pas du tout à devenir un grand écrivain, un grand homme d'affaires, un grand homme politique. Je cherche à devenir un grand sage ». Mais ça ne fait pas beaucoup de différence — quand ça n'est pas un mensonge encore plus pernicieux : je suis incapable de devenir un grand homme politique, incapable de devenir un grand homme d'affaires et incapable de devenir un grand écrivain parce que je n'ai ni la capacité intellectuelle, ni l'audace, ni les dons, ni la puissance de travail — par conséquent je deviendrai un grand personnage dans la spiritualité et ce sera ça ma réussite.

C'est la plaie de tous les centres spirituels où chacun essaie de s'affirmer, généralement par l'imitation du gourou, imitation qui parfois touche à la caricature, ou l'imitation d'un certain style. On se fait par exemple une certaine idée de ce qu'est le style zen : des paroles incongrues, des éclats de rire bruyants, des gestes qui ne signifient rien mais qui sont censés avoir une grande profondeur symbolique. J'ai autrefois approché des gens qui avaient leur sincérité comme j'avais la mienne et leur aveuglement comme j'avais le mien, chacun dans son domaine, et qui m'affirmaient à titre individuel en tant que moines zen, yogis hindous ou autres pourvu que cela « mette en valeur leur personnalité ». La robe noire avec les larges épaules a beaucoup d'allure; le crâne complètement rasé, ça impressionne les profanes. Quelle puissance du Malin pour nous rouler!

Le personnage du moine zen est plus intéressant, plus pittoresque, plus facile à manifester. Mais c'est vrai toujours. Et je peux vous en parler honnêtement comme d'une tragédie. Pendant des années, je me suis débattu à l'intersection de ces deux possibilités, celle de renoncer à « être quelqu'un » pour « être » tout simplement, et celle de l'ego qui ne pouvait pas imaginer un accomplissement dans le lâcher prise, qui « récupérait » toutes les tentatives et qui me poussait à m'affirmer dans mon individualité comme un personnage spirituel.

Dans ce domaine, les ruses de l'ego n'ont pas de cesse. Il est inépuisablement capable de nous rouler. Quand nous avons démasqué les formes les plus grossières, nous butons sur une forme plus subtile mais qui est toujours une affirmation individuelle. Il semble que c'est comme de peler un oignon ou un artichaut qui n'aurait jamais de fin : plus on enlève de feuilles, plus il en reste.

La forme la plus grossière, bien sûr, c'est que la spiritualité devienne le domaine dans lequel vous soyez à l'aise, dans lequel vous vous fassiez un nom, dans lequel vous réussissiez à vous imposer auprès des autres. Celui qui est « disciple » depuis trois mois commence déjà à avoir ses admirateurs et sa petite cour d'auditeurs — et, si possible, d'auditrices. Et puis viennent tous les infantilismes : Est-ce que les autres disciples reconnaissent ma grandeur de disciple? Est-ce que le gourou reconnaît suffisamment ma valeur? Est-ce qu'il m'a suffisamment regardé, est-ce qu'il m'a suffisamment honoré? Et certains « gourous » sans scrupules réussissent splendidement comme « Maîtres » en jouant sur cet infantilisme des disciples, en donnant des titres et des promotions, qui font que tout le monde attend, espère et persiste avec l'idée d'atteindre un jour certains honneurs et certaines consécrations.

Je peux vous dire sincèrement que, vivant à l'ashram de Swâmiji, à l'ashram de Mâ Anandamayî, à l'ashram de Swâmi Ramdas, auprès de Maîtres d'autres traditions que l'Hindouisme, et cela pendant plusieurs années de ma vie, je pouvais mesurer chaque jour l'immensité de cette affirmation individuelle à laquelle j'étais censé tourner le dos.

Les formes les plus caricaturales sont d'abord les apparences physiques, le plaisir d'être habillé en hindou avec un dothi, une pièce d'étoffe nouée autour des reins, et de regarder avec un peu de condescendance l'Européen nouvellement débarqué, le plaisir de manger avec les doigts pour faire plus « disciple hindou »... Que suis-je venu faire en Inde? M'affirmer en tant que grand disciple français de Mâ Anandamayî et si possible, pourquoi pas, le plus grand disciple français de Mâ Anandamayî? Ou dépasser les mesquines identifications de l'ego, abandonner la vanité, les comparaisons, les compensations, les prétentions?

Être, tout simplement. Et le reste repose entre les mains de la Providence. En fait, c'est si simple. Et c'est insensé de tourner le dos à cette direction, de s'emprisonner de plus en plus et de rester cramponnés à cet ego qui est la cause de tous les malheurs. Il n'y a que l'ego qui puisse souffrir; il n'y a que l'ego qui puisse recevoir des coups, être mis en question, brimé, trahi, nié, tué.

Tant que j'affirme : « je suis quelqu'un », l'existence peut me nier dans cette affirmation et m'envoyer en pleine figure : Non, NON! Vous êtes quelqu'un dans le domaine politique, vous avez été député pendant vingt ans et, à de nouvelles élections, c'est un autre candidat qui triomphe. Vous êtes nié dans votre affirmation individuelle. Ou je suis le grand disciple français de Mâ Anandamayî. Je peux être nié parce qu'un autre disciple est beaucoup mieux traité, que Mâ l'appelle plusieurs fois dans sa chambre ou qu'elle ne me regarde même pas et me voilà blessé, douloureux, souffrant.

Si « je suis », mais je ne suis rien, plus rien ne peut me nier, me refuser le droit à être. Si je cherche à être quelque chose de particulier, l'existence peut me le dénier. Seulement, comme il se trouve que certains de ceux qui sont arrivés à cet effacement spirituel ont, même de leur vivant, obtenu la notoriété : Swâmi Ramdas, Mâ Anandamayî, Ramana

Maharshi, Gyalwa Karmapa, l'ego retrouve une échappatoire. Je vais m'effacer complètement, atteindre l'ultime dépouillement et l'ultime renoncement à moi-même, et ainsi j'atteindrai la Sagesse et je deviendrai un vrai Sage. Et tout recommence : l'ego a encore repris à son compte nos malheureuses tentatives de « sadhana ».

Pour s'engager sur ce Chemin suprême : « je ne suis rien, donc rien n'a de pouvoir sur moi et je n'ai plus de limites », il faut n'avoir aucune arrière-pensée, ne faire aucun calcul, sinon tout est faussé. Il ne faut pas s'engager avec l'idée : « je vais aller jusqu'au bout de l'effacement, et je me trouverai reconnu comme un Sage. » C'est une impasse dont vous ne sortirez pas tout de suite. Mais il y a un Chemin hors de ce sens de l'ego *(« ahamkar »)* enraciné dans l'inconscient — ce qui rend la partie encore plus difficile — et fait de toutes vos demandes contradictoires.

***

L'état-sans-ego est la véritable Liberté, la Réponse absolue. L'existence ne peut avoir aucune prise sur nous. C'est bien en effet ce qui nous est dit du Sage. Non seulement c'est vrai à un niveau psychologique parce que nous sommes libérés de la comparaison, de la vexation, de l'humiliation, de la déception. Mais c'est vrai au niveau ultime. C'est la conviction que plus rien ne peut nous atteindre. C'est la découverte de la Conscience libre, non identifiée au corps physique, au corps subtil, aux pensées, aux émotions. Si nous allons jusqu'au bout dans cette direction, nous quittons assez vite le niveau psychologique pour atteindre un niveau métapsychologique ou métaphysique. Je ne suis ni le nom, ni la forme; je ne suis ni le corps causal, ni le corps subtil, ni le corps physique; je ne suis ni les pensées, ni les émotions, ni les sensations. Je suis la Conscience suprême, je suis la pure Conscience d'être.

Ces certitudes ont été répétées de siècle en siècle par le vedanta hindou. Je suis Brahman, je suis l'Absolu, je suis la Conscience, je suis la Réalité et je ne suis rien de particularisé ou de défini, à un point que l'expérience ordinaire peut entrevoir intellectuellement mais ne peut nullement se représenter. Que signifie vraiment l'hymne célèbre de Shankaracharya : « Je ne suis ni le mental, ni l'intelligence objective, ni l'ego, ni la mémoire subconsciente; je ne suis ni celui qui mange, ni celui qui est mangé... » Shankara, dans cet hymne, reprend tout ce qui fait la vie de l'Hindou, les sacrifices rituels, les initiations : « Je ne suis ni disciple, ni gourou ». Tout est éliminé. « *Chitananda rupa, shivoham, shivoham* », « je n'ai d'autre forme que la Pure Conscience et la Béatitude, je suis Shiva, je suis Shiva. »

Commencez avec ce que vous pouvez comprendre tout de suite. Je renonce à m'affirmer de la manière ordinaire, comme je l'ai fait depuis mon enfance et je vais donc cesser d'être en conflit, je vais atteindre une paix du cœur que l'ambition ordinaire ne me donnera jamais. Mais cet effacement va plus loin que la paix du cœur telle que votre expérience ordinaire vous permet de l'entrevoir. C'est le Chemin qui conduit aux réalisations mystiques, à l'Éveil, à la Conscience Infinie, à la Réalité métaphysique. A cet égard, le mot « expérience » est souvent utilisé mais il n'est pas le plus juste, parce que cette Réalité règne bien au-delà de tout ce qu'on peut appeler « état » ou « expérience ».

C'est le choix qui vous est ouvert. C'est le seul domaine dans lequel vous avez une réelle liberté. Dans tous les autres, les chaînes de causes et d'effets sont bien trop puissantes pour que nous soyons libres mais il y a tellement de chaînes de causes et d'effets à l'œuvre que vous ne les voyez pas toutes, d'où l'illusion que c'est nous qui manions les événements. Notre existence est implacablement déterminée. Et pourtant il vous est proposé une Libération. Mais cette Libération, ou cette Liberté, ne sera jamais le libre-arbitre au sens ordinaire du mot, qui n'est qu'une illusion : « moi je fais ce que je veux ». Trop de paramètres sont en cause. L'Univers est une totalité dans laquelle chaque élément réagit sur tous les autres. Nous sommes des cellules de cette totalité, absolument liés à cette totalité et vouloir jouer notre petit solo individuel ne peut nous conduire qu'à la souffrance.

Nous pouvons trouver notre liberté dans un autre domaine. C'est une liberté intérieure, la liberté souveraine de la Conscience d'être par rapport à tout ce qui la détermine, la conditionne, la circonscrit et la limite. A chaque seconde, le choix est renouvelé entre ces deux chemins : celui qui sous mille et une formes nous maintient dans l'affirmation individuelle, fût-ce un « moi », un *ahamkar,* épris de spiritualité; et le lâcher prise intérieur, la recherche de l'Être au cœur de nous-mêmes. C'est une affaire entre notre propre Soi et nous, ou entre Dieu et nous, dans laquelle les questions de réussite et d'échec ou de comparaison avec les autres n'ont plus aucune place.

A chaque instant, ces deux voies sont ouvertes devant nous : la voie de l'affirmation et la voie du détachement par rapport à tout ce qui fait « quelqu'un » — notre physique, notre titre, notre réputation, notre succès, tout notre avoir grossier ou subtil —, simplement pour être. Et dans ce choix qui est notre seule vraie liberté, interviennent toutes les *vasanas* (demandes) dont nous devons bien tenir compte et qui crient si fort en nous : « je veux être quelqu'un! ». Deux voies et deux voix : Une qui nous dit que ce lâcher prise est la solution suprême, ultime, absolue; et une autre qui crie « je veux être quelqu'un ». Vous devez bien en tenir compte.

S'il suffisait d'être d'accord avec ce que je dis aujourd'hui pour que la partie soit gagnée, ce serait beaucoup plus facile. On peut être d'accord et devoir ensuite lutter habilement avec tout ce qui continue à réclamer : « je veux *avoir* », de toutes les manières imaginables. Sinon tous ceux qui sont tant soit peu en contact avec un maître spirituel ou un Enseignement ésotérique seraient libérés en quelques jours.

Quand nous cessons de vouloir être quelqu'un dans un domaine, nous voulons être quelqu'un dans un autre. Et nous renforçons nous-mêmes notre propre prison. Notre seule vraie prison, c'est cette prison psychologique, cette identification aux « noms » et aux « formes ». Le nom c'est d'abord tout simplement notre nom propre : « je suis Arnaud Desjardins ». Voilà la meilleure définition qui puisse être donnée de la prison. « Je suis un homme, je suis un écrivain, je suis un père de famille, je suis un Français, je suis... » tout ce que nous pouvons nommer. Et la forme la plus contraignante est la forme physique : « Je suis beau, je suis laid, je suis trop gros, je suis trop maigre, je suis trop grand, je suis trop petit ».

Ce dont je parle aujourd'hui n'a rien de mystérieux. Vous en entendrez parler du matin au soir dans les ashrams hindous ou les monastères bouddhistes, d'une façon qui vous sera plus ou moins immédiatement compréhensible, sous le nom de « ego », *the ego*, en anglais. C'est le mot-clé autour duquel tourne toute la discipline. « *Egoless state* », « l'état-sans-ego »; « *egofree state* », « l'état-libre-de-l'ego ». Et ce mot latin, devenu un mot anglais, traduit un mot sanscrit bien précis : *ahamkar*.

Ce n'est pas un enseignement personnel ni un enseignement propre à Swâmi Prâjnanpâd. Il n'y a que la façon de l'exprimer qui puisse changer. Sa valeur n'est réelle que si vous le ressentez chacun pour soi; personne ne peut le ressentir à votre place, et personne ne peut « peiner à la tâche » à votre place; personne. Un effort individuel vous est demandé, que vous ne pouvez pas éviter, mais qui débouchera un jour sur un état au-delà de l'effort, libre et spontané.

Encore faut-il que ce ne soit pas un effort que l'ego puisse reprendre à son compte. Certains sont capables de faire des efforts immenses pour sortir à la fois de Polytechnique et de l'École Nationale d'Administration et avoir une chance de devenir au moins ministre. D'autres font un effort intense pour devenir champion de France de boxe ou champion cycliste. Vous croyez qu'il suffit de faire un peu de vélo de temps en temps pour avoir le « maillot jaune? » les coureurs du Tour de France sont des héros à leur façon.

L'ego est capable aussi d'efforts immenses dans le domaine spirituel et c'est ça qui est diabolique. L'ego est capable de crever de chaleur et de soif en Inde, de se lever tous les jours à quatre heures du matin, de rester sur la tête une demi-heure en posture de Yoga, de pratiquer des exercices de méditation et de concentration. L'ego est capable d'efforts fantastiques — pour devenir quelqu'un dans la spiritualité. Ah, le Malin est très malin et la partie est difficile. On se bat avec un adversaire qui est un partenaire intéressant. Si vous êtes un bon joueur de tennis, cela ne vous intéresse pas de jouer uniquement avec des débutants; si vous êtes ceinture noire de judo, cela ne vous intéresse pas de faire randori uniquement avec des ceintures blanches. Si vous avez une âme de disciple, eh bien dites-vous que vous aurez un adversaire digne de vous, celui que les Musulmans appellent « *Sheitan* », que le Christ appelait « le Malin » et que Swâmiji appelait le mental ou « *mind* » en anglais — un adversaire digne de vous.

***

Qui va être le plus habile? Le mental ou vous? D'un point de vue, cet adversaire est vraiment satanique, diabolique — et c'est tragique — pour maintenir l'homme dans l'aveuglement, dans l'illusion, l'erreur et la souffrance, sous une forme ou sous une autre. D'un autre point de vue, c'est une aventure passionnante. Très souvent les Hindous traduisent le mot « *lila* » qui veut dire « le jeu de la Création » par le mot anglais « *sport* ». Cela dépend comment vous vous situez. C'est un adversaire qui vous demandera toute votre habileté. Vous ne pouvez pas jouer distraitement la partie contre lui. Ses ruses sont innombrables. Chaque fois que vous croyez avoir laissé tomber une couche d'affirmation individualiste vous en découvrez une autre derrière, ou vous découvrez que cette première victoire était en fait une habileté de l'ego. L'ego réussit à se glorifier — « *self glorification* » (mais pas en donnant au mot *self* le sens suprême de Soi) — dans toutes les circonstances. Un petit moment de vérité et l'ego s'en empare : « Ah, là, j'ai atteint la vraie humilité; là, j'ai atteint le vrai effacement; là, j'ai atteint le vrai silence ». Et bien entendu, par le simple fait de le constater et de s'en enorgueillir, vous êtes retombés sous la coupe du mental.

Depuis que vous êtes enfant, toute l'existence vous demande d'être quelqu'un : soyez quelqu'un de bien, réussissez. Dans notre monde moderne, antispirituel et antireligieux, tout vient renforcer cette identification au nom et à la forme, à commencer par les comparaisons avec votre frère aîné, votre frère cadet, votre cousin, votre père quand il avait votre âge, le premier de la classe, la petite fille de l'étage en dessous qui est si mignonne et qui dit si bien bonjour dans l'escalier.

Votre vie a été une lutte pour cette affirmation individuelle : « moi, je suis quelqu'un ». Je m'affirme dans ma forme limitée; je suis nié dans ma forme limitée et j'essaie de m'affirmer de mieux en mieux dans ma forme limitée. Je suis Arnaud, je ne suis pas Gilbert, Alain ou Bertrand. Et je n'ai pas arrêté d'être nié — ou, de temps en temps, mis en valeur, ce qu'on appelle, dans le vocabulaire moderne, gratifié ou frustré. Il ne peut y avoir gratification ou frustration que pour l'ego. Et nous disons aussi dans le vocabulaire moderne, sécurisé ou insécurisé; il ne peut y avoir sécurité ou insécurisation que pour l'ego, qui se sent nié ou, au contraire, confirmé.

Tant bien que mal, nous avons cherché à faire triompher l'affirmation sur la négation. Mais quelle affirmation? Pas l'affirmation de la vie sur la mort ou celle de l'être sur le néant. L'affirmation de « je suis moi, je suis quelqu'un, je suis quelque chose » contre tout le reste de l'Univers. Peu à peu nous sommes arrivés, à force de crispation, à une construction qui devra être mise en cause, qui devra être défaite. Ce qui a été fait devra être défait, ce qui a été composé devra être décomposé, pour abandonner l'identification à ce que nous avons si laborieusement et si patiemment construit : les résultats que nous avons obtenus, que ce soit sur le plan physique en ayant fait beaucoup de gymnastique, sur le plan social en ayant eu une promotion dans notre métier par rapport à nos possibilités d'origine, ou sur le plan d'un orgueil spirituel qui est le plus pernicieux pour un vrai disciple. La démarche que vous propose la spiritualité, qu'elle soit évangélique ou qu'elle soit védantique, va à l'inverse de ce que la vie — y compris vos parents — vous ont proposé, de ce que vous avez cru vrai et de ce sur quoi vous avez bâti vos existences et votre être relatif, déterminé, conditionné.

C'est difficile à entendre. Tout ce dont vous êtes certains, tout ce pour quoi vous vous êtes peut-être donné tant de mal, dans la mesure où vous y êtes identifiés — je dis bien : dans la mesure où vous y êtes identifiés — je vous le présente comme votre prison. Et vous qui en étiez si fiers! Je suis si fier d'être devenu premier prix du Conservatoire, d'avoir eu le prix Marguerite Long et maintenant de donner des récitals de piano dans le monde entier. Si vous vous identifiez à votre personnage de pianiste, à cette réussite, c'est votre prison.

Mais vous pouvez être un grand virtuose de piano et être libéré; vous pouvez être médecin-chef d'un hôpital parisien et être libéré; vous pouvez même être Président de la République et être libéré. L'Empereur Açoka, le Roi Janaka des Upanishads étaient libérés et il semble que Marc-Aurèle l'ait été aussi. On peut admettre que vous puissiez être Empereur et libéré. Mais cela n'est tout de même pas tellement courant.

Renoncer à l'affirmation individuelle ne veut pas dire obligatoirement que vous devez vous mettre extérieurement dans une condition d'effacement. Certains l'ont fait parce qu'ils sentaient que cela les aidait à se libérer intérieurement. Ils ont « renoncé ». En Inde, on a toujours pratiqué : *sannyas*, le « renoncement » : abandonner la richesse, les fonctions et devenir une espèce de mendiant hirsute sur les routes. Parfois, dans certaines villes saintes comme Brindavan ou Bénarès, on vous montre de loin un homme tout nu et couvert de cendres : « Vous voyez ce sadhu, là-bas, celui qui lave son petit bol dans le Gange? Eh bien c'était le Président du Tribunal de Calcutta et un beau jour il a tout abandonné pour ce suprême renoncement. » Mais ça n'est pas une condition sine qua non.

Tous les Maîtres et toute la Tradition nous disent qu'il peut y avoir une activité extérieure importante, que ce soit comme homme d'affaires, général de corps d'armée ou violoniste virtuose, mais aucune identification intérieure, dans un détachement comparable, comme l'a dit Ramana Maharshi, à celui du comédien en scène. « Je suis le Soi », le pur « Je suis ». La pure Conscience d'être, n'ayant aucune forme particulière, ne peut être niée ou contredite par rien. Rien ne peut m'insécuriser, rien ne peut m'humilier, rien ne peut me frustrer, rien ne peut me priver, et la vie ne peut rien me prendre. Simplement, « je suis » — comparable à l'écran sur lequel le monde phénoménal peut projeter n'importe quel film.

Vous êtes semblable à un acteur qu'on distribue dans un rôle ou dans un autre, et qui à l'intérieur de chaque rôle, conserve son *identité* — et pas son *identification* — et sa liberté. Demandez à un comédien de jouer le rôle d'un malade, il sait très bien qu'il est en bonne santé; demandez-lui de jouer le rôle d'un homme ruiné, il sait très bien qu'il gagne sa vie convenablement.

Vous êtes l'Atman, le Soi, ce Soi « qui ne naît pas, ne meurt pas », « ne mange rien et que rien ne peut manger », « qui existe par Lui-même, increé, sans limite, infini ». Et ce Soi, « à qui rien ne peut être ajouté, à qui rien ne peut être enlevé, qui est Être-Conscience-Béatitude, ce Soi, par les effets du " *Karma* ", " *prarabda karma* ", " le karma qui va produire des effets de toute façon ", même si nous sommes libérés, ce Soi est distribué dans un rôle ou dans un autre. Ah!... Est-ce que je suis prêt à être distribué dans n'importe quel rôle? Ce Soi est distribué dans un rôle ou dans un autre et, tant que vous exigez d'être distribué dans un rôle plutôt que dans un autre, le Chemin de l'Atman, de la Réalité suprême en vous, vous est fermé.

Ah! Jusque-là, vous m'avez bien suivi, cet atman vous paraît en effet enviable, les citations des Upanishads sont éloquentes, le visage de Ramana Maharshi sur une photographie est vraiment enviable... et sa célébrité aussi. Ce Soi est l'égal de Brahman, l'Absolu; voilà qui continue à vous faire envie. Et ce Soi n'est jamais atteint, jamais affecté? Toujours très intéressant. Il est comparable à un acteur qui peut être distribué dans n'importe quel rôle? Magnifique!

— Oui, simplement, — laissez-moi terminer — je dois vous dire que votre *karma* fait que ce Soi va être distribué dans le rôle d'un homme tout à fait obscur, inconnu, souffreteux et malade.

— QUOI?

Alors là, vous ne pouvez plus entendre la conclusion de ce raisonnement védantique. L'ego se redresse et pense : " on va voir ce qu'on va voir ". Et il reprend en main l'affirmation individuelle. " Vous allez voir qui je suis et ce à quoi je vais arriver ". Et une ambition, fût-ce une ambition spirituelle, reprend le dessus.

Eh oui, voilà le sens de l'ego fait de toutes les *vasanas* et voilà cet adversaire digne de vous dont je parlais tout à l'heure. C'est cette affirmation individuelle qui peut prendre tant de formes, des formes tellement contradictoires qui vous torturent. L'enfant qui réussit à tomber malade récupère son vedettariat : il n'y a plus que lui qui compte. La maman met la main sur son front : « Oh, tu es brûlant. On va mettre le thermomètre ». On appelle le docteur, on achète un petit cadeau. Et puis cette habitude est prise et l'enfant demeuré vivant dans l'adulte réussit cet exploit douloureux pour l'adulte de le rendre malade avec l'idée : « ça va me rendre intéressant ». En fait, ça ne rend pas l'adulte intéressant, ça le rend incapable de mener à bien sa vie professionnelle et il finit par lasser son mari ou sa femme.

Cette affirmation de l'ego prend des formes de plus en plus contradictoires, qui reposent toujours sur le même principe : « je suis quelqu'un ». Et je veux être à la fois des formes incompatibles entre elles. Quelle tragédie! Si on me propose d'échapper à cette tragédie, la puissance de l'ego en moi refuse. Je ne peux pas admettre de n'être plus rien — ce qui est ma seule chance d'être tout. Si vous n'êtes rien d'individualisé ou de particularisé, l'immensité du « Je suis » intérieur se révèle : « Je suis Brahman, je suis Shiva ». Vous êtes... tout, toutes les formes sont votre forme, toutes les opportunités sont votre opportunité.

Dans la « Conscience cosmique », la distinction si radicale entre « moi » et « tout ce qui n'est pas moi » est effacée. Le mot français qui désigne ce dont je parle et que vous pouvez tous comprendre, c'est le mot « communion » — union avec.

Mais « Union », cela veut dire « un » — pas deux. Vraiment « un », comme si nous étions agrandis à une dimension non plus individuelle mais universelle et que tout l'univers fasse partie de nous, comme chaque cellule de notre corps fait partie de nous. C'est une expérience à laquelle certains ont eu un accès provisoire à travers des drogues. C'est l'expérience du « samadhi », du « satori », de l'extase, dans laquelle la conscience limitée est transcendée, « *expanded consciousness* » en anglais. Conscience étendue, élargie, et non plus limitée à l'intérieur du corps physique et du corps subtil. Et pourtant nous le refusons. Une puissance nous ramène dans cette affirmation de l'ego. Dès qu'on touche à l'ego, dès qu'on l'égratigne, nous nous dressons. Quelle folie!

***

Je me souviens de ce que je dois à Mâ Anandamayî avant d'avoir connu Swâmiji. De 1959 à 1965, mon Chemin a été centré sur Elle. Les autres intérêts subsistaient : sexuel, émotionnel, mondain, professionnel, toutes les *vasanas* non accomplies réclamaient dans la profondeur (je veux, je veux, je veux). Mais la fascination de la spiritualité était devenue plus puissante que toutes les autres. Je me trouvais irrésistiblement attiré par cet ashram de Mâ, par un Enseignement et des conditions destinés à permettre l'effacement de l'ego — et tout le temps meurtri dans mon ego : « Mâ ne m'a même pas regardé aujourd'hui, j'ai été maltraité par des brahmanes prétentieux, pour qui me prend-on? » Jamais je n'avais autant vu la puissance de l'ego qu'auprès de Mâ Anandamayî.

A certains moments bénis, par Son rayonnement, Son influence et Sa puissance spirituelle, j'entrevoyais ce que pouvaient être la Paix et la Liberté suprêmes. Et immédiatement l'ego reprenait le dessus. J'avais même l'impression d'une surexcitation du sens de l'ego. C'était en partie vrai parce que, dans la mesure où je faisais des efforts maladroits pour dépasser cet ego, mon action faisait lever la réaction de force égale et opposée. Mais, en vérité, il y avait enfin la possibilité de *voir,* alors que dans les conditions ordinaires de la vie on est tellement emporté, tellement endormi qu'on ne voit rien — on ne se rend compte de rien.

Et là, dans cet ashram, c'était par moments intolérable d'entrevoir ce que pourrait être l'abandon de l'ego et de mesurer sa puissance. Je sentais crier ce « moi, moi, moi » avec l'impression d'être mal considéré, de ne pas être bien traité, de ne pas être reconnu, d'être nié — nié par les brahmanes qui m'interdisaient l'accès à une partie de l'ashram, nié par Mâ Anandamayî elle-même qui est restée plusieurs jours en détournant la tête chaque fois que je la regardais. C'était presque insupportable.

Et quand il y a cette négation de l'ego, eh bien que fait-il? Il cherche par n'importe quel moyen à récupérer son affirmation. Des moyens vraiment infantiles! J'étais blessé ou frustré mais, du fait que j'avais écrit le livre « Ashrams », j'étais reconnu par certains Français voyageant en Inde : « Oh, vous êtes Arnaud Desjardins, j'ai vu votre film à la Télévision, j'ai lu votre livre... » Je suis revenu en Inde pour quoi? A dix mètres de la chambre de Mâ Anandamayî, ah! enfin quelqu'un qui me reconnaît dans mon affirmation individualisée : « Je suis Arnaud Desjardins ». Oui : pourquoi et pour quoi suis-je revenu auprès d'Elle?

Voilà la prison pour chacun. Ce qui est inscrit sur votre carte d'identité, c'est votre carte d'identification. Tout est marqué sur la carte d'identité : votre nom, votre date de naissance — donc votre âge et votre souci de vieillir — votre adresse — on voit tout de suite si, à Paris, vous habitez rue de Belleville ou avenue Foch — votre profession. Voilà à quoi nous nous identifions. Et voici la Conscience suprême, l'atman, le *satchidananda,* « Être-Conscience-Béatitude », limité, circonscrit, un petit personnage parmi quelques milliards d'autres, tellement vulnérable.

Grâce à Mâ Anandamayî, j'ai vu la puissance de cette affirmation de l'ego. J'entendais des discours sur le vedanta, je lisais les textes des Upanishads, je voyais Mâ Anandamayî Elle-même, je me rendais bien compte que certains des swâmis les plus effacés de l'ashram avaient atteint une liberté évidente — peut-être même la Libération — et que d'autres swâmis qui se mettaient en vedette étaient prisonniers de leurs mécanismes, et je mesurais la puissance de cet ego, de cette affirmation individuelle. L'enfant, qui ne se sentait pas assez reconnu criait en moi, adulte, « reconnaissez-moi, reconnaissez-moi, dites-moi que je suis quelqu'un d'important, dites-moi que vous m'aimez ». Et ce sens terrible de la comparaison : « dites-moi que je suis supérieur aux autres ». Les deux étaient là en même temps : la compréhension de ce qu'était cet effacement de l'ego et la vision de l'ego dans sa puissance.

Quand je n'ai plus pu continuer comme ça, quand je n'ai plus pu le supporter, j'ai pris mon courage à deux mains et je suis allé voir un certain Swâmi Prâjnanpâd dont je traînais l'adresse sur moi depuis six ans. J'avais eu certaines informations sur Swâmiji qui avaient été inoubliables mais qui faisaient que l'ego, lui, n'était pas du tout pressé d'y aller! C'est Mâ Anandamayî qui m'a acculé à me rendre chez Swâmiji en me faisant tellement sentir ce dont je parle aujourd'hui, le conflit entre cette aspiration à dépasser le : « je suis moi » et la puissance du « je suis MOI dans mon individualité » — laquelle est ma prison. Quant à la suite de l'histoire, vous la connaissez. C'est la façon dont Swâmiji s'y prenait pour nous sauver de cette impasse et nous enseigner l'habileté avec laquelle nous pouvions faire taire cette affirmation individuelle sans nous meurtrir, sans nous détruire et sans que tous nos efforts fassent lever en nous une réaction encore plus forte.

Ce que vous devez sentir, c'est le cœur même de la question. « Je suis » — tout court — ou « je suis moi ». C'est ce qu'on appelle en Inde l'ego, « *ahamkar* », et c'est ce qu'on nomme « l'état-sans-ego ».

Puissiez-vous tous découvrir celui-ci.

TABLE

Cet ouvrage a été réalisé sur
SYSTEME CAMERON
par Firmin-Didot S.A.
pour les Editions de la Table Ronde
le 2 octobre 1981

Imprimé en France
Dépôt légal : 4e trimestre 1981
N° d'édition : 2024 – N° d'impression : 8392
ISBN 2-7103-0071-0